XINKECHENG

XINTANSUO

XINPIANZHANG

新课程
新探索·新篇章

广东省化州市第一中学教学实验与课题研究成果汇编

主　编◎陈富云
副主编◎彭伟强

东北师范大学出版社
NORTHEAST NORMAL UNIVERSITY PRESS
长春

图书在版编目（CIP）数据

新课程·新探索·新篇章：广东省化州市第一中学教学实验与课题研究成果汇编 / 陈富云主编．—长春：东北师范大学出版社，2014.10

ISBN 978-7-5681-0232-2

Ⅰ.①新… Ⅱ.①陈… Ⅲ.①课程—教学研究—中学 Ⅳ.①G632.3

中国版本图书馆 CIP 数据核字（2014）第 233978 号

□策划编辑：王红娟　□封面设计：中联学林
□责任编辑：王红娟　□内文设计：中联学林
□责任校对：汲　明　□责任印制：刘 兆 辉

东北师范大学出版社出版发行
长春市净月开发区金宝街 118 号（邮政编码：130117）
销售热线：0431—84568122
传真：0431—84568122
网址：http：//www. nenup. com
电子函件：sdcbs@ mail. jl. cn
北京天正元印务有限公司印装
2015 年 1 月第 1 版　2015 年 1 月第 1 次印刷
幅面尺寸：170mm×240mm　印张：16　字数：260 千

定价：38.00 元

编　委　会

序 言

自实施新课程改革以来，化州市第一中学在教改教研方面取得了可喜成绩。特别是近年来在陈富云校长的带领下，化州市第一中学轰轰烈烈地开展了新一轮课堂教学改革。为了提高这次课堂教学改革实效，陈校长提出了“四把”高效课堂教学理念。

“四把”高效课堂教学：即“把时间还给学生，把方法教给学生，把时间减下来，把质量提上去”。这种课堂教学理念，主要是关注学生的长远发展和综合素质的提高，让学生课前思考、堂上展示、堂上训练、学生互评分析讨论、老师精讲指导、有效检验等六个环节实施。在此理念的指导下，该校教师开展了各种教学模式的探索。

课堂教学模式的构建有其形态的多元化、多样化和个性化的特点。教师面对不同层次的学生，课堂教学模式也应该有所不同的选择。不同的课程内容，课堂模式的创新构建也会有所差异。

事实上，目前中学各级教科书所提供的，只是些菜肴的原料罢了，品种也有限得很，一堆萝卜青菜。要制成美味佳肴，老师们还需要自己去研究烹饪的方法，甚至还需要自己来打造炉具，发明油盐酱醋。对大部分老师来说，使用现行的教科书，只沿用简陋的方法，清水煮萝卜青菜，或萝卜青菜清煮，而且把萝卜青菜煮熟、煮得能吞咽，还似乎有些不易。一年到头萝卜青菜清煮，这日子当然不好过，于是得想办法闹出点名堂，名堂就那么几招，于是得找些新点子，或把青菜弄得圆圆的，或把萝卜切得尖尖的，或者制作成大红花，或把水也许能制出佳肴，并美其名曰“美味佳肴”。一方面，原料极为单一，一堆青菜萝卜；另一方面，菜谱简陋残缺，又要使水煮萝卜青菜千变万化，让食用的人一见胃口顿开，这就是体现我们老师的创造性劳动了。

各年级现在使用的教科书其实是会提供精雕细琢菜谱的，也提供了菜谱所需各种原料、各类调味品的，我们老师就有责任指导如何配料、何时下锅、火候大小的。这样，普通家庭主妇就有可能下厨去烧出那些美味佳肴。也就是说，一个章节或一篇课文的教学功能如何，课堂教学模式的选择是会影响到其结果的。对课程内容已经明确，课堂目标也已明确，但课堂教学模式的构建不能按一个模子。正如有精雕细琢的菜谱，并不等于万家饭店就只能一个味道。制作的方式方法应该多样化的，才能创作出美味佳肴，有川菜、粤菜、杭帮菜等等。

针对当前课堂教学设计和实施过程中出现的教学目标有所偏差，即传统呆板与教无定法的随意性过大的课堂模式使教学目标不能真正起到导教、导学、导测评的现象，化州一中开展了一系列课题研究活动，其中多项被立项为省市级规划课题。本书所辑录的课题研究活动案例，有陈富云校长的《构建务实、创新的课堂教学方式的理论与实践研究》、《‘四步五环立体引学’教学模式的研究》，有陈良锦副校长的《高中作文三元优化整合教学模式探究》等，此外还有其他领导、老师的研究课题，也多数旨在对课堂教学模式的创新研究，内容丰富，见解新颖，细细品味，如尝美味佳肴。

编辑本书，目的是为了总结该校近年来教学改革实践经验，进一步提高教师对理论的领悟力和实践的创造力，并通过老师们有创意的高效课堂教学模式的设计，最终实现“把质量提上去”的教学目标。期望有更多的老师在陈富云校长的带领下，能积极参与到课题的研究与实践中去，成为名师或教育教学专家。也希望陈富云校长以及他的同仁们能坚持“科研促教，科研兴校”的理想，在实施新课程的过程中，扎实推进素质教育，为不断提高课堂教学质量，实现教育的育人价值而做出不懈的努力。

因时间仓促，加上我对化州市第一中学的这些研究成果的研读理解不够深入，上述言论未免有点肤浅，敬请读者谅解。

黄文毓

2014 年 7 月 10 日

（注：黄文毓——现任茂名市教育局教育教学研究室主任，正高级中学数学教师，特级教师，省市级名师，享受国务院政府特殊津贴奖，2006 年被国家人事部、科学技术部、教育部、财政部等七部委评为新世纪“百千万人才工程”国家级人选，教育部第三批“国培计划”专家。）

目　录

CONTENTS

全国教育科学"十一五"规划教育部课题

构建务实、创新的课堂教学方式的理论与实践研究

课题负责人:陈富云

课题研究成员:钟小玲　陈良锦　李小春　曾学海　黄华雄
梁小波　莫南道　李英婵　陈亚美　朱的女
余春兰　王赵军

摘　要:新课程实施已经过去 6 年,教育的顶层设计——考纲已经作了很大的转变,更加强调学生在学习过程中的主体性。要求在教学过程中将培养学生学习的主动性、探究精神和创新意识放在首位。课程改革的关键在实施,而实施的关键在课堂。随着新课程改革的推进,课堂的人文性有所加强,信息技术的进步也为老师开展课堂教学提供了更多的选择。但现实中,教师受传统知识本位、考试本位的影响,学科教学效率低下的现状没有得到根本性改变。课堂教学的同质化现象比较严重。在教学技术的使用上模式化,为了技术而用技术的现象比较严重。能否实现高效的课堂教学是学校推进课程改革能否成功的重要指标。

本课题借课程改革的东风,就如何在中学教学的课堂中构建务实、创新的课堂教学方式开展理论和实践研究,以期达成实施新课程标准的有效路径和方法,并期望能形成一些经验,为教育的推进尽一分力量。

关键词:课堂教学　新课程　务实　创新

一、问题的提出

我校是地处粤西的一所县级市的重点中学,省一级学校,国家示范性高中。

学校现有110多个教学班,近11000名学生,550多名教职工。但相比珠江三角洲等发达地区,政府对学校的投入欠缺,教师工资待遇低,教师的第一次学历水平不高,再次受教育的动机不强烈,接触到先进的教育教学理念机会不多。但新课程的推进对我们老师提出了新的要求,这些是我们进行教学方式更新的外在驱动力。如:新课程的理念要求教师必须要改变知识本位的教学模式;新教材要求教师必须更注重课堂的动态生成,重视过程的体验,思维方法和动手解决问题能力的培养,关注学生情感态度和价值观的形成;新高考在应试的角度要求老师更应重视学生能力的培养,如何获取信息的能力,如何利用信息解决问题的能力,这要求我们在课堂上务必要突出学生在学习中的主体地位;信息时代的知识膨胀要求教师必须要有更广阔的视野,更渊博的知识,指导学生在课堂之外获取知识,激发他们在课堂学习中的兴趣;教学技术的进步要求老师应不断学习,且学为所用,用更务实的态度去备好一节课,并利用丰富的媒体去服务课堂,提升教学的效率。如何构建务实、创新的课堂教学方式,既涉及教师的知识素养、教学技术素养、教学理念素养的更新,也涉及针对不同学生群体的课堂的动态生成。以此为一个研究的方向,并形成一些经验,对提高学校的教学质量大有裨益。

二、课题的理论基础

1.“教学方式”的理论

“构建务实、创新的课堂教学方式的理论与实践研究”这一课题中的“教学方式”,是在教学过程中,教师和学生为实现教学目的、完成教学任务而采取的教与学相互作用的活动方式的总称,是在教学原则的指导下,为完成教学任务而采用的办法,包括教师教的方法和学生学的方法,是教师引导学生掌握知识技能、获得身心发展而共同活动的方法。

2.“课堂教学”的理论

本课题主要指高中的课堂教学,也涉及初中的课堂教学,即中学传统意义上的每节课的教学和广义的由教师按计划组织的室外乃至校外的学习实践活动。“课堂教学”涉及教师向学生传授知识、培养学生能力和对学生进行思想品德教育等问题,也涉及课堂教学中师生教与学的理念、教与学的内容、教与学的方式方法和教与学的管理及教与学的评价等多方面问题。

3.“以人为本”的理论

“以人为本”的确立是课改的重大突破。“以人为本”的人本主义发端于20世纪中叶的美国。50多年来,形成了世界教育改革的主流。这期间涌现的终身教育、合作教育、后现代主义、建构主义等现代教育思想无不凸显“以人为本”的理念。可是,我国正处于人本主义产生之时,因政治的需要,课程的理念及模式随之全盘“苏化”了。几十年来,我们虽然进行了七次课改,但都因缺乏先进的教育理念而滞留于调整学科内容的小改小革,始终未能走出“教材统治人(教师、学生等)”的怪圈。本次课改确立“一切为了每个学生的发展”这个“以人为本”的新课程理念,是我国教育思想的一次重大飞跃。这涉及一个看似简单实则深奥的教育问题,即教育的目的是什么。这个问题的根本分歧在于:教育是为了人,还是为了社会?长期以来,我国显然将之定位于“社会”。其实,社会是由人组成的,追求社会的进步是为了人更好地生存,因此,作为社会组成部分的教育的终极目的还是为了人。“以人为本”的新课程理念的确立,是我国教育目的的正本清源,将使我国的教育面貌焕然一新。

4.“务实与创新”的辩证统一

务实精神作为中国传统美德,在我们当代生活中熠熠生辉。它排斥虚妄,拒绝空想,鄙视华而不实,追求充实而有活力的人生。王符的《潜夫论》说:“大人不华,君子务实。”就是中国文化注重现实、崇尚实干精神的具体表现。“务实”精神在教学中的核心表现就是:以人为本。它要求教育者在教学过程中,应以发展智力、培养能力为目的,重视课堂教学的实际价值及其实用性。

创新是一个民族进步的灵魂,是一个国家兴旺发达的不竭动力。创新是一种追求卓越的意识,是一种主动探索的精神,是一种积极进取的人格特征。创新意识是指人们根据社会和个体生活发展的需要,引起创造前所未有的事物或观念的动机,并在创造活动中表现出的意向、愿望和设想。它是人类意识活动中的一种积极的、富有成果性的表现形式,是人们进行创造活动的出发点和内在动力,是创造性思维和创造力的前提。创新意识的培养和开发是培养创新人才的起点,只有注意从小培养创新意识,才能为创新人才的培养打下良好的基础。因而,突破课堂教学中旧的教学模式,实现从教学思想到教学实践的根本转变,构建以培养创新素质为核心目标的创新型课堂教学是十分关键的。

然而“务实”与“创新”并不是对立的,它们辩证地存在于一体,创新不是不切合实际的空想,务实也要讲究方法。因而教育工作者在进行教学实践时应在务实中求创新,在创新中务实,从而实现实活相济、实而不死、活而有序、活中求新的理想教学。

总之,本课题研究的是:在“十一五”时期全面贯彻素质教育精神,深入开展教育改革、强调教育创新的形势下,中学课堂教学改革中如何开展务实、创新的课堂教学实践,并形成相关的理论,以提高教学效果,培养创新型人才的问题。

三、研究内容及条件

1. 研究内容

针对现行课堂教学中形式与内容的有效性缺失问题,通过对务实、创新的课堂教学方式的研究与运用,优化教师教学手段,提高教师工作效率,达到全面提升学校教育教学质量的目的。

(1)围绕新课程改革,树立提高课堂教学超越性的教育理念;

(2)新课标理念下新课的课型和复习课的课型的构建;

(3)构筑既符合时代要求又带有本校特色的务实、创新型的课堂教学内容和教学方式;

(4)探索提高课堂教学质量与效率的策略;

(5)形成新课程理念下的课堂教学超越性的评价体系;

(6)提供一系列解决学校课堂教学及面临的现实问题的可操作的方案、办法或模式;

(7)探索提高教师科研素质,培养务实、创新型的研究性教师的策略;

(8)创建务实、创新型的研究性学校,提高以课堂教学为中心的教育质量和整体办学水平,实现持续发展的目标。

2. 研究条件

学校校长任课题组组长,确保了课题研究的组织开展和物质支持。课题组成员还有多位主管教学教研的副校长和主任,组织管理经验丰富,并参与过多个课题的研究,确保了课题研究的推进和方向性。课题组核心成员来自多个科组的骨干教师,大多是中学高级教师,教学经验丰富,治学严谨,是课题研究的中坚力量。部分青年教师有活力,熟悉高中新课程标准,是课题组的有益补充。参研的科组有语文教研组、数学教研组、英语教研组、化学教研组,确保研究对象的多样性。

四、研究方法

1. 调查研究法:通过问卷调查、座谈等形式,了解教师、学生对课堂教学的评价,并总结课堂教学的效果。

2. 行动研究法:通过对课题的研究和反思,发现、分析在研究过程中存在的问题,采取改进措施,拟定改进计划。

3. 观察法:在本课题研究中运用科学的观察方法对教学中出现的普遍性问题进行研究。

4. 文献资料法:查找务实、创新的课堂教学方式的理论支撑,查阅历年学生成长资料,寻找本课题实施的理论依据以及可供借鉴的优秀经验,启迪课题组成员的思想,开阔研究思路。

5. 经验总结法:对高中课堂教学研究进行回溯,将感性认识上升为理性认识,由"局部"经验发掘其普遍意义,探索务实、创新的课堂教学方式的规律。

五、研究实施

(一)准备阶段(2009 年 11 月—2009 年 12 月)

1. 调查高中课堂教学现状,形成调查报告。

2. 搭建课题组,培训教师。

3. 加强理论学习,进行课题论证。

4. 撰写研究方案。

(二)实施阶段(2009 年 12 月—2011 年 2 月)

1. 举行开题会,明确研究内容和目的,定好实验班。

2. 进行理论学习,提升教师素养。

3. 开展一系列研究活动,如情景创设研究课、"271"教学模式及其探讨等。

4. 进行阶段小结,成果提炼。针对研究过程中出现的情况,及时调整。

5. 课题资料的收集整理。

(三)总结阶段(2011 年 3 月—2012 年 12 月)

1. 收集整理课题资料。

2. 制作课堂实录汇集。

3. 提炼成果,撰写论文、工作报告、研究报告。

4. 撰写结题报告。

六、研究成果

(一)教学效果和教学效率

1. 高三推行“情景复习法”(化学、语文科组)

在研究中,我们选取高三的课堂教学作为构建高效的复习课的研究对象。

表一　实验班高三(理 3)在试行“情景复习法”的课堂教学方法前后指标对比

指标	实验前自我评价	实验后自我评价
知识记忆的牢固程度(知识与基础)	知识单靠背诵,印象是纸质化,脱离实际,知识易遗忘	讨论式学习,形成多种刺激方式,知识立体化,有实际意义,不容易遗忘
课堂的参与度(过程与方法)	枯燥,觉得学习的过程机械化,被动接受知识	积极参与,感受到学习的实际意义和自身解决问题能力的提高
对科目的兴趣(情感态度与价值观)	被动学习,应试需要	自信心增强,感受到一种解决问题的乐趣
教师的讲解频率	高,填鸭式的讲解,生怕遗漏	低,点评式讲解,更容易发现学生知识的盲点和能力上的缺陷,使讲解更有针对性
对教师满意率	70%	100%

表二　实验班理(3)与非实验班理(4)成绩对照

	平均分	及格率	优秀率	对教师满意率	备注
理 3	82.3	95%	64%	98%	满分 100 分
理 4	71.1	79%	41%	81%	

2. 高一高二年级采用“271”教学模式(英语科组和数学科组)

所谓“271”模式有三种含义,第一个含义是对时间的划分:“2”是课堂上老师讲不超过 8 分钟,不一定是连起来讲,可以是分开讲;“7”是学生学习(自学、讨论、展示)28 分钟;“1”是 4 分钟反馈。第二个含义是对学生组成的划分:20%是优秀学生,70%是中等学生,10%是后进生。以一个班 50 个学生为例,10 个学生是能够自学会的,35 个学生是需要通过与同学讨论、老师点拨才能学会的,5 个学生是大家帮助的对象,通过小组讨论,老师帮助这 5 个学生完成学习任务。教师在课堂上既要充分利用好 10 名优秀学生资源,又要给优秀学生提供“自助餐”,保证他们学得更好;通过小组相互讨论,促进中间学生的向上“分化”,把其中的 20%转化成优秀学生,以此扩大优秀生比重,而把原本 10%的后进生向着 70%的群体推进。从理论上讲,“271”模式消灭了“差生”,充分体现了教育对每个学生的尊重。第三个含义是对学习内容的划分:20%是不用讲解学生能自学会的;70%是通过讨论才能学会的;10%是同学们课堂上展示、互相回答问题,老师强调、点拨,反复训练才能会的。“2”就是自己学会的,“7”是讨论巩固学会的,“1”是同学帮助、老师点拨学会的。下表是采用“271”课堂教学模式与传统课堂授课方式的对比。

表三　非实验班高二文(1)与实验班高二文(2)的指标对比

指标	高二文(1)	高二文(2)
学生对教师满意率	75.4%	98.6%
对学科感兴趣的学生占总人数的比例	53.6%	90.4%
感觉课堂轻松的学生占总人数的比例	53.4%	86.9%
感觉能从课堂学到东西的学生占总人数比例	46.0%	87.5%
学生的表达能力、组织能力	弱	强
学生的关系	松散	团结,有交流,有团队意识

从以上各项指标对比可见，“情景复习法”，“271”等有别于传统教学模式的课型减轻了教师的工作负担，提高了学生学习的兴趣，使学生形成了一种可持续的学习动力，师生关系得到改善，教学成绩得到提高。

（二）教学资源

在教学研究过程中，课题组成员制作了大量的多媒体课件和电子学案（见光盘）。

（三）教研论文获奖情况

教师在研究中整理了一些经验和方法，写出了阶段性总结。有9人次获国家级论文奖项，15人次获省级以上论文奖项，形成优秀论文集——《化雨集》。我课题组的研究成员们所上的课例获化州市以上教育部门领导的肯定，其中获化州市级以上优秀奖项的课例56节，化州市级优秀教学设计123节。如：

姓名	名称	评奖等级	获奖时间	评奖单位
陈富云	《提高中学生英语口语能力的思考》	一等奖	2010年	《东北财经大学学报》和《财经问题研究》
	《新课程与学校文化建设》	一等奖	2012年	第十届广东省中小学校长论坛
王伟儒	《大胆实践，努力创建信息技术与化学新课程整合的教学模式》	省一等奖	2010年4月	广东化学教学专业委员会
李小春	《数学教师在数学综合评价中的作用》	二等奖	2010年	全国教育科学规划课题组
梁小波	《新课标下语文活动课的实践与思考》	二等奖	2010年	教育部课题组
	《提高语文课堂教学有效性的思考》	一等奖	2013年	教育部课题组
莫南道	《议多媒体辅助教学下学生学习化学方式的转变》	省二等奖	2010年4月	广东化学教学专业委员会
李英婵	《浅谈课堂“互动”中的心理障碍及其消除》	二等奖	2010年4月	教育部课题组

续表

姓名	名称	评奖等级	获奖时间	评奖单位
余春兰	《利用"课堂5分钟"提高高一学生文言语感的行动研究报告》	二等奖	2010年	教育部课题组
陈亚美	《教师,课堂教学的舵手》	省二等奖	2010年4月	教育部课题组

七、研究结论

从以上研究成果可以看出,本课题的研究是较成功的,基本实现了开始提出的各项预期目标,并可从中得出以下几点结论:

1. 在各阶段的研究中,我们通过调查问卷和各项指标对比,论证了探究式学习(情景—问题—假设—探究—结论)这种课堂模式的可行性、优越性和实效性。以学生为主体的课型不单适用于新课的授课,也适用于复习课,且比传统的以教师为主体的课堂教学更加务实,更有效率,教师的授课负担也相应减轻。

2. 学生在"情景复习法"和"271"等务实高效的课堂教学模式下,知识与基础部分掌握牢固,不易遗忘,学习的主动性提高。在积极参与的过程中,解决问题的能力得到培养,组织和协调能力得到提升,自信心和求知欲望增强,课后探究的热情高涨。

3. 教师在新课中讲得少,但要备得多,对教师提出了更高的要求,教师自我提升的外在驱动力出现,教师的成长周期变短,速度加快。

4. 务实的、创新的课堂教学方式能激发师生的创造力,提高学校的整体教学质量,从学校走出去的学生充满自信,已掌握解决一般问题的步骤和方法,具有探究的热情和创新意识,这正是新课标要求的。

2012年12月

广东省教育科学"十二五"规划课题

"四步五环立体引学"教学模式的研究实施方案

课题负责人:陈富云

课题研究成员:彭伟强　陈　燚

一、研究意义(研究背景、学术价值、应用价值)

(一)研究背景

从20世纪50年代起,重视教育教学改革,重视学生的自主发展,重视培养具有高度自主性、独立性与创造性的人才,已经成为世界教育的基本走向。近年来我国新课标教学改革所推行的素质教育强调以学生为主体,注重培养学生的创新意识和实践能力。随着新课标教学改革的进行和素质教育的不断推进,发挥学生在学习中的主体作用,让学生在自主活动中获取知识,形成能力,已成为各学校教育理论研究及教学改革实践的共同趋势。长期以来,我国的教育基本上是以传授知识为主的传统的教学模式,教师成了教学活动的中心,课堂作为教学的主要环境,实际上就是教师独自表演的一个舞台,而学生就像是观众,完全不能参与整个教学活动,从而使学生成为接受知识的容器,对教师的讲解"唯命是从",学生的独立人格、个性特长、创新意识没有机会得到培养。显然,这种单一的传统教学方法直接导致学生高分低能,创新能力、动手实践能力不强。

我校地处粤西地区,经济落后,教育资源投入不足。我校作为市内唯一一所重点中学,虽然校内有大批优秀教师且学生基础较好,但是受到大班额的限制和传统教学观念的影响,大部分教师在课堂上还是不愿放手让学生进行自我活动和自我展示,学生的个性发展和能力培养受到很大的限制。老教师多走传统灌输式教学模式,一节课下来教师在台上表演得筋疲力尽,学生在台下看得眼花缭乱。而年轻的教师则偏好多媒体课件,课堂教学就是在教师不断点击鼠标学生手忙脚乱抄写笔记中度过。这样的课堂教学使学生高分低能的状况越演越烈。近年来,虽然在陈富云校长“把时间还给学生,把课堂变成学习乐园”的教学思想指导下,我校不少教师力图通过借鉴一些已有的高效课堂模式来改变传统的教学模式,但是效果不佳。

基于以上认知,我校急需一套能适应本校教育发展需求的高效教学模式训练方案,构建一种强调在教师的引导下学生自主运用已有知识内化新知识,养成实践能力和创新能力的立体化教学模式,我校决定提出“构建‘立体引学’高效课堂教学模式课题研究”。

(二)研究价值

1. 美国著名教育家、心理学家布鲁姆的“掌握学习”策略认为,绝大部分学生都是可造之才,许多学生没有取得优良的成绩,问题不在智力方面,而在于他们没有得到适应各自特点所需的教学帮助和学习时间。著名心理学家苏霍姆林斯基说过,在人的内心深处,都有一种根深蒂固的需要,这就是希望自己是一个发现者,研究者,探究者。本课题提出的“立体引学”教学模式强调在教师的引导下,学生以原有经验系统为基础对新信息进行编码,建构自己的理解,从而达到知识自然内化,从本质上把教学活动真正变成活跃学生思维,启发学生思考,引导学生创造的过程,使学生体验自我需求得到满足和自我价值得到体现的快乐,形成终身学习的能力,完善自我人格。

2. 本课题研究有助于有效落实国家新基础教育课程改革精神,深化课程改革实验,提高课堂教学实效,全面推进素质教育。对本校而言,一方面可以改变传统机械灌输的教学模式,建立新型的课堂模式,使课堂教学从平面化到立体化;另一方面,本课题研究将更新本校教师的教育观念,对教师的专业化成长将起到促进作用,对提高教学质量、促进学校可持续发展都具有极大的意义,同时对学校开展校本培训提供理论依据。

二、本项目的研究现状

国外课堂教育有效性研究始于20世纪上半叶,迄今为止,已经分析了各种影响课堂教学有效性的因素。我国在《基础教育课程改革纲要》中首次提出有效教学的理念和策略,随后很多学校或个人进行了相关的研究。“立体引学”教学模式被誉为集中西方教育于一体的一种简捷、高效的课堂模式。近年来,在我国部分省市也涌现出一批运用“立体引学”教学思想指导教学的实验学校,包括湖北省随州市厉山三中的“立体合作”课堂模式、山东省单县实验中学的“四步引学”教学模式等,这些研究包括大量先进教学理论和教改经验,为我校深入开展本课题研究提供了很好的理论支撑。

三、本项目的总体框架和基本内容、拟定达到的目标

(一)总体框架

本课题提出的“四步五环立体引学”教学模式是一种注重教师启发引导的高效课堂教学模式。

1.“四步”是从学生学习的角度来讲的,在学生学习的每个环节都要突出四个核心活动。

(1)思考

学生针对自己提出的问题、教师引领的问题进行深入思考,探究问题的解决策略,寻找问题的答案。较难的问题可以借助小组的力量,教师也可从思维的方向、思维的习惯以及学习方法等方面进行指导。这个过程要保证学生人人有事做。

(2)交流

学生的每个学习活动都要在独立思考、合作探究的基础上进行充分交流,要说清楚两点:问题的答案是什么,你是怎样想或怎样做的。其他同学要认真倾听,有不同的意见要及时提出来。较难的问题可先在小组内交流,再在全班交流。这个过程要保证学生人人有话说。

(3)质疑

学生在交流的同时,要对解决问题的过程、方法、结果进行对比、分析、思考,不仅要找到答案,更要积极反思,质疑问难,想想有没有问题要问。这个过程要保证学生人人有发问。

(4)总结

学生在教师的引导下,总结建构,主动提升认识。这个过程要保证学生人人有收获。

2.“五环”是从教师教学的角度来讲的,教师指导学生学习的流程要经历“创设情境,提出问题——自主探究,解决问题——自主练习,巩固拓展——回顾整理,总结全课——当堂检测,及时反馈”五大环节。

(1)创设情境,提出问题

提出问题要以预习为基础,以提出有价值的问题、明确学习目标为核心。要根据教学内容恰当地创设问题情境,情境创设要有利于学生感受问题、生成问题、提出问题。要引导学生自己提出问题,必要时也可以由教师提出问题。要围绕教学目标,引导学生对提出的问题进行筛选、梳理,使之形成问题串,以便于学生有序探究。

(2)自主探究,解决问题

引导学生自主学习、合作探究解决问题,要做到以下四条:一要树立“先学后教,以学定教”的思想,落实“三个还给”,即把时间还给学生,把权力还给学生,把能力还给学生,真正让学生自主学习,主动发展。二要把握探究学习的基本流程。对于一些简单的问题,可按照“独立思考——班内交流”的流程去探究,即让每个学生根据自己的经验,用自己的思维方式自由地、开放地开展学习活动,当学生有了想法的时候,及时组织班内交流。对于那些学生独立探究有困难的问题,可按照“独立思考——小组(同桌)合作探究(交流)——班内交流”流程去探究,即在个人思考的基础上,让学生进行小组合作学习,当组内意见基本统一或者有问题解决不了的时候,及时组织班内交流。三要掌握引导学生探究的基本策略。引导学生探究要遵循以下三条策略:第一,要为学生提供独立思考的时间并引导学生学会思考。在学生学习遇到障碍的时候,教师不要急于讲解,要给学生必要的时间去思考,同时要根据学情进行恰当的引导,帮助学生学会学习。第二,要给予学生足够的交流机会和恰当的点拨指导。当学生通过独立思考有了想法想展示的时候,有了问题想问一问的时候,老师要及时地为他们提供交流的机会并恰当地点拨指导。组织学生交流时,一要善于等待,让学生充分地展示自己的思维过程,只有让学生展示自己的思维过程,才能生成一些宝贵的资源。二要善于倾听,捕捉来自学生的信息,及时引导,促使学生优化思维。对于正确的信息,要引导学生重复强化,及时提升;对于不完美甚至是错误的信息,要及时引导学生认识纠正;对于不同层次的思维方法,要引导学生及时比较,提高思维的深度和广度。同时,教师要善于调控,给各个层次的学生都提供交流的机会,如让学困生回答一些相对简单的问题,学优生回答那些相对复杂的问题,使每个学生都有机会获得成功。第三,要注重学生的知识建构。在学生思考、交流的基础上,要及时引导学生进行梳理、归纳,明确知识的含义和规律性,帮助学生构建科学的认知结构。第四,要合理划分小组。一、二年级同桌为一个小组,前后桌为一个大组;三、四、五年级前后桌四个同学为一个小组,一个自然组为一个大组。每个小组都给自己起一个响亮的名字,通过捆绑式评价,调动全体学生学习的积极性。

(3)自主练习,巩固拓展

练习设计要具有针对性,要紧紧围绕教学目标进行设计。练习设计要具有层次性,要根据学生学习的不同阶段设计相应的练习题,新知之后要设计试一试、做一做之类的题目,目的是帮助学生进一步理解、巩固知识,在此基础上,要设计延伸性题目,帮助学生拓展知识,升华认识。练习设计要具有开放性,要善于设计一题多解的题目,培养学生发散思维、求异思维能力。练习设计要具有实践性,要适当设计实践应用类题目,培养学生的实践能力。要做到先练后讲、讲练结合、精练精讲,做到"三讲三不讲":讲重点,讲难点,讲易错点、易混点、易漏点;学生已学会的不讲,学生能学会的不讲,讲了也不会的不讲。要通过"练",找准"讲"的内容,使每一次"练"和"讲"都有目的、有成效,切忌就题论题的"题海战术"。

(4)回顾整理,总结全课

要对照板书,及时引导学生回顾本节课知识,进行梳理总结。主要突出以下三点:本节课主要学习了什么内容,学会了什么,用什么方法学会的。通过梳理,帮助学生构建知识体系,总结方法规律。

(5)当堂检测,及时反馈

要针对教学目标当堂进行检测,要精心设计检测内容,每个单元的开启课由教研组统一检测试题,以书面的形式呈现。其他内容可以采用书面检测,也可以采用口头检测,并尽量做到当堂检测,当堂反馈。检测要做到面向全体,可以采用全班统一检测、小组检测、同桌互相检测等方式,做到人人参与,达标率为90%以上。

3. 立体引学

所谓“立体”是指具有长、宽、高的三维空间形体，延伸到教学，即课堂教学过程中以教师引导为长，学生自主获取知识为宽，实践应用能力为高。在课堂教学活动的过程中，教师充当引导者的角色，引导学生充分利用已有的知识解决新问题，使学生在主动探索、自我尝试获取知识以及实践应用的过程中培养自身的综合能力，让我们的教育除了能使学生获取全面的课堂知识外，更能帮助学生塑造自身完善的人格和培养他们终身学习的能力。

（二）基本内容

1.“立体引学”教学模式中教师的引导方法研究

教师在“立体引学”课堂教学中作为引导者，关键是要引导学生有效地质疑和对抗，并在学生探索的关键时刻给予点到为止的引导。在高效课堂中，教师对学生要起到有效生成的引导作用。

2. 大班额班级中“立体引学”教学模式的实施方式研究

3.“引学案”问题设计导向性研究

4. 学生在“立体引学”教学模式中的学习方法研究

（1）利用“引学案”进行有效预习激活旧知的预习方法

（2）在课堂小组研究活动中，有效地质疑、对抗，习得新知识的方法

（3）在学习中遇到挫折的应对策略

5. 构建检验“立体引学”式教学效果的作业形式

6. 构建系统评价体系

7.“立体引学”式教学中存在的问题和对策的研究

8. 构建完整的“立体引学”式教学模式

（三）拟定达到的目标

1. 总体目标

形成较成熟和具体的适用于本校教学实际的“立体引学”教学理论和实施方案；转变本校教师和学生的观念，形成一个教师积极利用教学资源为学生创设活动情景，学生充分挖掘已有知识系统形成新知识系统的教学环境；形成系统的“立体引学”教学效果检验形式和评价体系。

2. 年度目标

第一阶段(2014. 10—2015. 10):

(1)促进教师角色的正确定位:引导教师进行理论学习和业务培训,初步转变教师教学观念;开展"立体引学"教学模式实验班级,最终形成教师对"立体引学"模式实施的指导体系,构建学生有效学习和发展的课堂教学平台。

(2)改变学生传统的被动式学习方式:"立体引学"课堂教学模式强调学生的课堂主体作用,使学生在主动探索、自我尝试获取知识以及实践应用的过程中获得成功的情感体验,最终成为具有高度自主性、独立性与创造性的人才。

第二阶段(2015. 11—2016. 11):

(1)建立适合"立体引学"教学模式的评价体系。

(2)总结研究过程,形成系统教学资源库,为教学实践带来理论指导,并促进学校办学特色的形成,具有实用价值。

四、拟突破的重点、拟解决的关键问题及主要创新之处

1. 通过本课题研究,教学活动中的传统教案被"引学案"取代。传统教案大都以书本为中心,以老师为中心,"引学案"虽然是教师教学的主要思路,但是它是基于"学为本,生为本"的要求,突出导学性、问题性设计。因此,"引学案"的编写应该坚持三个原则:一是目标的指向性,要明确课堂上要做什么;二是问题的导向性,要循序渐进地引导学生如何去做;三是评价的开放性,要善于激励学生思考问题和解决问题。

2. 本课题研究的一个重要方向就是立足大班额教学的校情,创建出极具校本特色的"立体引学"教学模式,其成果能有力提高教师校本教研的科研水平,为打造高效课堂探索一条校本教研的新路子。同时,本课题对具有相同特点的学校具有广阔的研究价值和推广空间。

3. 建立适合"立体引学"式教学模式的评价体系。

4. 通过本课题研究,实现"以校为本,以研促教,教研相长"的工作思路,形成了课题研究、校本教研、校本培训、校本课程建设的四位一体研修策略,促进了校本建设和教师专业化发展。

5. "立体引学"式教学模式通过学生对教学活动的有效参与,最终实现自主

性、独立性、创造性能力的形成。

五、本项目的研究方法和研究手段、研究计划

(一)研究方法

1. 调查研究法:设计问卷进行问卷调查,了解分析学生的学习情况。

2. 文献研究法:查阅文献,借鉴和运用已有的研究成果和方法。

3. 个案研究法:追踪个别学生成长过程。

4. 经验总结法:及时进行分析归纳,适时调整、完善研究方案。

5. 行动研究法:将教学行动和课题研究结合起来,研究来自实际的关于初高中衔接教学中迫切需要解决的具体问题。

6. 实践训练法:根据拟定的训练模型对教师进行实际训练,以验证理论和模型的科学性和有效性。

(二)研究计划

1. 课题研究准备阶段(2014. 10—2015. 11)

(1)成立课题组,落实课题组成员,制定研究方案。

(2)收集资料,组织学习相关理论,明确课题研究的目的和意义。

2. 课题研究实施阶段(2015. 12—2016. 7)

(1)按方案制定各学科实验工作计划,开展研究。

(2)定期开展课题研究研讨活动和阶段性小结,并适时调整研究方案。

(3)定期进行阶段总结,在此基础上规划下阶段的课题研究工作,继续深入开展实验。

3. 课题研究结题阶段(2016. 8—2016. 10)

(1)对操作过程中积累的资料进行汇总、分类,做好资料的补充、完善工作。

(2)撰写课题结题报告,邀请有关专家、领导对课题进行评审鉴定。

(3)写出主课题论文,汇编论文集。

(4)成果展示及推广验证。

全国教育科学“十二五”规划教育部重点课题“学生自主能力培养研究”子课题(课题编号:DIA110281-013)

现代教育技术环境下的自主学习模式的研究实施方案

课题第一主持人:陈富云

课题第二主持人:彭伟强

一、课题的提出

21世纪是信息时代,现代教育技术的飞速发展无疑将影响教育的现状,学校的教学设施、办学条件进一步得到改善,计算机将成为学生探索知识的重要工具,学生的学习不再仅仅是从教师那儿学,也不再仅仅表现在对教科书内容的记忆与内化上,而是凭借信息技术这一现代手段多方面多层次地获取知识。在学校网络逐步成为学生进行自主探究性活动的有利资源,并成为教与学双方的重要手段。通过多种媒体对教学信息的收集、传输、处理和共享,实现教育教学目标的新型教学模式。多媒体网络教学模式的特点是:资源共享、交互性强、多任务。现代教育技术,特别是多媒体技术,以其特有的文字、图像、声音、立体动画、编辑剪贴等功能,运用于生物教学教研活动,具有传统教学手段无法比拟的优势,已越来越受到教育界、学术界的关注,成为教学和学生学习的一种重要工具。

将现代教育技术与高中学科加以整合,重塑高中教学结构,使单一的传统的封闭型环境转变为多样化的多媒体网络开放型环境。现代信息技术与高中课程的整合,能优化教学环境,培养学生的自主学习和创新能力;能改变学生的学习方式,提高教学质量和培养学生应用现代信息的能力。探索出适应新课程要求的教学新模式,调动学生的学习积极性,使学生成为学习的主体,帮助学生学会学习。因此充分利用现代教育技术,特别是计算机多媒体技术,构建新型的教学模式,对于提高教学水平、培养学生的自主学习和自主创新能力、促进素质教育的真正实施,具有非常重要的意义。

二、研究目标

通过实验研究,学生普遍具备自主学习的习惯和能力,让学生积极主动地参与教学过程的设计和组织。教师的作用由已往的传授知识转移为创设条件,组织学习方案,实施、参与学习过程,适时点拨引导,使百分之九十以上的学生形成良好的学习习惯和科学的学习方法,特别是独立的思考习惯,独立的学习能力,不但学会,而且会学,不待教师讲解而能自悟。从教学角度来讲,达到叶圣陶先生所说的"教是为了不教"的境界。学生的学习水平达到教学大纲要求的水平,同时使学生的思想认识、道德情操、价值观念等都得到切实提高,实现质的飞跃。课题研究具体目标:

(1)探索出课堂教学中培养学生自主学习能力的方法,使全校学生具有一定的自主学习能力,使全校教师基本具有培养学生自主学习能力的能力。

(2)转变教师的教育观念、提高教师的整体素质十分重要。自主学习体现学生的主体性和个体性,教师要以很宽容的心态,去营造一个有利于培养学生自主学习能力的环境和氛围。

(3)课堂教学是培养学生自主学习能力的主要途径,教师有针对性地探索培养学生自主学习能力的策略(激发学生动机、提问的实效性、引导学习方法、培养学习习惯、学习评价、学习监控等),让学生参与到自主学习的研究中。

(4)在教学过程中,要尝试构建培养学生自主能力的课堂教学模式,形成培养自主学习能力的评价体系。

(5)培养自主学习能力,不只是课堂教学,学习过程应延伸到课外、家庭,扩大知识面,增长见识,使自主学习能力得到巩固和提高。

三、基本内容

初步研究现代教育技术环境对学生自主学习能力培养所起的作用;研究现代教育技术环境下自主学习、自主发展的课堂教学模式;现代教育技术环境下自主学习、自主发展的课堂教学评价体系。

(1)现代教育技术如何促进学生的自主学习。

(2)从建构主义的观念出发重新审视课件制作,逐步建立相关教学内容的课件库。

(3)学生的学习现状研究(学习意识、学习习惯、学习能力和学习方法等)。

(4)研究培养学生自主学习习惯的实施策略。

(5)探索适合高中学科在不同发展阶段自主学习、自主发展的课堂教学模式。

(6)研究适合自主学习、自主发展的课堂教学组织形式。

四、研究重点、难点

我们认为,建立学生自主学习的教学模式首先要转变教学观念,所以,我们将致力于转变师生角色,摆正师生在教学中的位置。在现代教育技术条件下,教师到底应充当什么角色,发挥什么作用,怎样才能最大限度地调动学生学习的积极性,形成自主学习的习惯,这是研究的重点也是难点。

五、本课题国内外研究现状述评

当代教育正在推行素质教育,提高学生的自学能力、让学生自主学习已成为一种全新的教育理念。全国各地不少同仁在这方面进行了有益的尝试,也取得了一些令人瞩目的科研成果。我校于 1999 年开始实施教育信息化工程,经过 4 年时间的学习、思考与实践,初步形成了组织指导学生进行信息化学习的教育环境、教师队伍和教育方式。积极探索现代教育技术与各类课程相整合,充分发挥了信息化的教育教学功能,收到了良好的教育教学效果。但运用现代教育技术建立学生自主学习的教学模式,从普遍意义上讲,至今尚未有成熟的方案,故作为一种教育新理念,探求一套系统的学生自主学习的教学模式是极有意义的。

六、课题实施计划

(一)课题完成条件

1. 课题负责人是茂名市名教师,茂名市首批“百千万人才培养工程”培养对象,国家教师科研基金“十一五”规划重点课题项目“全国教师队伍建设研究”课题实验学校调研组副组长,全国教育科学“十一五”规划教育部重点课题学术秘书,广东省教育学会校本课程专业委员会第一届理事会理事,学校教研室副主任,分管学校教学课题研究工作,长期坚持在教学第一线,从教时间长,热衷于教学科研,主持过多项国家级、省级课题研究工作,成果显著,为课题研究的顺利开展提供有利条件。

2. 本课题组成人员有学校研究室的成员,有数学科组长,有资深的高三教师,亦有刚从高校毕业的青年教师,他们有的教学经验丰富,对高中新课程改革有相当的实践经历及自己独特的见解,有的激情澎湃、热情高涨,对新课改充满好奇心和浓厚的兴趣。成员全为本科以上学历,有老、中、青三代教师,知识结构、教学经验及心理结构层次完善,能互取所长。

3. 本课题研究单位化州市第一中学为化州市唯一的一所重点中学,是广东省一级学校、广东省国家级示范性高中、全国文明单位,学校文化底蕴深厚,师资力量雄厚,试验设备齐全。学校图书馆拥有纸质藏书 20 多万册、电子读物 12 万多册;有教工专用资料室,藏书 4 万多册;学校电脑网络设施完备,每个教室都配备多媒体教学平台、电子白板、音像等设备。学校领导对此课题的研究高度重视,并承诺给予大力支持,本课题研究单位为省级新课程实验基地和校本培训基地。

4. 学校教科研管理制度健全,课题管理到位,确保课题能有效实施。学校课题研究工作实行三级课题研究管理体系,即由校长亲自主管,教研室具体分管,课题组具体实施。为了保证课题研究计划的实施和顺利进行,学校制定了如下管理和实施措施:

①学校科研工作的考核制度和奖励机制。与考核教学工作一样考核课题实验工作,对于承担课题实验的教师,根据考核的业绩给予相应的奖励并与评职晋级挂钩。这些措施为课题研究的有序开展,教师按程序有步骤地完成课题实验任务提供了必要的保证。

②组织培训,提升科研能力。课题研究工作是动态的,因此,学校对课题实验

教师的培训也贯穿实验的全过程,分步实施各有侧重。课题立项后,学校每学期都定期组织课题组成员学习有关课题研究的目的、意义、任务、要求、方法等,并聘请课题组专家、教授来校进行课题指导,使参与实验的教师了解、认同、理解课题实施的意义和研究方向,学习科学研究方法。同时组织课题组教师参加培训,提高课题组教师运用现代教育技术的水平,提高教学教研理论水平和收集有关课题研究方面的理论资料的能力。此外,学校十分重视采用“走出去,请进来”的方法为教师广开渠道,在邀请有关专家来校指导的基础上,先后多次派课题组成员外出学习。通过形式多样的培训,课题组成员的课题研究能力得到普遍的提高。

③鼓励课题组教师互相交流学习。采用集中学习与分散学习结合、讨论与自学相结合的方式进行。每次活动要求课题组成员做到“三个一”:即记一次听课笔记,说一段现场评课,写一篇听课总结。课题组定期与不定期督促检查。每个学期还开展“三课”比赛:即示范课、评优课、课题研究课比赛。

(二)课题研究时间

1. 准备阶段:2013 年 1 月—2013 年 5 月成立课题组,参加培训,学习相关理论,制定课题研究方案,完成课题方案的设计论证,申报、立项。

2. 实施阶段:2013 年 5 月—2014 年 5 月开始实施研究。每个学期都制定实验计划,并按照计划执行,认真做好跟踪记录,并及时地进行阶段性总结,并在此基础上寻找研究中的问题和缺失处,进一步将课题研究向更深处展开。

3. 总结阶段:2014 年 5 月—2015 年 10 月结题鉴定。撰写结题报告,编辑、展示实验成果,对研究所获得的材料、经验进行全面分析总结。

(三)课题组人员分工

张海玲,负责教学调查、开题论证、实验进度监督;

陈双敏,负责教学调查、开题论证;

梁金福,负责课堂教学设计、教学实验、多媒体应用培训;

李全明,负责课堂教学设计、教学实验;

宋力东、马盛忠、李旭东,负责内容与结构设计、教学实验;

黄好媚,负责资源的收集整理、教学实验;

黄若威,负责课程制作与验证、教学实验;

林陈德,负责教学实践与应用验证、教学实验。

全国教育科学“十一五”规划教育部重点课题子课题(课题编号:DHA0901891)

和谐学校文化建设与课程有效教学途径、方法的策略研究

课题第一主持人:陈富云
课题第二主持人:彭明光
课题学术秘书:彭伟强

一、课题的提出

1. 课题研究的意义

学校文化是学校一切文化现象的总和,是学校在一定的社会历史环境下,师生员工在长期教育教学过程中形成的价值观念、教育理念、团体意识和行为规范的总和,具有发展性和校本特征。学校文化随着学校的诞生而产生,它一经形成就很难改变,具有较大的相对稳定性,是学校可持续发展的内驱力。学校文化建设的好坏,直接影响乃至决定学校的形象、质量和生命力,这已经成为教育管理工作者的共识。

新课程改革与当前的学校文化存在着的冲突,在某种程度上影响了课程改革的深化和学校内涵与特色的发展。明晰学校文化内涵,理解学校文化与新课程改革的关系,把握新课程背景下学校文化的意义,探究学校文化建设的策略对深化课程改革、促进学校全面发展有着重要的意义与价值。

有效教学理论认为,教学就其本体功能而言,是有目的地挖掘人的潜能、促使人身心发展的一种有效的实践活动。其效果如何,关键在于教师。在这里需要探究的是:课堂教学效果的高低到底取决于教师的什么?是取决于教师的个人业务

水平,还是取决于教师的大学文凭?而在这样的团体里,一个学校传承的文化对我们的教师有没有起到什么作用呢?学校的整体传统文化与教师的个人教学方法是否能相辅相成呢?广东省2006年秋季全面进入高中新课程实验,可高中学科课堂仍然在传统学科教学的框架之内原地踏步,未能摆脱服务于高考的惯性思维。在新课程实施的具体过程中,我们的学科课堂教学面对大量的矛盾和困惑,没有达成实施课程标准的有效路径,如何在学校文化与课程有效教学之间取得平衡,也正是我们所要研究的方向。

2. 国内外同类课题研究现状

这一领域的研究涉及许多方面,国内在一些重要问题的研究上,现已有了相当程度的进展。

国内外的研究大多数从学校文化建设、校长、教师、学生的管理、教学或学习行为等方面进行研究。例如,在对学校文化的定义上,大多数人认为学校文化是学校特有的文化,具有文化的一般特征,如精神性、恒久性等,学校文化不同于校园文化,学校文化是上位概念,校园文化是下位概念,校园文化是学校文化的一部分,学校文化有更丰富的内涵,它是“学校发展过程中逐渐形成的组织成员共享的基本假设和信念以及稳定的生存方式,它们表现为学校组织成员共同遵守的价值体系和行为模式”[①]。

但对于教学工作的教师的行为,国外同行的研究却又和国内有点不同。国外同行认为,对于教师的行为,要以盖特泽尔斯(Getzels)和塞伦(Thelen)的社会模式和帕森斯(Parsons)的价值取向模式进行评价。国内教师行为的专题研究虽然较之国外起步较晚,但研究内容与国外的研究基本相似,只是在具体表现形式上有所区别,主要集中于教师行为的有效性、教师行为的结构、新课程中的教师行为等问题上。

二、课题研究的内容及观点

广东省进行新课改几年以来,我们化州市第一中学通过“走出去,请进来”的方式,对省内大部分重点中学进行了较深入的学习与了解。通过对省内重点中学的学校文化与教学经验的总结和反思,我们发现了一个基本规律:凡是注重学校内涵发展,凡是注重学校校园文化建设,凡是注重学校核心竞争力的培植的这些学校，无论它是在城区，还是在边远的乡镇，都能在那里创造出教育教学的奇迹。例如立足广州的华南师范大学附属中学、广东省实验中学，粤西山区的高州中学、信宜中学都是如此。

在科学发展观、和谐社会思想指导下，根植中国文化传统中的儒、释、道“和谐融通思想”，运用现代学校整体发展理论，探讨和谐学校文化建设中的课程教学及其互动转换关系，建构“和谐人”的“三维（人与外界、人与人、人与自身）培育”模式，为学校文化研究提供一个可能的新的视域。

我们的课题主要是从以下几大方面去研究：

1. 传承与创新并重。

中华优秀传统文化作为宝贵的精神财富，不仅蕴含着崇高的人格美和深刻的智慧美，更沉积着一个伟大民族不灭的灵魂。学校文化积淀了人类几千年的智慧，而优秀传统文化为当今学校文化的发展奠定了坚实的基础。在学校教育中，优秀传统文化不仅能开发学生的潜能，打开他们的心灵大门，还可以提高学生的思想品德修养，帮学生树立民族自信心和自豪感，对学生今后形成正确的世界观、人生观和价值观等，起到不可估量的作用。

2. 科学与人文统一。

有人说，假如把人类文化看作一枚硬币的话，科学与人文就是一枚硬币的两个面，二者既相互区别又相互联系，即对立又统一。从文化的层面看科学与人文之间的关系，科学文化的精髓是客观、求实、理性的科学精神，人文文化的核心是人文精神，“科学文化是‘立世之基’，人文文化是‘为人之本’”，二者同源互通，共生互补。

3. 尊重人的个性，提倡和谐宽容。

“人是有差异的，社会需要的人才是多样的，因此一定不能忘记差异性的教育。要为不同的学生提供最适合于他们的教育，才是最大的公平。”[②]学校是学生学习、生活的地方，学校教育是发展学生个性的主渠道。学生个性的张扬需要一个发展的空间，需要学校文化的宽容。

4. 让学校文化更加多元化。

学校文化的多元化包括许多方面，如年龄、性别、性倾向、政治信仰、社会经济地位、宗教信仰、智力水平、语言和民族等方面的不同。学校文化之所以深邃而博广,很大程度上取决于它的多元化特征。学校文化的发展历程实际上就是学校文化与社会文化的互融过程。在学校,不同的文化广泛交流、碰撞、借鉴、吸收,推动着学校文化的发展。

5. 实现环境、人际、内心、教学有效性四者的和谐。

校内活动与校园自然环境应该是和谐的,学校发展与校园的自然环境也应该是和谐的,师生之间、师师之间、生生之间、学校管理者与师生之间均应和谐。这是在学校内人与人交往行为方面反映出来的和谐。学校内的每个人都要努力培养良好的道德修养、良好的心理调节能力,追求一种平和美好又不失争先创优的内心世界,这是每个人在行为的背后表现出的内涵。学校中的每个学科都不是孤立存在的,而是有着互补的性质,如何使得各个学科在学校文化大环境下和谐发展,对学生的效力达到最大的限度,这是我们必须去研究、解决的。

三、研究思路与方法

运用系统论、信息论、控制论、学生心理有关理论以及现代化管理各种科学理论,结合我校和谐文化建设环境下以人为本的教学有效性的设计研究课题方案。我们将从三个方向去尝试一些可行的研究:第一,我们追求具有"爱"、"责任"、"自信"的"三心教育"环境文化。目前学校的办学实际使我们无法像某些新办学校一样按照自己的理念规划学校的物质建设,但我们利用有限的办学经费适当地对校园内的环境布置进行了必要的美化与改进。第二,我们追求制度与人本和谐相生的管理文化。多年来,我们一直致力于章程、职能、职责及制度这几个方面的实践与探索,形成并修改完善了学校管理制度,以"学校管理手册"为名编印成册。同时,我们感到学校要发展,要与时俱进,光靠制度的力量是远远不够的,况且学校是人与人集体交往的地方,而人是有思想的,制度管理只能保证管理的公平公正,而真正能触及人心灵深处最"柔软"的东西、能激发人的能动性的,是以人为本的管理、是目中有人的管理。第三,我们追求和谐学校文化之中的对课堂教学有效性的加强,并最终达到文化与教学的和谐,努力把教学理念化解到课堂教学的行为之中。最后,也是最高层次的,我们努力营建教研组学习文化,不断追求共同的学习愿景和学习价值。尽管目前我们的教研组建设远远未达到此高度,但我们始终向着这一目标努力。

具体研究思路：

1. 进行跨学科研究。学校文化建设与教学活动，涉及语文、数学、英语等九大科及教育发展史、教育教学理论和设计、文化学、心理学等诸多方面，需要综合研究。

2. 组织跨学科的联合研究，进行分工协作。

3. 倡导科学、规范的学术研究方式，坚持理论与实际相结合。以实践为课题研究的来源和归宿，坚持学校本位、学生本位和课堂本位，结合古今中外的教育理论和教学实践，不求宏大全面，但求将课题研究做细、做实、做深、做明。

研究方法：

1. 调查研究法：通过问卷调查、座谈等形式了解教师、学生对学校文化建设的评价，并通过“领导下课堂”的随机听课的方法，亲身体验课堂教学的全过程，并总结课堂教学的效果。

2. 行动研究法：选取一部分精干的教师进行一定时期内对教学的跟踪考查，判断他们的课堂教学是否能结合或体现学校文化的特色，进而对课题进行研究和反思，发现、分析在研究过程中存在的问题，采取改进措施，拟定改进计划。

3. 观察法：在本课题研究中，运用科学的观察方法对教学中出现的普遍性问题进行研究。

4. 文献资料法：查找务实、创新的课堂教学方式的理论支撑，查阅历年学生成长资料，寻找本课题实施的理论依据以及可供借鉴的优秀经验，启迪课题组成员的思想，开阔研究思路。

5. 经验总结法：对高中课堂教学进行回溯性研究，并结合学校文化的同步发展，将感性认识上升为理性认识，由“局部”经验发掘其普遍意义，探索学校文化建设与课程有效教学途径、方法相结合的规律和意义。

四、课题研究计划、实施步骤

（一）准备阶段（2010 年 1 月—2010 年 3 月）

1. 调查我校校本文化的发展现状，形成调查报告。

2. 搭建课题组，培训教师。

3. 加强理论学习，进行课题论证。

4. 撰写研究方案。

(二)实施阶段(2010 年 4 月—2011 年 9 月)

1. 举行开题会。

2. 进行理论学习,提升课题组教师课题研究素养。

3. 开展一系列研究活动,如情景创设研究课及其探讨等。

4. 进行阶段性总结,提炼成果。针对研究过程中出现的情况,及时调整。

5. 课题资料的收集整理。

(三)总结阶段(2011 年 9 月—2012 年 1 月)

1. 收集整理课题资料。

2. 制作课堂实录汇集。

3. 提炼成果,撰写论文、工作报告、研究报告。

4. 撰写结题报告。

五、课题研究保障

(一)研究组织

组　长:陈富云(校长、中学高级教师)

副组长:彭明光(学校教研室副主任、中学高级教师)

学术秘书:彭伟强(学校教研室副主任、中学高级教师)

课题组成员:陈良锦　钟小玲　张玉喜　陈良佩　何明鉴
姚日柏　陈文宇　陈振中　李惊川　吴卓然

(二)研究经费

按照《化州市第一中学科研管理办法》拨付专项经费。

六、课题研究的成果

(一)创新校园文化建设,营造和谐校园氛围

我校是一所百年老校,是化州市 170 多万人口中唯一的一所重点中学,也是粤西名校。学校占地面积 40 多公顷,学生 12000 多人,教师 600 多人,是广东省一级学校和广东省国家级示范性普通高中。学校先后被评为"广东省普教系统先进单位"、"全国先进体育传统项目学校"、"茂名市先进集体(文明单位)"、"广东省

文明单位”和“全国文明单位”,学校文化底蕴深厚。在课题研究中,我们在传承和发扬学校优秀传统文化的同时,还应注意开拓创新。

1. 树立以人为本的理念,构建和谐的校园人文氛围。

学校发展的核心是人的发展,如何促进每个人的和谐发展是我们的中心任务,所以我们把构建和谐的校园人文氛围、充分调动每个成员的积极性,推动学生的发展、教师的发展和学校的发展作为我们工作的出发点。

(1)尊重人的个性,提倡和谐宽容。

人是有差异的,社会需要的人才是多样的,因此一定不能忘记差异性的教育。要为不同的学生提供最适合于他们的教育,才是最大的公平。学校是学生学习、生活的地方,学校教育是发展学生个性的主渠道。学生个性的张扬需要一个发展的空间,需要学校文化的宽容。在学生发展方面,首要的是教会学生做人,不仅仅是技术训练和知识传授。我们以学生为主体,关心每个学生,促进每个学生主动地、生动活泼地发展,为每个学生提供合适的教育,为每个学生健康成长服务。坚持德育为先,也就是要以德树人。只有树立崇高的理想和远大的志向,从小打牢思想道德基础,学习才有动力,前进才有方向,成才才有保障。坚持能力为重。考试分数在一定程度上可以反映学生对书本知识掌握的情况,但往往不能反映学生的综合素质和实际能力。我们要求的人才最终不是会考试的人才,而是会解决实际问题、会做事的人才,是在服务国家服务人民的工作中作出业绩和贡献的人才。这就要求学生必须把知识转化为能力,克服所谓“高分低能”的缺陷。坚持全面发展。既要加强和改进德育、智育、体育、美育,还要促进德育、智育、体育、美育有机融合,提高学生的综合素质。

(2)让学校文化更加多元化。

所有学校都是多元的,多元化包括许多方面,如年龄、性别、性倾向、政治信仰、社会经济地位、宗教信仰、智力水平、语言和民族等方面的不同。学校文化之所以深邃而博广,很大程度上取决于它的多元化特征。学校文化的发展历程,实际上就是学校文化与社会文化的互融过程。在学校,不同的文化广泛交流、碰撞、借鉴、吸收,推动着学校文化的发展。我们通过成立校园电台电视台、各学科的研究性学习小组、外语社、文学社、艺术社等学生社团,通过举办座谈会、讲演比赛、征文比赛、辩论赛等活动,以广播、宣传橱窗、报刊走廊、黑板报等形式展示各自成果。

(3)实现环境、人际、内心、教学有效性四者的和谐。

校内活动与校园自然环境应该是和谐的,学校发展与校园的自然环境也应该是和谐的,师生之间、师师之间、生生之间、学校管理者与师生之间均应和谐。这是在学校内人与人交往行为方面反映出来的和谐。学校内的每个人都要努力培养良好的道德修养、良好的心理调节能力,追求一种平和美好又不失争先创优的内心世界,这是每个人在行为的背后表现出的内涵。学校中的每一门学科都不是孤立存在的,而是有着一种互补的性质,如何使得各个学科在学校文化大环境下和谐发展,对学生的效力达到最大的限度,这是我们必须去研究、解决的。

在校园文化建设中,我们学校注重整体布局和安排,注重细节的渲染和衬托。我们每学期都开展"教室文化"、"寝室文化"、"级室文化"评比活动,使校园内的每一面墙、每一块黑板、每一个橱窗、每一个角落都在不知不觉中熏陶和感染学生。甚至每种植物的标牌、环保宣传语都别具匠心,透着温馨、和谐。校园内,无论你身在何处,都能感受到浓浓的文化气息,享受精神上的愉悦。这样的校园环境才能起到育人无声的效果。

同时我们注重开展丰富的校园文化活动。学校每学年都精心组织丰富多彩的"体育文化艺术节活动"(时间安排在每年的十二月最后一周),既丰富学生的校园文化生活,陶冶学生的性情,也提高了学生的综合素质。这些活动倡导的是以人为本,体现的是人人参与,和谐发展。

2. 创新学校管理模式,强化民主管理,提高服务意识,构建和谐的校园人际氛围。

(1)树立管理就是服务的思想,切实把教育、教学、学生的发展放在第一位,转变管理是管的思想,由管得多转变为理得多,使各部门之间更加和谐,增强管理的实效性。

(2)确立了校长负责、党支部监督、教职工代表大会参与的民主管理机制。坚持每年召开一次教代会,审议学校工作报告和财务工作报告,并就教育教学管理、学校建设与发展、办公条件等各个方面,以提案形式提出建议,共谋学校发展良策。实行校务公开和财务公开制度,重大物品购买、重大项目建设招投标制度。民主管理得到完善,有效提高了教师的工作积极性。

(3)关注教师的诉求。教师是创建学校和谐环境的中坚力量,教师的进步是学校发展的动力源泉。一是以教师发展为本,制定了促进教师专业发展和提高的中长期目标,实施教师素质优化方案。学校支持教师参加各类进修和业务培训,为教师提供乐业、发展、创新的空间,发掘教师的潜能,激发教师的内部动力。二是开展“争当排头兵”活动,组织学习教育法律法规和政策性文件,提高了广大教师爱岗敬业的意识。三是组织师德演讲比赛、知识竞赛等多种形式的师德教育活动,评选师德标兵,积极塑造先进典型,在全校教师中开展向优秀教师学习活动,进一步加强职业道德建设。

(二)适应新课改形势发展,建立民主平等合作的教育氛围,构建和谐的师生关系,推动课堂教学有效实施。

当前,“人的问题”逐渐成为教育理论研究的重要课题,满足人类自身生活和发展的需要,促进人的全面、和谐发展是教育的最高目标。因而,现代课堂教学倡导“以人为本”的教学改革,突出学生在学习过程中的“主体性”地位,着重培养学生的探究合作能力和创新能力。在课题研究中,我们结合新课标新课改,依据中学生学习的心理特点,开展了主体性和谐教学活动的尝试,在提高学生学习兴趣、调动学生自主学习、合作探究的积极性、提高课堂教学实效等方面收到了一定的效果。

1. 树立民主、平等的师生观——教学理念的和谐。

在课题研究中,我们主要从以下两方面努力:一是要努力提高教师自身的人文修养和专业水平。当外在的权威失去后,当学生知道自己具有哪些权利,知道如何维护自己的权益时,当强权和体罚成为过街老鼠时,老师在学生心目中的形象和威信就要靠自己的人格魅力和学术水平去建立。当课堂向学生开放时,向学生的思维深处开放时,教师能不能驾驭得了课堂,就要看自己的修养和水平,而不是单单靠所谓的教学机智就解决得了的。提升教师的人文修养和学术水平,绝不是一蹴而就的事情,也不是靠学校规定学几本名著或读本就能解决的,这应该是教师的内在要求,应该是自己一辈子的追求,是终身的学习。二是探索实行教学民主的程序、策略,同时指导学生建立在分工、合作、讨论、交流时需要遵守的规则、规范和程序。这种规则的确立一定是民主的,有利于全体同学的,而对规则的内化以至形成学生的行为习惯也是一个长期的过程。随着规则的不断建立和内化,教师对学生学习纪律的要求就不再是禁止和惩罚,而是放在注意和鼓励学生形成良好的习惯上，放在如何指导学生学会表达自己的观点，学会倾听、吸收别人的观点，学会分工、学会协作上。

2. 建立现代课程观——教学内容的和谐。

教科书是根据课程标准编写的系统反映学科内容的教学用书，它是最具代表性的核心教材；教材除了教科书以外，还包括大量的教学辅导用书、视听教材、电子教材、由自然或生活事件转化的现实教材，以及传承人类文明的各种物化形态和非物化形态等等；课程不再是规范性的教学内容和教材，也不只是“文本课程”，更是“体验课程”，即课程在本质上不是对所有人都相同的一刀切的内容，在特定的教育情境中，每一位教师和学生对给定的内容都有其自身的理解，课程实施的过程是教师与学生共同创造适合其个性发展需要的积极的教育经验的过程，因此，教师和学生都不是外在于课程的，都是课程的有机构成部分，都是课程实施中最具活力的部分，都是课程的创造者和开发者，课程不是“死”的，而是动态的、创生的。所以，教师对教材必须有透彻的理解和体系上、结构上的把握，这是前提、是基础。这种理解和把握表现在两个维度：一个是学科知识内在的规律和系统的知识结构，明了知识的内涵及发展变化，且形成一套可操作的能让学生迅速建立这种知识体系的运作策略；另一个是学科知识与现实生活、学生经验的结合点，即例子，也可以说是问题情境，这是由教科书走向教材进而创生课程的生长点，许多教师只会教教材不会用教材教的主要原因就在于找不到生长点。一个教师如果只会教课本上体现出来的知识点，甚至只会按课本顺序讲一遍课本内容，举一些课本和教参上的例子，不会结合学生的实际举一些现实生活中的例子，不会设计一些问题情境引发学生认知上的冲突进而激发学生的兴趣，那么就不会引起学生的积极参与，没有了交流、互动，课程的创生就成为一句空话。

3. 探索新的教学教育方式——教学途径的和谐。

在教学教育现实中，旧的传统的教学方法仍有很大的势力，复习、新授、小结、巩固、测试等教学环节仍是现在多数教师课堂教学的方法，这几年改来改去仍旧没有太大的变化，究其原因，最主要的还是“教师中心”、“课本中心”观念根深蒂固。这种教学方式已经让学生深恶痛绝，他们渴求老师用新的教学模式取代传统的教学模式，焕发他们思维的火花。因而在平时的课题研究中，我们结合教学教育实践，努力探索新的教学教育方式。

(1)改变过去过多地采用单一传递、讲授、灌输的方式,因为这种方式的过多使用导致的直接结果就是学生被动接受、死记硬背、失去学习兴趣。建立起平等交往的“对话”机制,善于处理教材,选择进行对话的“话题”。只有平等地“对话”,才能实现智慧的撞击,变被动接受为主动学习,从而真正达到“意义建构”的目的。

(2)改变过去直接呈现或讲授结论、结果、定理、公式、法则、定律等,然后要求学生再进行理解、记忆、练习、运用的教学方式,根据教学内容适当设计问题情境,让学生经历从问题的提出到自主设计方案解决问题获取结论的过程,在经历知识的发生、发展过程中,掌握科学方法,培养科学精神。

(3)改变单一的教学方式的同时,关注学生学习方式、思维方式的差异,要根据教学内容的不同和学生的不同,采取启发性讲授、引导学生质疑问难、动手实践、调查探究、交流辩论、自主合作等多种方式,甚至走出课堂、走出学校、走向社会,让学生在经历多种多样的教学方式中,选择、形成自己的学习方式。

4. 转变学生的学习方式——倡导自主、和谐的学习方式。

新课标倡导学生新的学习方式,所以在教学教育实践中我们践行了这一理念。根据教育心理学的知识,我们知道学生的学习方式有接受和发现两种。两种学习方式都有其合理性和存在价值,彼此也是相辅相成的关系,但是由于过去过分强调接受和掌握,冷落甚至忽视发现和探索,因此,现在所要转变的不是完全抛弃接受性学习,而是变机械的接受性学习为有意义的接受学习,同时把学习过程中的发现、探索、研讨等认识活动凸现出来,使学习过程更多地成为学生发现问题、提出问题、分析问题、解决问题的过程。通过研究性学习、参与性学习、体验性学习和实践性学习等,实现学习方式的多样化,实现由被动接受性学习向自主学习、合作学习、探究学习等学习方式转变。

七、课题研究中存在的问题与思考

1. 如何建立学校、家庭、社会和谐合作关系,从而推动学生的和谐发展,这是我们今天面临的重大难题。现状是,学校与家庭之间缺乏有效沟通,家长把对子女的教育推给学校,社会对学校的教育大多持批评态度。

2. 政府虽然重视教育,但对教育的投入仍然满足不了学校发展的需要,很大程度上制约了教育教学及环境设施改善,与我们“建设一流校园、打造一流师资、培养一流学生”的目标仍有一定距离。

参考文献:

①马延伟,马云鹏. 课程改革与学校文化重建:一所学校的个案研究[J]. 教育研究,2004(3):62-66.

②张建新,薛飞. 专家指出不讲差异是我国教育的最大弊端之一. 中国青年报,2007-11-02(6).

③[美]威廉 G. 坎安宁,保罗 A. 科尔代罗. 教育管理:基于问题的方法. 赵中建,主译. 南京:江苏教育出版社,2002:92,107.

教育部中国教师发展基金会
国家教师科研基金“十二五”教育科研规划重点课题

心理教育在学校中的全面应用课题实施方案

课题第一主持人:陈富云
课题第二主持人:董远泰

一、课题提出背景

根据冰山理论我们知道,一个人的大部分能力都在沉睡着,我们称之为尚未激发的潜能。许多研究也表明,世界上最聪明的大脑——爱因斯坦也只是开发了5%左右。青少年在中学阶段处于面对第一个人生大事的关键时期,又处于价值观与人格塑造的重要阶段,如果在这个阶段引导中学生激发他们自身的潜能,对他们有着重要的影响一生的意义。

二、研究目的

1. 探索中学生高中阶段的心理成长规律,利用心理上的方法制定有针对性有实效性的激励措施,使他们激发自身的潜能。

2. 通过对中学生高中阶段的潜能激发的研究,为学校、家庭、政府行政机构提供一定的理论和实践依据,为中学教育和管理提供参考。

三、研究意义

改革开放给社会带来的深刻变化,价值观的多元化,市场经济的冲击,网络带来的各种文化的碰撞等等,都使中学生面临的成长环境越来越复杂,因此而产生的心理困扰也越来越突出,以致很多中学生没法发挥他们的潜力。中学生正处于心理发展的关键期,他们在心理发展中既有较大的可塑性,又有较大的不稳定性。

我校是一所城区中学,大部分学生家庭的经济状况相对较好,学生中绝大多数是独生子女,他们享受着过多的保护和关爱,缺乏独立生活能力的锻炼,缺乏坚强意志的培养,导致他们在困难面前缺乏激情,缺乏勇气,缺乏应有的自信。不容乐观的现实向我们教育者敲响了警钟。

学校心理健康教育是面向全体学生的发展性教育,要促进全体学生心理素质和其他各方面素质生动活泼地、主动地得到发展,提高其正确认识自我、调控自我、承受挫折、适应环境的能力,培养其健全人格和良好的个性心理品质,并助其充分认识和发展心理潜能。因此我校在开展心理健康教育工作的过程中,把培养全体学生较强的自信心、成功开发学生潜能作为重点,迎合了学生目前的心理健康需求。

四、主要研究内容

1. 开展我校中学生学习动力的情况调查,了解中学生家庭、学习、生活、亲子关系、人际交往等方面的基本情况,建立相关档案。

2. 开展我校中学生学习能力的情况调查,了解他们的学习能力水平状态,建立心理档案,探索学生在高中阶段的学习能力发展规律。

3. 根据我校中学生高中阶段心理成长规律,确定典型班级,制定实验方案,从社会、家庭、学校以及个人方面寻求解决问题的教育措施,开展有针对性的实证研究,从而形成我校中学生高中阶段激发学习潜能的探索与研究方面的研究报告,力争将研究成果向同等类型学校推广。

五、已有基础及预期成果

在我校学生中,学校对学生的学习态度与学习动力的情况非常重视。学校在2011年由董远泰老师组织成立了阳光心灵协会,是茂名地区开展心理健康教育比较早的学校之一。尤其近几年来,加强了学校心理辅导室的建设,购置了心理档案系统等心理设备,不断选派领导、教师参加广东省心理健康教育“A、B”证培训,这样,不管是硬件还是软件方面,都为开展这项研究提供了很好的基础。

我校有一支优秀的教师队伍。班主任在教育教学中,对中学生的心理特点及教育措施具有较丰富的经验;心理辅导室配备了学生心理档案系统,有利于对学生的心理状况进行测评,在平时的辅导工作中,也积累了一定的个案资料。在参与课题研究的人员里面,大部分是我校年级指导员和年级助理,他们长期深入教学教育第一线,参与过不少课题研究,研究经验丰富。

尤其课题负责人董远泰同志,2006 年就深入钻研快速记忆法与思维导图,在 2006 年参与 CCTV10 的“状元 360 记忆比赛”项目,并获得优胜奖称号。之后,董老师不断跟记忆届、思维届、学习届高手交流和学习,认识一大批世界记忆大师与世界记忆冠军,是记忆届、思维届的元老级人物,具备丰富的学习心理研究经验与实践经验。辅导成果有:2012 年林桢杰在高三阶段英语从 90 分提升到 120 分,周子琪在高三阶段英语从 90 分提升至 124 分,张举文在高三阶段从班上第 70 名上升到班上第十名,两人都考上广东的重点大学。还有众多的辅导成功例子,在此不再举例。

学校与课题负责人为研究提供了很好的基础。

预期成果:

1. 我校高中生学习动机的调查报告。

2. 根据我校高中生心理成长规律及学习动机的调查报告,建议学校采取的教育教学措施。

3. 根据我校高中生学习动机,学校给予家长的有效建议。

4. 我校高中生学习动机的探索与研究应用研究的结题报告。

课题组成员:董远泰、李俊雄、王水娇、李伊静、黄伟胜、庞春燕、黄飞燕、蔡小明、何婉秋、谭沛通、陈华西

广东省教育科学“十二五”规划课题

高中作文三元优化整合教学模式探究课题实施方案

课题负责人:陈良锦

一、课题提出的背景

长期以来,“作文教学难”困扰着语文教师,制约了语文教学改革的发展,从根本上影响了语文教学效率的提高,更加致命的是,受教育的国人的语文素养一代不如一代,以至于影响中华民族的伟大复兴。我们面临着“作文教学难”的教学现状,其主要表现在:中学生的写作兴趣下降,写作动机功利化,写作形式单一,写作内容空洞,有的学生甚至整段整篇地抄袭别人的作文。大部分中学生没有掌握正确的写作思维方法和养成良好的写作习惯,语句不通、层次混乱、错别字多、字迹潦草。作文教学存在着急功近利的浮躁心态,存在着重阅读轻写作,重指导轻反馈,重目标达成轻兴趣培养,重知识传授轻情意培养等短视倾向。

目前,我省学生的作文水平有下降的趋势,具体表现在:作文内容空洞,感情苍白,语言贫乏,缺乏人文素养的积淀和浸润。其根源是学生的思想、思维、表达这三项基本功没有练好。我省亟须创新构建作文教学的新理论,改变学生作文水平落后的局面,以适应我省建设文化大省、文化强省的形势需要。

解决“作文教学难”的问题,是全体语文教师应肩负的历史责任。虽然前人做过很多有益的尝试,但是作文教学依然是一个说不尽的话题,谁也不敢说已经找到了其中的秘诀,但是我们相信,只要我们语文工作者努力去解决作文教学难的问题，就会使作文教学的难度降低，决不会使它更难。

作文教学对于语文教学的重要性毋庸赘言，虽然追求作文教学改革进行作文教学实验的语文教育工作者不少，但作文教学目前仍然处于盲目、无序、低效的状态。我们发现，作文教学大多只重视审题、立意、选材、结构、语言等内部生成或是只强调写作与生活、写作与阅读等外部生成的写作指导，而忽略了作文是语文综合素养的最高层级能力特点。我们认为，作文是阅读、写作、修改的综合思维活动，任何割裂三者关系的写作指导都是片面的。“写”是作文的中心，外现为动手输出思维信息的行为，但实际上是调度、判断等复杂的潜在的内在思维过程，“写”是之前的“读”与之后的“改”的枢纽。“读”不只是读万卷书，更是行万里路，阅世读人。“改”是师生共同对“写”的检验、修正。本课题旨在优化整合阅读、写作、修改的写作思维过程，让学生明确写作的“读 · 写 · 改”三元优化整合的意识，树立全程写作的观念，并加强训练，形成技能，以期真正提高写作水平。

“读 · 写 · 改”三元优化整合作文教学模式探究课题，是适应素质教育的需要和作文教学现状而提出的。其宗旨在于面向全体学生，激发每一个学生写作的激情和兴趣，培养学生的语文综合素质，特别是作文素养的提高，让每个学生实现全面、和谐、主动发展。

二、课题研究的对象

本课题以高一高二全体在校学生为研究主体，也可以在初一至高三各级推广尝试。

三、课题研究的目标与指标

（一）研究目标

1. 课题研究目标

（1）通过“读 · 写 · 改”三元优化整合作文教学模式的研究，探讨写作特别是学生作文的新理念——大语文的大作文观。大语文观现在早已深入人心，得到教育同行和社会家长的认可，但是大作文的观念还没有人提出。作文不仅仅是语文与生活的关系，也不仅仅是语文与表达的关系，作文还是语文综合素养的体现，是阅读经验、写作构思、反复修改的综合过程。

(2)通过“读·写·改”三元优化整合作文教学模式的研究,探讨语文资源优化整合的新途径——语文学习的系统性。我们知道,任何事物都是有系统的,作文也一样,写作既然是一种综合素养,就必定不是单一的,阅读是前提,写作是外化,修改是验证,三者是一个系统的有机整体。

2. 师生发展目标

(1)教师方面。通过课题研究,重新建构高中作文教学理念,提高参与课题研究的能力,获得研究的乐趣,减轻语文老师的工作和心理负担。

(2)学生方面。通过课题研究,点燃学生的写作热情,激发学生的写作兴趣,培养良好的阅读写作习惯,有效提高语文素养和应试能力,丰富学生的精神世界,培育学生的人文精神,培养坐下来能写、站起来能讲、走出去能干的人才。

(二)研究内容

1. 构建“读·写·改”作文能力全程写作新体系,研究作文教学的新模式。以“读·写·改”作文教学新理念为指导,以培养学生的作文兴趣、提升学生的写作能力为重要目标,以作文素质同步指导、分解训练为主线,丰富作文的内容,展示作文的个性,全面提高学生的作文素养。

2. 研究怎样激发、树立、巩固学生作文的兴趣。

3. 在合乎作文规范的基础上,怎样充分展示创造个性。作文内容有物有序,表达清楚通顺,书写工整规范。而作文以个性为魂魄,鼓励学生有创意的表达。

4. 学会“修改”并养成良好的写作习惯。“自我修改”是《语文课程标准》中要求学生掌握的最基本的语文学习方法之一。“修改”是作文最基本的环节。“修改”是修正作文中各种不通的说法,主要是字体、文法、事实、思想的错误,修改而求得大体通达,求得文从字顺,这是作文的基本能力。由此再跨步,就是“求美”,求得作文富有美感,富有吸引力。

5. 研究“写什么”与“怎么写”的问题。生活是作文之源,有生活,有思想,才有语言表达。鼓励学生抒写丰富的社会生活,表现细腻的思想感受。同时,作文教学也要重视培养学生构筑辞章的表达能力,训练学生审题、立意、选材、组材和常用文体写作的能力。

(三)研究重点

1. 我省的中学作文教学迫切需要“突围”,需要新理念,新方法,新突破。

作文教学理念的创新可以推动我省语文教学实践的发展。实施“读·写·改”三元优化整合作文教学,能有针对性地提出具有普遍意义的、适合我省不同层次学生(农村和城市、普通和重点学校)增强作文兴趣、提高作文水平的解决方案。

2. 突破作文教学,占领语文教学的“半壁江山”。能抓准语文教学的根本落脚点,充分体现语文学科的特点。语文教学的根本落脚点在阅读与作文,作文是阅读积累的输出,是自我精神更高的需求,是更高层次的自我生成,是学生语文水平的根本体现。

3. 作文教学指导“有法可依”、“有章可循”,摸索出实用高效的作文教学方法和教学模式。

4. 实践《语文课程标准》的基本理念,遵循学生的身心发展规律和语文学习规律。

5. 本课题的“读·写·改”三元优化整合作文教学模式,明确把写作看作一个系统思维工程来研究,据我们所知,这是目前国内外比较少见的新型的课题。

四、课题研究的策略与步骤

(一)准备阶段(2012 年 10 月至 2013 年 10 月)

1. 方案准备。完成课题的选题、申报和实施方案设计工作。

2. 理论准备。搜集这一领域的专著、期刊及论文,组织实验老师学习研讨,统一思想认识,提高理论水平,增强自觉参与研究工作的主动性。

3. 舆论准备。在学生中做好宣讲工作,认识本课题的目的与意义,多渠道加强与家长的沟通,获得支持。

4. 精神准备。开展活动,激发师生参与实验、自主阅读、写作文、修改的兴趣与热情,举办读书征文活动、阅读主题手抄报比赛、暑期读书活动等。

本阶段主要采用文献法进行研究。搜索、整理和运用国内外与课题相关的理论,在分析比较的基础上对课题进行科学界定,对课题目标进行具体的描述,为课题申报、课题研究提供可靠的理论依据。

（二）实施阶段（2013 年 11 月至 2015 年 8 月）

1. 教学调查（时间:2013 年 11 月—2014 年 1 月）。摸底学生的作文水平，在实验班里学生作文水平的不同层次；调查学生对作文的态度；了解学生平时写作文的一般构思过程；调查读和改在写作文中的地位等等。

2. 查找资料，了解当前国内外对有关高中作文"读·写·改"三元整合教学的研究情况，进行理论学习，确定研究目标，具体分工（时间:2014 年 2 月—2014 年 4 月）。

3. 课堂教学实验，阶段性总结（时间:2014 年 5 月—2014 年 10 月）。

4. 课堂教学实验，中期总结（时间:2014 年 11 月—2015 年 4 月）。

本阶段主要采用调查研究法、对比实验法和行动研究法开展研究。在行动研究中，研究者与行动过程中的实践者是共同参与、合为一体的。他们共同组成课题组，共同进行调查分析，通过实践活动发现问题、设计和实施实验方案，进行评价，发现新问题，然后以再计划、再实施、再评价、再发现的方式不断进行研究。

（三）总结阶段（2015 年 9 月至 2015 年 12 月）

1. 召开课题成果研讨会，邀请专家指导。

2. 汇总课题资料，撰写结题报告。

3. 组织出版课题研究报告、研究成果论文集和典型案例集。

4. 对研究成果进行实践应用和推广。

本阶段主要采用经验总结法进行研究。在高中作文三元优化整合教学模式探究的过程中，需进一步加强反思，用现代教育教学理论总结经验，形成规律，提高研究策略的效用和价值。

五、课题组成员及分工

（一）指导小组

组长:陈良锦（语文中学高级教师，化州市第一中学副校长）

课题领导，课题管理，课题负责人；设计实施方案；组织实验；材料收集、整理；撰写研究报告；师资培训，跟踪听课、指导；经费保障。

副组长:李明（语文中学高级教师，化州市教育局教研室副主任）

课题领导，理论指导，协调组员的研究工作。

（二）具体分工

<table>
<tr><td>2012 年 10 月至 2013 年 10 月（准备阶段）</td><td>材料收集
作文教学模式调查</td><td>相关文献、资料</td><td>陈良锦
刘沛起
陈良佩</td></tr>
<tr><td rowspan="3">2013 年 11 月至 2015 年 8 月（实施阶段）</td><td>课题阶段性总结</td><td>公开课、论文</td><td>陈良锦
陈亚美
周成群
杨湘红</td></tr>
<tr><td>中期总结性论文</td><td>论文、研究案例</td><td>陈良锦
陈良佩
王　谷
李　燊</td></tr>
<tr><td>课题阶段性总结</td><td>论文、示范课</td><td>陈良锦
刘沛起
陈华胜
何　莲</td></tr>
<tr><td rowspan="2">2015 年 9 月至 2015 年 12 月（总结阶段）</td><td rowspan="2">课题总结汇报</td><td>研究报告</td><td>陈良锦</td></tr>
<tr><td>观摩研讨会</td><td>陈良锦</td></tr>
</table>

子课题一："读"研究。

研究重点：(1)读的内容范畴：读书籍，读生活，读社会，读人生等等。(2)注重阅读指导：①读的方法指导；如何在读教学中突出学生的"自主"地位；②如何监控与评估学生读的效果，教师的作用如何发挥。

成果：①阅读推荐书目；②学生的阅读成果资料；③课例，教学设计，论文。

成员：王谷、李燊、何莲、陈亚美

子课题二："写"研究。

研究重点：(1)构思训练。构思是写作的核心任务，构思首先是训练想清楚"写什么"，确定"中心"，这是内容方面。其次是训练文章的布局，开头、结尾、中间详略等等，这是形式方面。(2)表达训练。表达是把确定的中心思想用文字外化出来成为一篇文章，主要训练掌握围绕"思想"写"中心"的写作方法。

成果：①"写"的训练教学设计；②课例；③学生写的经验。

成员：陈良佩、陈华胜、杨湘红、周成群

子课题三:"改"研究。

研究重点:①改的训练目标是"辞达",是对题意的表达反复推敲,平时要养成修改的习惯,培养修改能力,修改能力强,文章水平自然高,最终达到"改"是为了不改的训练目标;②改的训练形式最主要的是自改;③改是对自己作文的立意、构思、选材、修辞等的反复推敲修改。

成果:①"改"的训练指导设计;②学生的一改二改甚至三改的作文集;③学生改的经验总结。

成员:陈华胜、李燊、杨湘红、周成群

子课题四:"读写改"优化整合研究。

研究重点:①"读写改"如何优化。以写为中心,读为前提,改为提升,这是认识层面。②"读写改"如何整合。写的过程就是读的外化,而改就是写的乘方,读写改操作起来是一个密不可分的有机整体。③"读写改"优化整合思维模式的定型、推广、应用。

成果:①研究报告;②论文。

成员:陈良锦　刘沛起　陈良佩

广东省中小学德育课题(课题批准号:GDEXXDY13184)

学校德育工作分级实施的可行性研究课题实施方案

课题主持人:陈 劲

一、本课题研究背景

德育是教育的灵魂和核心。我校始终坚持“德育为先,立德树人,培养人格健全的人”的德育理念,努力探索新型管理模式,强化德育治校理念,认真研究新形势下教育教学中出现的各种问题,在德育内容和方法上努力探索、积极实践,取得了一定的成绩。

但是,我们也看到,一方面由于现代社会变化加速,社会道德问题日益突出:涉及行业暴利、食品安全、医疗安全、建筑安全等等的恶性事件层出不穷;网络信息良莠不齐,严重影响缺乏判断能力的中小学生的人生观和价值观。这样的形势向学校德育工作者提出了新的要求:创建良好的育人环境,促进学校德育工作的深入有效开展。另一方面,我校现有初一到高三共六个年级,156 个教学班,学生 11945 人,学生人数众多造成我校的德育工作任务非常艰巨。从学校和学生实际出发,创新德育理念,努力探索符合学校德育工作的有效模式和途径,构建有学校特色的德育模式,是当前我们面临的最紧迫的任务。

因此,我们提出“学校德育工作分级实施的可行性研究”课题研究,目的是创新德育理念,切实增强德育工作的针对性、实效性和主动性;教育学生自觉维护学校和班级的纪律及有关规章制度,养成自觉遵守纪律的习惯和品质;同时把新时期茂名精神“诚信、包容、实干、图强”融入体验感恩、关爱、心理健康教育和劳动实践等活动中去;引导学生学会沟通、学会理解、学会感恩、学会关爱;更为培养道德高尚、行为文明,具有良好的纪律观念、创新品质和团队精神的高素质人才而努力。

二、本课题概念的界定和选题意义

学校的德育工作分级实施是指:学校的德育工作分年级实施,年级的德育工作分班级实施,班级的德育工作分小组实施。各级德育工作紧紧围绕学校德育的中心工作开展。年级间、班级间和小组间进行量化考核评比,各级总结出德育工作的优势和不足,交流经验,相互提高,切实增强德育工作的实效性。

本选题的意义:创新德育管理模式,构建有学校特色的德育,促进学校德育工作的全面深入有效开展。

传统的德育模式存在较大的局限性:

1. 学生家长重智轻德。

受社会现实的影响,在德育与智育的天平上,家长往往只注重智育,而忽视孩子思想品德、道德素质和做人的教育。

2. 学校德育工作流于形式。

在重智轻德的不良风气影响下,社会以升学率评价学校教育成功与否,学校将教学质量视为学校的生命,用分数来评价教师和学生的好坏,因而学校的德育管理工作趋向简单化、形式化。

3. 部分教师心理素质不健全影响德育成效。

教师素质的提高是德育工作得以有效实施的保障,教师的整体心理素质直接关系到孩子的心理成长,而部分教师的心理异常现象昭示着我们的教师未必能在学生面前呈现最佳精神状态。

4. 部分教师陈旧的德育教育观念影响德育工作的效果。

德育课程实施了新课程改革,“回归生活”成为德育课程的新理念,但老师还是用老一套的讲授灌输方法去教学,对新的德育教育教学理念认识不到位,没有更新教学观念,使得好的德育教材没有发挥好的德育教育效果。

5. 德育教育对量化考核评比做得不够。

我国对中学生有很好的规范要求,学校也有很严明的校规、校纪,有的班级还会制定一些班级规定对学生的日常行为进行约束，但有的学校对学生量化考核评比和激励做得不够。虽然学校有学生会对各年级各班级进行文明评比，但是对于大型学校，一个学生会对整个学校进行考核评比显然是不够的。

总体来说就是当前德育工作实效不明显，所以我们提出了“德育为先，立德树人，培养人格健全的人”的德育理念，走出文化成绩作为唯一评价标准的误区。同时针对我校学生人数众多的现状，努力探索新型管理模式，创新德育模式，加强教师培训，加强德育工作量化考核评价，提高德育工作成效。

三、本课题负责人及课题组主要成员前期相关研究成果

本课题负责人陈劲副校长曾获得“广东省优秀团干部”、“茂名市基础教育系统优秀教师”、“化州市师德优秀教师”等称号，在学校分管德育工作，从事德育研究工作近二十年。参加过广东省中小学教师教育技术能力建设项目中级培训，参加过茂名市和化州市相关的德育课题研究工作，撰写的多篇论文在省市获奖，有丰富的课题研究经验。

本课题组成员政教处陈兴旺主任曾获得“茂名市优秀教师”、“化州市模范教师”等称号，主持了化州市有关班级分组管理研究“‘竞争机制’活化班级管理”课题研究。黄文老师有关班级分组管理和班级文化建设的研究论文《“竞争机制”引入班级管理的体会》和《班级文化建设的重要意义》获化州市德育论文一等奖。其他成员都在学校政教处担任副主任或在各年级担任班主任工作，发表过一些与本课题相关的论文，具有一定的课题研究能力。

课题设计

一、本课题研究目标

我们开展的德育课题研究，主要目的就是从学校和学生实际出发，创新德育理念，努力探索符合学校德育工作的有效模式和途径，构建有学校特色的德育模式，营造良好的德育环境，促进学校德育工作深入有效开展。

二、本课题研究拟解决的问题

1. 解决德育管理工作简单化、形式化且没有量化考核问题。

2. 改变学校德育陈旧的管理模式，构建有学校特色的德育模式，促进学校德育工作全面深入有效开展。

三、本课题研究对象

我校确定全校学生和全体教师参加实验，高中每个年级确定两个班为重点实验班，初中每个年级确定一个班为重点实验班，课题组成员负责实验班的研究工作。不同年级之间进行年级对比，同一年级的实验班和对照班进行对比。引入评比机制的目的是让参与者互相对比学习，通过找不足从而创新德育思路，探索德育工作的有效模式和途径，给师生一个交流、发展和提高的平台。

四、本课题研究内容

本课题研究的主要内容是学校德育工作分级实施的可行性研究，重点关注如何做到将学校管理工作和德育教育工作有机结合。

内容包括：

1. 学校德育工作分年级实施可行性研究

由于学校初一、初二、初三、高一、高二和高三年级的学生各具特点，因而学校德育进行分年级管理。每一年级由一位副校长、两位或三位主任负责，下设两位或三位级长。学生学习、纪律、卫生、文明班评比、发展党员团员等都由年级管理。年级领导分工合作，各自充分发挥主观能动性，做好年级的德育管理工作。

年级德育做好三大方面工作：(1)德育物质保障。要求年级营造良好的德育环境，包括根据年级特点提出年级德育理念，设计年级德育工作计划，精心布置各种宣传专栏，张贴奋斗目标，布置好年级教室，配备好教师人员等等。(2)年级德育制度保障。要求各年级设计好完成该德育工作任务的具体规章制度，保障工作任务顺利按质按量完成。(3)形成年级德育文化。通过以上两个具体措施的实施，达到年级学生认同年级的德育理念和价值取向，形成良好的道德行为。

学校办公室安排评比人员，对各级德育工作进行量化考核，如各级好人好事情况，各级学生遵守学校规章制度情况等等。每周统计一次，对各年级德育工作进行评价，要求落后的年级进行整改。

2. 年级的德育工作分班级实施可行性研究

学校分班级进行管理，这是大多数学校的共同做法，但分班级德育管理工作也应各有特色，不应千篇一律。

班级的德育工作也包括三大方面：(1)德育物质保障。要求班级营造良好的德育环境，如班级目标的拟定、教室墙壁标语的布置、讲台物品的摆放、桌椅的摆放、环境卫生的打扫与保持等等。优美的教室环境有助于培养学生正确的审美观念，陶冶学生的情操，这是德育工作重要的一环。(2)班级德育制度保障。制度为学生提供了评定品格行为的内在尺度，使每个学生时时都在一定的准则规范下自觉地约束自己的言行，使之朝着符合德育培养目标的方向发展。(3)形成班级的德育文化。班级的德育文化建设是班级德育管理的深层次要求，在班级德育文化建设中，要特别注重培养学生的创新精神、诚信品质和团队精神。

年级对班级的评价也有量化的考核，如年级"文明班"、"优秀团支部"、"文明学生"、"助人为乐之星"、"拾金不昧之星"、"爱心之星"等等评比，每周统计一次，对各班级德育工作进行评价，要求落后的班级进行整改。

3. 班级的德育工作分小组量化评比可行性研究

正如不同的年级和班级之间相互竞争一样，每个班级可以将学生分成几个小组，不同的小组在班级管理之中也可以相互竞争。竞争机制引入班级德育管理中，不仅能有效激发学生的参与热情，提高管理效果，而且从中培养了学生的竞争意识、团队意识和进取精神。首先，对班级进行合理分组。其次，依据学生的学习成绩和平时表现，定好组长，采取组长负责制度。德育工作中出现问题，组长及时向老师反映，老师也要定期集中各组长，了解各组成员的思想心理发展动态，及时发现问题，及时解决，加强德育效果的监测。第三，制定班级小组量化评比细则。在评比中，采用团队加扣分制度。个人的表现直接影响小组的得分，令学生知道自己的行为代表的是全组同学的行为，个人的行为也代表着班级和年级学生的行为。

引入小组管理，每个人在班级中代表一个整体。班级中每周评选一次"先进小组"，并适当进行奖励。当某组与其他组落后较大距离时，班主任应和组长召集全体组员开会分析原因，讨论对策。

学校德育工作分级实施有效地加强了德育工作的实效性,让德育工作落到实处,促进学校德育工作全面深入有效开展。

五、本课题研究方法

本课题研究运用多种德育研究方法。

1. 文献资料收集法:学习中共中央、国务院等颁发的有关文件和有关德育教育理论,夯实课题组成员的理论基础,并收集外校有关学校分级管理的经验做法作为参考。

2. 行动研究法:按照课题研究实施方案的要求和安排,积极开展各项研究工作,提高德育实效的实践性研究。

3. 交流讨论法:定期召集相关人员讨论交流,及时反馈,发现问题及时纠正。

4. 个案研究法:对个别学生德育发展效果进行分析。

5. 经验总结法:在课题行动研究的基础上,分阶段总结,提高德育实效的具体经验,注重过程性资料的积累,逐步形成较为系统的理性认识,以获得可供应用和借鉴的操作性经验和教育理念。

六、本课题研究实施步骤

本课题研究分为四个阶段,分步实施。

第一阶段(2013 年 3 月—2013 年 9 月):实验的准备阶段,主要任务是申请立项,做好实验有关准备工作。

1. 搞好思想动员,强化参与意识,制定实验方案。由本课题负责人陈劲副校长、本课题组成员陈兴旺主任、李福天副主任、梁华茂副主任和黄文老师负责。

2. 分配实验教师,学校实施由本课题负责人陈劲副校长负责,年级实施由本课题组成员(政教处下级领导)负责,实验班级实施工作由课题组成员老师负责。

第二阶段(2013 年 9 月—2014 年 9 月):实验的初步实施阶段,主要任务是全面开展实验。

第三阶段(2014 年 9 月—2015 年 2 月):实验的深入发展阶段,主要任务是定期交流总结,及时反馈,发现问题及时纠正,保证实验方案出成效。

第四阶段(2015 年 2 月—2015 年 7 月):实验总结德育模式的创新与发展研

究成果阶段。一方面继续完善第三阶段的实验成果,另一方面验证总结,推广成熟经验,扩大实验面。最后撰写实验报告,进行系统总结,上报总课题组,请领导、专家评审鉴定,使之能推广应用。

七、课题组成员和分工

课题组成员:陈兴旺、黄文、李福天、陈钟杰、梁华茂、张贤昌、黄张志、魏平东、谢秀传、许大开、钟志明、陆沛滴。

课题组负责人陈劲副校长,负责本课题研究的全面工作,组织课题组成员开展专项讨论,负责该课题全面实施等。许大开老师担任联络员。

黄文老师主要负责撰写开题报告和结题报告。

陈兴旺和李福天:负责本课题研究成果的推广宣传以及进一步研究等工作。

梁华茂和张贤昌:修改完善课题实施计划,收集相关文献资料,归档整理。

陈钟杰和黄张志:负责本课题的问卷调查,资料及研究成果的实践与操作。

魏平东和谢秀传:负责课题案例的收集与制作,并做好阶段性记录。

钟志明和陆沛滴:反思总结,撰写相关课题研究系列论文、教学策略等。

八、本课题研究预期成果

1. 课题开题报告
2. 论文集
3. 校本教材
4. 德育教育主题班会设计选集
5. 德育教育主题级会设计选集
6. 德育教育分级实施可行性方案选集
7. 德育有效性情况分析报告
8. 课题结题报告
9. 课题活动成果汇报

九、本课题研究的保障措施

为了保障学校德育课题有序进行下去,提高全体教师的研究意识,扎实创新地开展德育活动，使本次课题研究收到实效，我们采取以下措施：

1. 学校成立课题领导小组，切实落实德育课题研究细则，制定课题研究方案，定期召开课题研究工作会议，分析学校前阶段课题研究的情况，总结成绩，商量下阶段工作，及时出台有关实践措施，引领全体教师开展实践研究工作。

2. 学校利用校本培训以及各种学习机会，组织教师学习，如开好行政会、课题组研究会、教师培训会、经验介绍会，引导和鼓励教师积极投身实践，撰写德育教育体会，多开展征文比赛活动。

3. 学校采用“走出去、请进来”的办法，组织教师到外地学习培训，邀请有关专家进行讲座。

4. 学校为课题组提供必要的研究经费和活动经费，为课题组成员参加理论学习和实践研究提供保障。

广东省教育科学“十二五”规划课题(课题批准号:2012YQJK221)

多元智能理论在中学数学教学中的实践研究课题实施方案

课题主持人:彭伟强

一、研究意义

1. 研究背景

1983年,哈佛大学教育心理学教授霍华德·加德纳首次提出了多元智能理论,他认为人类的智能可分为言语—语言智能、数理—逻辑智能、视觉—空间智能、肢体—运动智能、音乐—旋律智能、人际交往智能、自省智能、认识自然智能和生存智能等9种智能。这一理论否定了人的IQ决定一切的观念,拓展了我们对智能的认识。这一理论的提出对现代教育改革与实践产生了积极影响,为我国教育改革的进一步深化和素质教育的广泛实施,提供了新的理论支持与实践探索的新思路,为中学数学课堂教学提供了一种具体的、可操作的教学模式。

长期以来,我们的教育基本上是以传授知识为主的传统教学模式,教师成了教学活动的中心,是教学活动的主体,是知识的传授者,学生是知识的接受者,媒体是教的工具,教材是教的内容,学生的成绩是教师教学水平的反映,课堂作为教学的主要环境则是提供给教师表演的舞台。教学气氛不民主、不平等,教学方法死板,教学手段单一,几十年来都是一块黑板、一本书、一支粉笔贯穿整个教学活动。许多教学资源和多媒体手段利用不够,特别是学生头脑中的智能开发不充分,学生成为接受知识的容器,“唯命是从”,学生的独立人格、个性特长、创新意识没有机会得到培养。显然,这种单一的传统教学方法直接导致学生高分低能,创新能力、动手实践能力不强的局面。为了顺应新课程改革,适应素质教育,我们构建一种新的多元智能的数学课堂教学模式,把学生从枯燥的数学教学中解放出来,培养学生的多元智能,实现学生由善于解答问题向善于解决问题转变,以期提高学生的综合素质与综合能力。

在国外,哈佛大学的“零点项目”就是有关多元智能理论的实践,美国明尼苏达州的圣保罗市的卓越示范小学、美国的新城学校、密苏里州圣路易斯市的独立小学、华盛顿州蒙特雷克·泰勒斯市的蒙特雷克·泰勒斯高中等都运用多元智能理论指导教育教学。

在我国,北京市、上海市、广东省、山东省、浙江省、江苏省以及内蒙古自治区等地近年来涌现出一大批运用多元智能理论指导教学的实验学校。但由于教学第一线的教师研究水平有限,缺乏理论指导,不知如何将多元智能理论引入课堂,特别是如何引入高中数学教学中。由于高中数学逻辑性强,教材内容与高考内容差距较大,教师普遍认为高中数学教学无法有效地把理论与实践相结合,无法让学生在学习数学的过程中,既有兴趣又能掌握数学的方法、思想和精神。本研究试图从多元智能理论出发,通过数学课堂教学实践,为中学数学课堂教学提供一种具体的、可操作的多元智能教学模式。

2. 学术价值

(1)通过多元智能理论在数学课堂教学中的实践研究,探索出一套适合学生智力实际的、能引起学生共鸣的、乐于主动和老师配合的、对所学知识有兴趣并能牢固掌握和运用的教学模式。

(2)通过多元智能理论在数学课堂教学中的实践研究,探讨能真正帮助每个学生实现富有个性的、全面的、主动的发展,实现实践教育、创造性教育、差异教育和个性教育。

3. 应用价值

(1)多元智能教育适应未来社会发展的需要

民族要复兴,国家要发展,归根到底最需要的是创新思想,需要的是创新人才。培养创新人才,教育为本。一个人创新思想的建立和对现代科学技术的掌握，主要依靠长期的、系统的、良好的多元智能教育。

(2)多元智能教育适应数学新课程教育改革发展的需要

中小学中有不少对数学畏难、缺少兴趣的学生，还有一些学生学习数学的积极性和自信心常常受到这样或那样的挫伤，在课堂上他们常常成为旁观者、局外人，使数学教学的两极分化越演越烈，这就从一个侧面提醒我们：数学教学需要全面考虑促进各种智能的协调发展。《数学新课程标准》中明确指出：数学教育在发展和完善人的教育活动中，在形成人们认识世界的态度和思想方法方面，在推动社会进步和发展的进程中起着重要作用，数学教师应懂得为“多元智能”而教，着眼于个体智能发展的新理念。

(3)多元智能教育是学生自身发展与培养创新人才的需要

21 世纪是以知识的创新和应用为重要特征的知识经济时代，科学技术迅猛发展，国防竞争日趋激烈，国力的强弱越来越取决于劳动者的素质。教育之所以具有基础性的地位，是因为它肩负着培养合格公民，为祖国各项建设输送优秀人才和创新人才的重任，而这些人才的培养离不开坚实的教育。作为基础教育重要组成部分的中学数学教育，更是学生走向高等学府及社会的基础学科，是开启未来数学家的金钥匙，是培养优秀科技创新人才的奠基学科。运用多元智能理论来发展学生创造性的思维能力，不仅在思维的广度上而且在思维的深度上都将加强其创新意识的形成与发展，新课程正是展现的良好平台。我们应以多元智能为理论基础，结合每个学生的实际情况，以数学教学为载体，努力培养学生的创造性思维。

(4)多元智能教育适应新课程下教师发展的需要

实施多元智能教育对教师提出了更高的要求。教师应该具有组织、管理、引导学生的能力，善于创造平等、和谐轻松的学习气氛，善于启发学生的创新活动，善于鼓励学生的求异创新思维。

二、总体框架、基本内容、拟突破的重点、拟解决的关键问题及主要创新之处

1. 总体框架

多元智能理论认为：几乎每个人都是聪明的，但聪明的范畴与性质却呈现许多个别差异，各人的智能光谱就各如其面，人人各不相同。由于不同的学生智能

结构差异,其学习风格和学习成绩也有许多不同,教师要根据学生智能的特点,真正考虑到个别差异,不断地变换教学方法,运用不同的教学手段,组织多种形式的教学活动,彻底因材施教,使学生在活动中表现出多种智能,从而发现其优势智能,为其提供适合的教育形式和教学内容,使学生有机会利用自己最发达的智能最有效地学到知识。

2. 基本内容

构建多元智能教学观的初步教育理念;构建多元智能学习的课堂模式;构建多元智能学习的作业形式;构建多元智能学习的课外体系;构建多元智能学习的评价体系。

(1)利用数学符号、数学式子、数学语言来表述问题的学习环境,培养学生的语言智能。

(2)利用数学公式的严密推导、推理、证明等知识作为载体,培养学生的数学逻辑智能。

(3)设计教学情境,用身体语言培养学生的运动智能。

(4)开展“小组合作学习”和“研究性学习”,培养学生的人际关系智能。

(5)利用计算机辅助教学和教具、模型、结构图、立体几何等知识,培养学生的视觉空间智能。

(6)指导学生写“学习反思”、“学习心得”、“错题集”、“好题集”等,培养学生的自我认识智能。

(7)利用音乐、动画、PPT 课件等,促进学生音乐智能发展,提高学生的学习效率。

(8)研究多元智能的评估方法,制定学生智能评估方案,更好地了解学生多元智能的状况。

3. 拟突破的重点、拟解决的关键问题及主要创新之处

多元智能理论使我们破除了“IQ 式思维”,跳出传统心理学所框架的界限,使我们能深入了解人类智能的本质,为教育理论与实务提供重要的方向。

(1)在教学中创设尝试科学探究的情境,学生通过自主、独立地发现问题,实验、操作、调查、搜集与处理信息,表达与交流等探索活动,学会自主探究、自主解决问题,提高自主学习的能力,为终身学习打下良好的基础。

(2)开发培养学生的多元智能,培养学生良好的主体意识及相关的主体认识、主体能力、主体精神,进而培养学生的创新意识、创新精神和创新能力。

(3)树立新的教师观、质量观、学生观。

(4)通过本课题研究,使教师进一步转变教学观念,通过改变课堂教学模式改善学生的学习方式。

(5)探索出适合创新智能的课堂教学模式和评价方法。

(6)让学生掌握创新的方法和技巧,开发创新潜能,发展学生的创新性思维能力,组织学生开展创新实验活动,提高学生的学习能力、活动能力和实践能力。

(7)建立学生智能评价体系。

三、课题研究方法与步骤、技术路线及研究计划

1. 课题研究方法

(1)培训学习法。课题组开展课题研究的理论培训、专题讲座,让老师们懂得研究的意义,明确研究方向,掌握研究方法,了解教育发展趋势,学习新课程、新方法,树立新观念。

(2)实践法。在课堂教学、作业形式及课外活动等方面,实验教师要让学生亲自参加到实践活动中,在实践中养成大胆探索、主动思考、认真研究、全面分析、独立发现问题、解决问题的习惯。

(3)实验试点法。各个小课题组自主活动,强调教师自我学习,自我提高,自主开展研究,形成各种课堂教学模式。

(4)比赛法。以小课题组为参赛单位,举办优质课竞赛,强化课题研究,达到人人上优质课、课题汇报课。

(5)经验总结法、成果展示法。实验老师撰写理论学习体会、经验文章或研究论文并进行评比或推荐报纸杂志发表,组织参研人员参加说课比赛。

(6)系统原则法。多元智能教学系统,即课堂"教学模式—作业形式—课外辅导"三位一体,互相对应,密不可分。

2. 技术路线

(1)学习理论,把握研究方向。实验能否取得成绩,实验教师是关键。因此,首要工作是开好实验教师动员会,给实验人员打气鼓劲,排忧解难,使实验人员能

够以饱满的热情，协调的步调，明确的目标，开展课题研究工作。

(2)以西方国家进行教育改革的多元智能理论作为指导思想，让实验教师了解课堂教学模式的概念，明确传统教学模式与现代教学模式的区别，知道研究方向，弄懂多元智能课堂教学模式，探索出数学学科多元智能教学课堂教学模式。

(3)注重实效，加强研究过程。在多元智能课堂教学模式研究中，我们将形成以点带面的格局，具体实施过程如下：

①加强教育科研工作的指导，成立教育科研领导小组、指导小组、课题小组。

②健全管理制度，制定好年度科研工作计划。组织实验教师认真学习创新智能教学理论、方法、技能、策略，增强教师的理论素养，厚重教师的创新文化。要求实验教师认真制定本年度的研究计划，提出明确的目标任务，制定实现研究目标的保障措施，完成研究成果的物化工作，为课题的顺利开展作出贡献。

③加强科研基地建设，建立教育科研实验网络，让每位教师都能参与到教育科研中去，提高学校的整体科研能力。

④利用远程教育资源，收看教育课例，听取专家报告。采用集中评析、分组研讨的方式运用前沿教育理论指导课题研究。

⑤加强集体备课，以老带新，改变我校教师素质参差不齐的现状，特别是新教师和新上高中的教师，需要集体备课来把握教材重难点、考点。

⑥以小课题组为参赛单位，举办优质课竞赛，强化课题研究，以达到人人上优质课、课题汇报课。

⑦开好每月一次的研讨会，做好实验每阶段总结。实验中要坚持个体研究与集体研究相结合的原则，以个体研究为主，集体研究为辅。开好每月一次的集体研讨会，让各位实验教师求同存异，加速实验的开展。

4. 课题组成员与分工

姓名	职称	职务	研究专长	分工
彭伟强	中学高级教师	教研室主任	教学研究	主持人兼组长，研究教师潜能开发
张海玲	中学一级教师	教师	教学研究	计划的制定、修正，学生学习方法研究

续表

姓名	职称	职务	研究专长	分工
李俊雄	中学一级教师	教师	实验教学	调查问卷,实验研究,资料收集
梁金福	中学高级教师	教师	实验教学	典型课例,资料收集
黄妤媚	中学一级教师	教师	实验教学	对学生多元智能特征评估,资料收集
魏平东	中学一级教师	教师	实验教学	典型课例,资料收集
李全明	中学高级教师	教师	实验教学	典型课例,资料收集
董永健	中学一级教师	教师	实验教学	培训家长,家校协同教育
宋力东	中学高级教师	教师	实验教学	实验研究,资料收集
梁诗韵	中学一级教师	教师	实验教学	实验研究
庄锋华	中学一级教师	教师	实验教学	典型课例,资料收集
王映秋	中学一级教师	教师	实验教学	调查问卷,实验研究,资料收集
林陈德	中学高级教师	教师	实验教学	实验研究,资料收集

5. 研究计划

(1)准备阶段(2012. 12—2013. 10)

①选定实验教师,成立课题组。②制定实验计划。③确定实验班级。④收集整理与课题有关的资料。⑤请市教科所领导到校指导。⑥实验教师学习多元智能理论。

(2)实验阶段(2013. 11—2014. 12)

①全面实施总体方案。②实验的前测。③研究课内外“多元智能学习与教师的教学观”的方法和途径,搞好课题研究、交流。④调查研究实验情况。⑤总结阶段性成果,实验教师写实验报告、体会、论文等。

(3)总结阶段(2015. 1—2015. 11)

①进行整体实验的检测。②系统整理实验成果,为课题结题作准备。③撰写课题研究报告。④出版专著。

序号	时间段	主要任务	负责人
1	2012 年 12 月	设计、申报课题	彭伟强
2	2013 年 9 月	①组建课题组,讨论课题分解方案 ②布置各个研究子课题	张海玲
3	2013 年 10 月	课题组成员前期理论学习	庄锋华

续表

序号	时间段	主要任务	负责人
4	2013 年 11 月—12 月	全校教师尤其是实验教师理论准备	庄锋华
5	2014 年 1 月	开题报告会,从理论思考和实验操作两个层面进行论证辅导	梁金福
6	2014 年 2 月—9 月	①邀请高校或科研机构专家来我校,学习多元智能理论应用于课堂教学的操作方法 ②考查学生在课堂、专门设计的游戏、观看电影戏剧后的讨论、解决复杂问题等活动中的行为表现,初步了解学生的智能状况	黄妤媚
7	2014 年 10 月—11 月	①讨论子课题设计方案并论证 ②研究“八合一”“聚焦智能”等教学设计策略,以学科为单位,推出一些实验研究课 ③布置第一次个案整理工作	王映秋
8	2014 年 12 月	修改、通过第一批整理的个案	李全明
9	2015 年 1 月—3 月	①在实验研究课的基础上,进一步深入思考,开拓思路,完善方法,组织全校性公开课 ②布置第二次个案整理工作	林陈德
10	2015 年 4 月	修改、通过第二批整理的个案	宋力东
11	2015 年 5 月—6 月	开展系列研讨活动,展示实验的初步成果,进行中期论证和中期成果总结	张海玲
12	2015 年 7 月—9 月	①组织全校性“多元智能理论应用于数学课堂教学”的优秀课展示活动 ②布置第三次个案整理工作	张海玲
13	2015 年 10 月	修改、通过第三批整理的个案	庄锋华
14	2015 年 11 月	①汇编实验材料,撰写结题报告 ②各子课题结题	张海玲
15	2015 年 12 月	总结题,召开结题学术研讨会,接受专家评估,编定专题实验报告、研究论文及个案专辑	庄锋华

四、课题研究预期成果

1. 综合研究总报告《多元智能理论应用于中学数学教学的实践研究报告》。

2. 研究论文《多元智能理论应用于中学数学教学论文集》。

3. 典型案例分析报告(教学叙事集)。

4. 编制《中学生多元智能评估表》。

5. 编写校本教材《多元智能与中学生学习指导》(题目初定)。

五、完成本课题研究的时间保证、资料设备等条件

1. 课题负责人是茂名市名教师,茂名市首批“百千万人才培养工程”培养对象,国家教师科研基金“十一五”规划重点课题项目“全国教师队伍建设研究”课题实验学校调研组副组长,全国教育科学“十一五”规划教育部重点课题学术秘书,广东省教育学会校本课程专业委员会第一届理事会理事,学校教研室副主任,分管学校教学课题研究工作,长期坚持在教学第一线,从教时间长,热衷于教学科研,主持过多项国家级、省级课题研究工作,成果显著,为课题研究的顺利开展提供有利条件。

2. 本课题组成人员有学校研究室的成员,有数学科组长,有资深的高三教师,亦有刚从高校毕业的青年教师。他们有的教学经验丰富,对高中新课程改革有相当的实践经历及自己独特的见解,有的激情澎湃、热情高涨,对新课改充满好奇心和浓厚的兴趣。成员全部为本科以上学历,有老、中、青三代教师,知识结构、教学经验及心理结构层次完善,能互取所长。

3. 本课题研究单位化州市第一中学为化州市唯一的一所重点中学,是广东省一级学校、广东省国家级示范性高中、全国文明单位,学校文化底蕴深厚,师资力量雄厚,试验设备齐全。学校图书馆拥有纸质藏书 20 多万册,电子读物 12 万多册;有教工专用资料室,藏书 4 万多册;学校电脑网络设施完备,每个教室都配备多媒体教学平台、电子白板、音像等设备。学校领导对此课题的研究高度重视,并承诺给予大力支持,本课题研究单位为省级新课程实验基地和校本培训基地。

4. 学校教科研管理制度健全,课题管理到位,确保课题能有效实施。学校课题研究工作实行三级课题研究管理体系,即由校长亲自主管,教研室具体分管,课题组具体实施。为了保证课题研究计划的实施和顺利进行,学校制定了如下管理和实施措施:

(1)学校科研工作的考核制度和奖励机制。与考核教学工作一样考核课题实

验工作,对于承担课题实验的教师,根据考核的业绩给予相应的奖励并与评职晋级挂钩。这些措施为课题研究的有序开展,教师按程序有步骤地完成课题实验任务提供了必要的保证。

(2)组织培训,提升科研能力。课题研究工作是动态的,因此,学校对课题实验教师的培训应贯穿实验的全过程,分步实施各有侧重。课题立项后,学校每学期都定期组织课题组成员学习有关课题研究的目的、意义、任务、要求、方法等,并聘请课题组专家、教授来校进行课题指导,使参与实验的教师了解、认同、理解课题实施的意义和研究方向,学习科学研究方法。同时组织课题组教师参加培训,提高课题组教师运用现代教育技术的水平,提高教学教研理论水平和收集有关课题研究方面的理论资料的能力。此外,学校十分重视采用“走出去,请进来”的方法为教师广开渠道,在邀请有关专家来校指导的基础上,先后多次派课题组成员外出学习。通过形式多样的培训,课题组成员的课题研究能力都得到普遍的提高。

(3)鼓励课题组教师互相交流学习。采用集中学习与分散学习结合、讨论与自学相结合的方式进行。每次活动要求课题组成员做到“三个一”,即记一次听课笔记,说一段现场评课,写一篇听课总结。课题组定期与不定期督促检查。每个学期还开展“三课”比赛,即示范课、评优课、课题研究课比赛。

课题组成员:张海玲、李俊雄、梁金福、魏平东、李全明、董永健、宋力东、黄妤媚、梁诗韵、庄锋华、王映秋、林陈德。

全国教育科学“十一五”规划教育部重点课题“和谐学校文化建设与课程教学的关系研究”的子课题(课题编号:DHA09018977)

“三三五”自主、互动高效课堂教学模式的研究实验报告

课题主持人:彭伟强

一、课题研究背景

长期以来,我国课堂教学基本上运用苏联教育家凯洛夫以系统传授和学习书本知识为教育目标的教学模式,这种模式以教师为主导,以课堂、书本为中心,教师按照学生认识活动的规律,有计划有目的地组织和控制教学过程,这样的课堂教学存在一些亟待改进的问题。

1. 传统的教学方式不利于教学质量的提高

传统教学方法在教学过程中,教师面对的是基础知识参差不齐的全班学生,实施“满堂灌”、“一刀切”、“一锅煮”的做法,致使一些学生“吃不饱”,一些学生“吃不了”,而一些学生无从“入口”。教学过程是以教师的教为中心,教师讲,学生听,教师问,学生答,教法呆板,一成不变,导致学生在课上缺少参与机会和自主活动时间,被动接受,生搬硬套,死记硬背;只重学,不重用,只重结果,不重过程,师生的“双边活动”变成了教师的“单边活动”,学生是完全被教会的,而不是学会的,难以激发学生的学习兴趣,教学效果不佳。

2. 传统的学习方式不利于学生的发展

传统的学习方式是接受性学习,学生是知识的容器,学习被动,没有主动发现

问题、分析问题、解决问题的意识,学习能力培养更无从谈起。

传统的学习方式是知识性的学习。学生在学习过程中只着眼于学科知识本身,而对如何获取知识、掌握知识、运用知识的方法了解甚少。这种知其然而不知其所以然的学习方式最终导致事倍功半的学习效果,让学生感觉学习既苦又累,失去了学习兴趣。

传统的学习方式是孤立的个体学习。师生之间、生生之间缺少合作交流,不利于学生合作能力、交往能力与学习兴趣的培养。

3. 新课程改革要求转变学生的学习方式

新课程标准明确提出,“转变学生的学习方式,培养学生主动参与、乐于探究、交流合作的学习态度”,这要求教师转化角色,建立新型的师生关系,要以学生为中心,突出学生的主体地位,要求教师扮演支持者、辅助者、合作者的角色;课堂教学必须能唤醒学生的学习欲望,注重教师与学生、学生与学生的互动,培养学生主动参与、自主学习的能力,从被动的学习方式转变为以“自主、合作、探究”为主要特征的新型学习方式。

4. 课题研究的现状

高效课堂是一种融学生认知建构与情感激活、教学控制与情境创设为一体的教学形态,高效课堂以学生为中心,注重培养学生自主、合作、探究、交流、质疑解惑的学习能力。我国在《基础教育课程改革纲要》中首次提出有效教学的理念和策略,随后很多学校或个人进行了相关的研究,包括杜郎口中学的“三三六”模式,昌乐二中的“271”模式,洋思中学的数学课堂“先学后教、当堂训练”模式等等。我校生源分布广,班额大,学生基础差异大,如果照搬已有的一些改革方式,很难取得实际的成效,所以立足校情,借助已有的教学理论和教改经验,探究适合我校数学教学实际的高效数学课堂教学方式。

我校自2006年起大力倡导有效教学研究,2010年以来,在陈富云校长“把时间还给学生,把课堂变成学习乐园,把方法教给学生”教学思想指导下,我校教师不断摸索课堂教学模式,创设了“三三五”自主、互动教学模式,努力构建适合校情的高效课堂,做到数学课堂上“人人参与,个个精彩,共同进步”。因此,我们提出了自主、合作高效数学课堂模式研究,这种教学模式建立在学生自主互助学习的基础上,使大班额数学课堂教学中人人有参与的机会,人人有被老师同学关注或展示个性的机会。

二、课题研究的意义

本课题研究试图通过对小组建设与小组合作学习的有效性的研究，以最大程度激发学生学习兴趣，提高学习积极性，开发学习潜能。设置自主、合作、互助的课堂教学模式，就是要求教师彻底改变长站讲台我讲你听、教师累学生不讨好的给予式教法，要求教师以学习的指导者、帮助者、开拓者身份出现在课堂，把学生置于主人地位，把学习的主动权、学习的大部分时间和空间还给学生，真正做到“变教室为学室，变教师为导师”。教师致力于为学生的发现、创造、表现提供更多的机会，为不同个性特点的学生提供必要的发展条件，为充分发挥学生间、师生间教学相长效应搭建共同提高共同进步的平台，从而激活学生的学习动机，激发学习兴趣，诱导出学习积极性，形成良好的学习态度和学习习惯，开发出学生潜在的学习能力。因此，本课题对促进教师教育观念和方法的更新，对发展学生的学习能力，对提高学生的综合素质，对培养适应未来社会发展需求的人才，都将有不容忽视的研究意义和研究价值。

1. 实施高效学习策略的实践研究，有利于转变学生的学习方式，有利于提高学生的学习能力，提高教学质量，使学生适应未来社会发展的需要。

2. 实施高效学习策略的实践研究，能帮助教师更新教育理念，自觉实现角色的转化，并通过教学实践的总结反思和自我调适，优化教学行为，提高教学能力，有利于教师的专业化发展，能培养一批观念新、业务素质高、实验操作能力强的教学骨干教师。

3. 实施高效学习策略的实践研究，有利于学校改变教学管理制度。通过探索教学结构、教学方法、学习方式的优化模式，提高课堂有效学习的策略。

三、“三三五”自主、互动高效课堂模式的建构含义

所谓的“三三五”高效课堂模式，是基于课堂教学的“理念”、“结构”和“方法”三大原点而提出的。

1. “三”意为“三把”，是从时间和空间上考虑，即把时间还给学生，把方法教给学生，把课堂变成学习乐园。教学活动既是认识过程，也是活动和实践过程。

教师在教学中创设一系列活动，以学生的活动为主线，激励学生主动参加，主动实践，主动思考，主动探索，让学生在活动中学习。

2. “三”意为“三步”，是指每堂课应该包括课前、课内、课后三个步骤，即：课前预习——课内探究——课后训练。

(1)课前预习：重点解决什么时间预习，预习什么内容，用什么方式掌握学生的预习情况，怎样设计预习学案，通过什么方法、手段使学生掌握学习目标等。

(2)课内探究：要体现“三讲三不讲”，即讲重点、讲难点、讲方法，不讲学生已经会的、不讲学生通过自己探究也能会的、不讲老师讲了学生也不会的。要精心设计教学环节，明确哪些问题让学生自主学习，哪些问题让学生合作探究，如何进行疑难点拨，教学反思从哪几个方面进行。课堂上要体现知识反馈、错误矫正、课堂检测、目标达成和拓展提升等。

(3)课后训练：要体现作业的分层布置，教师要根据学生接受、消化、吸收知识的能力不同，把学生分为上、下两类，或上、中、下三类，然后针对不同层次的学生布置难易不同的作业，既要保证大面积学生扎实掌握课本基础知识，又要保证部分发展力较强的学生得到拓展提升。

3. “五”意为“五环节”，指每节课内探究的过程要体现“自主学习、合作探究、展示分享、精讲点拨、有效训练”五个环节。

环节1——自主学习：“自主”是指探索并建立一套适合学生自主学习的程序，培养学生的自学习惯，让学生真正成为学习的主人。自主学习概括地说，就是“自我导向、自我激励、自我监控”的学习。学生根据本节课的学习目标或学案上教师设计的问题、创设的情景或导读提纲，进行自主学习，当堂掌握基础知识和基本内容。学生要对自主学习过程中的疑点、难点、重点问题做好记录，为小组合作学习探究打下基础。

环节2——合作探究：在教学活动中，学生积极参与，师生之间、生生之间相互合作，使教学过程成为一个交往和相互促进、发展的过程。学生把自主学习中遇到的疑点、难点、重点问题提交给学习小组，小组成员在组长的带领下针对这些问题进行讨论探究，共同找出解决问题的方法与思路，同时注意总结本组好的解题方法和规律，以便展示分享。经小组讨论未能解决的问题反馈给老师。老师在巡视过程中积极参与部分小组的讨论，巡回收集学生讨论中仍然解决不了的问题，掌握学生出现问题的一手资料，以备针对性点拨。

合作探究是学生相互学习共同促进的关键环节，在这个环节中不仅仅是优秀学生帮助后进生，更是让全体同学把思路打开，每个同学都可以提出不同的观点。教师全面掌控，由小组长负责组织，围绕问题进行交流、讨论甚至争论。合作探究中师生、生生互动，生教生，生练生，生评生，做到思维有深度，探究有高度，问题得到基本解决。

环节3——展示分享：由于课堂时间的限制，学生不能一一展示，根据不同的问题，指派一个组选一名代表到黑板上展示，可以是基础展示、方法点拨、能力提升等。若各小组任务不同，可让小组按顺序展示汇报，在展示的过程中，其他小组成员负责质疑、提问和补充。各组任务相同时，可利用评价调动组与组之间展开竞争，并把竞争结果作为评价依据。各组任务互补时，未参加黑板展示的同学将自己的成果写在学案上，相邻两个小组成员之间互相交换并给对方修改和批阅，在批阅过程中既学习了其他同学的优秀创意和想法，又可以注意到容易出错的地方。

教师控制展示进度，调节好课堂氛围，及时记录出现的典型问题和新生成的学习目标，为精讲点拨做好准备，并针对各组的展示情况及时评价，用分数、掌声、口头等形式进行表扬。

环节4——精讲点拨：教师根据学生自主学习、小组合作探究中发现的问题，对重点、难点、易错点进行重点讲解，帮助学生解难答疑，总结答题规律，点拨答题方法与思路。

环节5——有效训练：针对本节课学习目标，精编精选当堂检测内容，进行当堂达标测试。要求学生限时限量完成测试题，可通过教师抽检、小组长批阅、同桌互批的形式了解学生对当堂知识的掌握情况，及时对错题进行讲评点拨，确保训练的有效性。

“三三五”自主、互动高效课堂教学结构图如下：

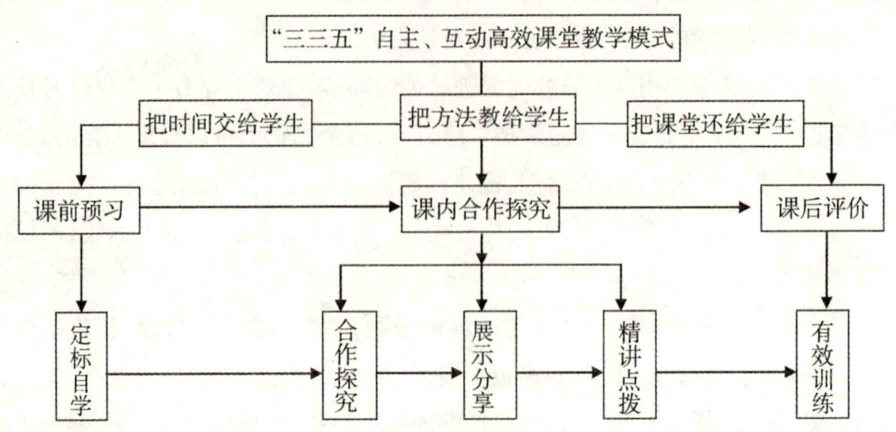

在实施"三三五"自主、互动高效课堂教学过程中,"自主学习"是核心,是教学活动的核心,是学生学习和发展的核心;"合作探究"是措施,是教学活动通向目标过程中所采取的主导学习方式、学习方法和措施;"高效"是目标,是教学活动的目标。高效教学是取得高质量教育成效的必由之路,它建立在自主互助基础之上,是二者本质追求的集中体现。

四、课题研究的目标

华东师范大学叶澜教授说:我们把教学教改的实践目标定在探究、创造充满生命力的课堂教学上。因此通过本课题研究,进行数学课堂教学模式探索,形成适合校情的"自主互助学习型"数学课堂教学模式,使新课程背景下大班额数学课堂教学中人人有参与的机会,人人有被老师同学关注或展示个性的机会。教育家苏霍姆林斯基曾说:"让学生体验到一种自己亲身参与掌握知识的情感,乃是唤起少年特有的对知识的兴趣的重要条件。"因此构建和谐高效的课堂,"把时间还给学生,把课堂还给学生",让学生有时间做、有时间讲、有时间学,从而提高学生的学习兴趣,提高课堂教学效率,进而提高教学质量。

1. 成效目标:教学过程的转变。教学过程要由单一的讲授说明过程转变为通过创景、示标、自学、合作、构建等以学生为主体的过程。教学过程注重课堂教学的开放性和教材使用的创造性,增强指导意识,尊重学生个性,体现师生互动、教学相长。

2. 教师目标:教师的教学观的转变。教师的角色由知识的传授者转变为课堂教学的策划者,学生学习的引导者,学生发展的促进者。通过不断学习、实践、反思,改进、创新课堂教学模式,形成自己独特的教学风格。

3. 学生目标:学生的学习观的转变。改变学生的学习方式,使学生从单一被动的接受者转变为学习过程中的发现者、探索者和创造者,使每个学生学会学习,达到愿学、乐学、会学、善学。

我们把本研究的目标确定为:促使全体学生素质全面发展、个性健康发展,使每个学生学会学习,达到愿学、乐学、会学、善学。

愿学:即有明确的学习目标,对学习有浓厚的兴趣,有一定的毅力,有强烈、持久、稳定的学习动机,主动积极地参与学习。

乐学:视学习为一种精神需要,感到学习是一种愉快的生活,有积极、乐观向上的态度,学得轻松愉快。

会学:养成良好的学习习惯,掌握多种学习方法,并综合运用各种学习方法进行系统分析,理解材料,能广泛地收集各种资料,通过各种信息源获取知识信息。

善学:善于制定与自己认知风格相符的学习计划,能根据学科特点及自己的学习状况,选择合理的学习方法;能积极进行独立的有创造性的思维活动;善于自我检查,自我评价,善于运用已有的知识去解决各种问题。

在此基础上,从理论和实践结合上初步探索"教师指导下学生自主学习的教学模式"。

五、课题研究的理论依据

1. 建构主义认为:学习是一种主体构建的过程,是学习者与外界的信息发生互动的过程,在互动中必然要进行信息的传播,所以在学习活动中,教师要让学生相互合作,并注意信息的多向交流。

2. 分层递进教学理论认为:分层递进教学,就是教师根据学生现有的知识、能力水平和潜力倾向,把学生科学地分成几组各自水平相近的群体并区别对待,这些群体在教师恰当的分层策略和相互作用中得到最好的发展和提高。

3. 合作学习理论认为:合作学习是组织和促进课堂教学的一系列方法的总称。学生之间在学习过程中的合作是所有这些方法的基本特征。在课堂上,同伴之间的合作是通过组织学生在小组活动中实现的。小组充当社会组织单位,学生在这里通过同伴之间的相互作用和交流展开学习,同样也通过个人研究进行学习。合作学习是一种旨在促进学生在异质小组中互助合作,达成共同的学习目标,并以小组的总体成绩为奖励依据的教学策略体系。

4. 动机激发理论认为:激发动机的最有效手段是在课堂教学中建立一种“利益共同体”。小组合作学习就是创设了这样一种情境,促使每个成员在小组合作学习中尽力作出自己最大努力,积极主动地学习、探讨知识。

5. 人本主义心理学理论认为:人是主动的、理性的、追求有价值目标的、有其积极生命和生长态度的。人本主义思想的核心是人性化,认为人具有先天的优良潜能,教育的作用在于使人的先天潜能得到实现。以罗杰斯为代表的人本主义教育学家提出以“学习者为中心”的教育观点,认为教育的根本目的是发展学生个性,实现其潜能。教育应把自我实现的抉择权留给学生,以学生自主探究、自我发展为目标。教学要尊重“四性”,即参与性、自主性、情感性、独创性,培养学生的自我概念,提出学生的主动性与教师的主导性相结合的原则,高度重视学生的个性培养和个人价值观。

六、课题研究需遵循的原则

1. 主动性原则:指在教学活动中必须激发学生的学习主动性,促使学生主动探索知识。整个学习过程要给学生充分的学习自由与学习自主权,学生有权对所学知识进行选择,有权参与各种学习活动。在教学中,不是由教师向学生灌输知识,而是让学生自主建构知识结构。

2. 活动性原则:指在教学过程中要以活动为主要教学载体,通过活动激发学生的自主性,使学生主动地动脑、动手、动口等。活动主要是指学生的记忆、思考、想象、情感、操作、实践等活动。

3. 基本模式与动态生成相结合的原则:所形成的模式要有基本的指导思想和思路,但又不是固定化的程式,它必须一直处于运动和变革中,随时充实、提高和升华自己,以获得最后成效。

七、课题研究的内容

1. 构建自主探究式课堂教学基础结构。在传统的数学教学课堂中,教师成了演员,在台上表演得非常投入,学生成了观众在台下观看,一节课下来,老师累,学生也不一定看得开心。本课题致力研究如何发挥学生在学习中的主体作用,使学生成为课堂的主人,使每个学生都积极参与学习过程,做到"肯学、想学、会学"。

(1)自学——最基础的一环。教师的主要作用是根据教材精心设计自学提纲,学生以自学提纲为依托,带着问题有目的地学习,运用自己已掌握的知识和技能自读课文,然后汇报通过自学读懂了什么,是怎样读懂的。

(2)问疑——最关键的一环。任何探索性的学习活动都起于问题情境,没有问题就没有探索性学习的动力。

(3)探究——最重要的一环。让学生敢于尝试,课堂中应鼓励学生通过自己的尝试学习去解决问题,获取知识,在尝试中积累经验和教训。给学生自由探究的时间和空间,不将教学过程变成机械兑现教案的过程。

让学生学会联系。在学习情境中,引导学生将相关的事物或不相关的事物联系起来,整合起来,以解决新问题,出现新思维、新方法。鼓励学生大胆探索、猜想、质疑问难,发表不同意见,不急于得到圆满的答案。

让学生善于合作。课堂中既要重视师生间的合作,又要重视学生之间的合作。要指导学生学会认真听取别人的意见,善于吸取对方的新思维,捕捉对方的思想火花。

给学生以思考性的指导,特别是当学生的见解出现错误或偏颇时,引导学生自己发现问题,自我矫正,将机会留给学生,不代替学生思考。

2. 促进教师角色的正确定位。创建一套促进师生全面发展策略和操作的指导体系,形成一套有效适应教育发展需求的教学模式训练方案,使教师从表演者转变为导演、主持人,把课堂的舞台交还给学生,激发学生获取知识的主动性和自觉性,让学生参与课堂实践活动,参与知识产生、发展的整个过程。

3. 构建高效课堂的评价体系。本课题将在行动研究的基础上,探索一套科学的自主互助型数学高效课堂的评价体系。

八、课题研究时间

1. 准备阶段:2010 年 2 月—2010 年 5 月,成立课题组,参加培训,学习相关理论,制定课题研究方案,完成课题方案的设计论证,申报、立项。

2. 实施阶段:2010 年 5 月—2012 年 5 月,我校高中一级、二级实验班开始实施。每个学期都制定实验计划,并按照计划执行,认真做好跟踪记录,并及时地进行阶段性总结,在此基础上寻找研究中的问题和缺失处,进一步将课题研究向更深处展开。

3. 总结阶段:2012 年 5 月—2012 年 10 月结题鉴定。撰写结题报告,编辑、展示实验成果,对研究所获得的材料、经验进行全面分析总结。

九、课题研究的实验方法

学校范围内的联合行动研究。学校行政领导陈富云,专业研究人员教研室主任彭伟强,专业教师彭明光、马盛忠、龙俊全、李俊雄、魏平东等,组成了较为成熟的研究队伍从事研究。既有专业人员参与,又有较强的理论指导,研究力量强。充分发挥了领导、教师、研究人员的作用。采用(四阶段)模式,即"计划——行动——考察——反思"四个循环阶段,一个月一个循环,第一个循环完了之后进入第二个循环,从而使行动研究的整个过程构成一个不断上升的螺旋过程。

十、课题研究的措施及解决问题的方法

1. 更新教师的教育观念,实现角色转换。

摒弃以教师、课本、课堂为中心的教学模式,构建以培养学生实践能力和创新精神为核心的新型素质教育模式。要充分信任学生,放手让学生自己探索、思考、质疑、讨论、合作、提高。

2. 调查研究,探索适合本学科特点和我校实际的高效课堂教学模式和课堂评价体系。

首先,课题组通过问卷调查、现场听评课、教师访谈、学生座谈等途径,弄清目前我校课堂教学中存在的问题。其次,通过对国内有影响的学校的高效课堂教学的观摩学习,研究其课堂的特点、基本点、基本模式、课堂评价、要求和管理等,提出切合本校实际的"三三五"自主、互动高效课堂教学模式与评价体系。

3. 理论支撑,明确新课程改革的学生观、教学观及新课程理念下的教学策略。

课题组定期开展"每日一聚"、"每周一谈"等理论学习活动。通过学习新课程标准以及国内外有关高效课堂理论,让实验教师了解课堂教学模式的概念,明确传统教学模式与现代教学模式的区别,弄清高效课堂教学模式,摒弃以教师、课

本、课堂为中心的教学模式。对研究过程中发现的主要问题，让教师充分讨论，交流自己教学过程中的得失与困惑，在研究中教学，在教学中研究，探索出适合学生年龄和心理特点的高效课堂模式。

4. 搭建课堂交流平台，充分调动学生主动学习的积极性，实现智慧共享。

首先每个班都组建了合作共进学习小组，合理搭配先进生和后进生力量，以充分发挥骨干学生的作用。学生以小组为单位进行合作学习，教师根据同学表现进行小组即时评价赋分，下课前公布评价结果，并记入平时表现，作为学业水平测试打分依据。捆绑评价的实施促进了小组合作，充分调动了学生学习的积极性，课堂效益大大提升。其次要培训好组长，发挥学习小组长的管理、组织、检查作用。学生的合作与互动需要领头羊，组长作为老师的小助手和代言人，是一组之魂。选一名成绩好、责任心强、有一定组织能力的学生担任小组长，负责全组的组织、分工、协调、合作等工作至关重要。

(1)合作学习小组建设

小组成员的构成：每组 8 人，将全班学生按学习成绩均衡分为 8 组，以便自主学习，一对一讨论，小组研讨解答疑问。

小组座位的建设：为了建立一个自主、合作的探索小组，我们采取下面两种方案。

方案 1：如图 1、图 2 所示，每组 8 人分成两列，全部侧向黑板，相向而坐。其优点是便于小组成员间交流研讨，缺点是部分学生对黑板内容阅读困难。

图 1　学生在课堂上研究、学习

图2

方案2:如图3、图4所示,每组8人分成两列,部分侧向黑板,相向而坐,部分正向黑板,从而解决了小组成员间交流研讨与学生对黑板内容阅读困难的问题。

图3　学生在高效课堂上互动、交流

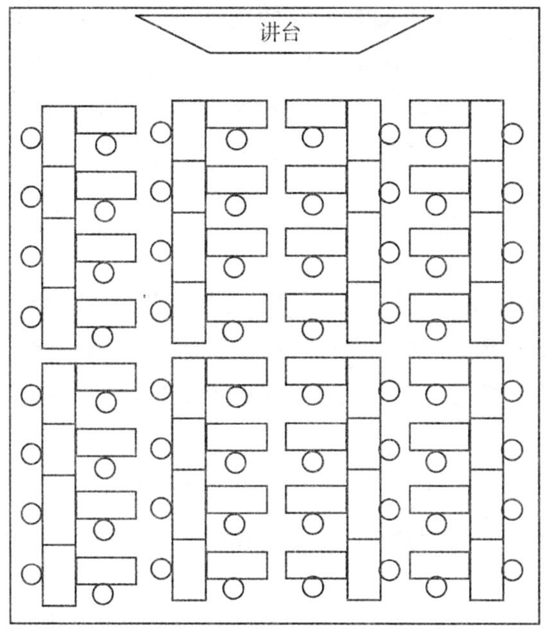

图 4

(2)培训好组长,发挥学习小组长的管理、组织、检查作用。

高效课堂是通过教师的组织与学生的互动参与来实现的,学生的主动学习、合作学习、多维互动下的参与是达成课堂高效的核心,而学生的合作与互动需要领头羊,组长作为老师的小助手和代言人,是一组之魂。实践告诉我们,选一名成绩好、责任心强、有一定组织能力的学生担任小组长,负责全组的组织、分工、协调、合作等工作至关重要。

5. 集思广益,实现时间、精力、智慧、经验、信息等资源共享。

课题组以课例为抓手,加强集体备课与校本教研的力度,定期组织课题研究人员,通过实施同题研讨、同课异构、个案剖析等系列举措,加强了课题研究教师之间的研究与交流。设计好每节课的导学案,把知识问题化、问题具体化。在集体备课基础上,任课教师再根据教学班和自己的教学优势进行个人备课,完善自己的教学案,实现教学设计的精细化、个性化,通过教案与学案的优化来实现高效课堂。

6. 激活课堂,实现学生自主学习与合作学习。

互动合作必须参与,只有参与才能互动,教师要放下“居高临下”的架子,把直接讲解的时间减少到最低限度，鼓励学生大胆发表观点和看法。学生参照教师设计的导学案进行自主学习，当堂掌握基础知识和基本内容。学生在自主学习过程中，疑点、难点、重点问题要做好记录，提交学习小组。小组成员针对这些问题进行讨论，合作探究，共同找出解决问题的方法与思路，并把小组合作探究的成果进行交流展示，实现每个学生对目标的全面达成。

7. 注重教学反思，不断完善提高。

课题组的教师根据自己班的教学情况，在集体备课的基础上再进行深入细致的推敲、斟酌，并作出增删、修改，形成适应学生学情的个性化教学案。课后，教师就实施过程中得到的启发、瞬间的灵感、精彩的教学片段、典型的教学案例与教学中的困惑等等，以反思的形式记录下来，在实践与反思中不断进步。这些教学心得体会正是教师专业成长的一个个阶梯。为了督促教师个性设计与反思，学校对教师的导学案及教学反思每月举行一次检查，每个学期进行一次展评。

十一、课题研究的成果检验

1. 数据分析

两年来，经过实验教师的努力，实验取得了较为理想的效果，学生数学成绩得到很大的提高。

2010 年 5 月，实验实施前实验班、普通班数学测验成绩及当时学生的满意度统计如表 1。

表 1　实验前实验班、普通班数学测验成绩及当时学生的满意度统计表

班级	平均分	优秀率	学生的学习兴趣
普通班 1	87.5	4.4%	79%
普通班 2	89.6	3.6%	76%
实验班 1	90.2	4.6%	77%
实验班 2	89.0	4.3%	79%

从上表可以看出，各班学生的数学平均分、优秀率偏低，学生对学习数学的兴趣都不超过 80%，实验班、普通班的数学基础差别不大。

2010 年 5 月，实验实施一年后，实验班、普通班测验成绩及当时学生的满意度统计如表 2。

表2　实验一年后实验班、普通班数学测验成绩及当时学生的满意度统计表

班级	平均分	优秀率	学生的学习兴趣
普通班1	90.2	4.8%	80%
普通班2	89.8	3.9%	79%
实验班1	105.6	15.2%	92%
实验班2	108.2	14.3%	93%

实验一年后,实验1班平均分高出了15分,实验2班平均分高出了19分;实验1班优秀率高出了近11个百分点,实验2班优秀率高出了10个百分点;实验1班学生满意度高出了15个百分点,实验2班学生满意度高出了14个百分点。

2012年5月,课题组对实验班和普通班进行最后检验,结果如表3。

表3　实验两年后实验班、普通班数学测验成绩及当时学生的满意度统计表

班级	平均分	优秀率	学生的学习兴趣
普通班1	92.1	5.0%	81%
普通班2	90.6	4.8%	82%
实验班1	108.7	21.5%	94%
实验班2	110.1	22.1%	100%

实验实施两年后,实验1班平均分高出了18分,实验2班平均分高出了21分;实验1班优秀率高出了近17个百分点,实验2班优秀率高出了18个百分点;实验1班学生满意度高出了近17个百分点,实验2班学生满意度高出了21个百分点。实验班学生的成绩明显高于普通班学生的成绩,学生满意度也达到或接近100%。

2. 主要创新表现

(1)完善并丰富了高效课堂教学的理论。首次提出了基于课堂教学的"理念"、"结构"和"方法"三大原点的课堂教学模式,使高效课堂教学从原来的只注重教学方法研究向教学理念、课堂结构以及教学方法等全方位、多因素方面综合研究,有力推动了高效课堂教学研究的深入开展。

(2)科学地总结了在中学数学教学中,如何实施高效优质的课堂教学,提出了自己独有的见解,撰写了《高效课堂教学与数学能力培养》一书,由中国书籍出版

社出版,全国发行,得到了华南师范大学数学科学院吴康副教授、湛江师范学院李方教授高度好评。

(3)课堂教学形成“三变”、“四把”的新理念。即变教室为学室,变教师为导师,变有效为高效、优质;在教学过程中,把时间还给了学生,把方法教给了学生,把思考留给了学生,把课堂变成了学习的乐园,从而使学生真正成为学习的主人,因此,学生对学习具有浓厚的兴趣,具有持久的学习动力。

(4)构建了课堂教学“三要素”的新关系。传统的课堂教学为“教师→教材→学生”,即教师凭借教材向学生传授知识。我们经过研究要建立的课堂教学“三要素”的新关系是“学生→教材→教师”,即学生通过自主互助的学习方式研学教材,获得知识,提高能力,教师则根据学生的自主学习、交流互动情况进行点拨拓展。

(5)构建了高效课堂学习组的建设模式。有效地解决了高效课堂教学中学习组成员之间交流与听课的矛盾,使学生在自主学习与互动交流中发挥了积极主动作用,从而促使课堂教学有效、高效、优质。

(6)将重过程,重创新,重个性,重数学思想和数学方法,重培养学生的情感态度和价值观的理念融入教学过程中,使学生能够自主学习、自主探索,体验数学的自然科学性,体验数学的基础性与工具性。培养学生的求异思维,鼓励学生向教材质疑,向权威挑战。在教学中帮助学生理解和掌握数学思想方法,建立科学数学观念,从而使学生热爱数学,学好数学,用好数学。

3. 成果的推广应用效果

经过两年的研究与探索,形成了“三三五”自主、互动高效课堂教学模式。本成果在校内取得了很好的实施效果,在省内得到了广泛的认同,在国内产生了一定的影响。

(1)校内应用

2012年,学校制定了新一轮教师教育改革实施方案,校长对高效课堂教学改革高度重视,亲自召开了行政领导、全校教师、全校学生等三级动员大会,全校教师认真学习了高效课堂教学理论,观摩我校数学组实施的“三三五”自主、互动高效课堂教学模式,全校推广应用,全面实施高效课堂教学。

(2)省内推广

我校围绕高效课堂教学改革,从实践检验上升到理论研究。2011年,彭伟强、何忠贤合作撰写了《高效课堂教学与数学能力的培养》一书，由中国书籍出版社出版，得到了华南师范大学吴康副教授、湛江师范学院李方教授的高度好评，并为本书作序。2010 年，彭伟强的高效课堂课例获茂名市一等奖，广东省三等奖；2012 年，李俊雄等四位老师的课例均获广东省一等奖；2013 年，李俊雄老师的论文在广东省中学数学会上宣读并交流。2012 年，阳江中学、吴川中学、廉江中学、电白中学、茂名一中、湛江坡头中学等学校组织老师到我校观摩学习。本成果已经在广东省内产生明显的辐射作用。

4. 主要创新成效

(1)2011 年，彭伟强与何忠贤老师合作撰写的高效课堂教学专著《高效课堂与数学能力的培养》由中国书籍出版社出版，全国发行，得到了华南师范大学数学科学院吴康副教授、湛江师范学院李方教授高度好评。

(2)理论研究成果突出。两年来，实验教师能自觉地学习教育理论，积极实践，认真撰写学习心得体会，撰写教学论文 280 篇，其中在省级以上刊物发表论文 12 篇，获地市级以上奖励 36 篇，获奖论文 65 篇，其中李俊雄获广东省优秀课例特等奖，在省内交流。

(3)为省内兄弟学校传经送宝。上公开课、示范课共 123 例，其中 2010 年，彭伟强老师课例获茂名市一等奖、广东省三等奖；2012 年，李俊雄、魏平东、吕志强、吴张初等四人获广东省优秀课例一等奖；2011 年，吴柱君获广东省优秀课例二等奖。

(4)学生在各级各类竞赛中均取得优异成绩。2010 年，彭小容等 26 人获全国一等奖，梁晓珍等 37 人获全国二等奖，吴桂炜等 121 人获全国三等奖，省级奖励的一大批；2011 年，苏俊豪等 31 人获全国一等奖，陈世鎏等 33 人获全国二等奖，廖兴淦等 79 人获全国三等奖，省级奖励的一大批；2012 年，张梦瑜、周舒婷两人获全国三等奖，获省级奖励的一大批；2013 年，王理民获全国一等奖，付康胜、陈泽球、刘应南三人获全国三等奖，我校学生获奖的等次与人数均居茂名市重点中学之首。

(5)高考成绩显著提高。2011 年高考，我校学生上重点线 409 人，重点率 11.21%，本科线以上 2300 人，排茂名市第三名，专科线以上 3338 人，排茂名市第二名。2012 年，陈世鎏同学以理科 690 分的成绩勇夺茂名市状元，排全省 53 名，被清华大学水利电力工程专业录取;上重点线388人,本科线以上2315人,比去年增加15人,专科线以上3558人,上线率95%,比去年增加220人,创我校上专科线人数的最高纪录。2013年,理1班李纪雯同学理科总分680分,勇夺化州市理科状元,理1班黄深明同学理科总分678分。理科总分670分以上的高分特尖学生共4人,分别是李纪雯680分(全省排129名),黄深明678分(全省排154名),彭宇辉676分(全省排182名),钟鸿颖672分(全省排267名)。660分以上共9人。以上同学分别被北京大学、人民大学、上海交通大学、复旦大学、浙江大学和武汉大学等我国名校争相预约录取。650分以上共17人,比去年增加4人,增长31%。600分以上共339人,比去年增加122人,增长56%。上重点大学人数624人,比去年增加236人,比我校高考最高历史纪录还多89人,增长61%,创我校高考新高,重点增长率排茂名市重点中学首位。本科以上总人数2544人,比去年增加229人,创我校高考历史最高纪录,增幅排茂名市第一。唐景清文科综合271分,勇夺茂名市文科综合状元。化州市各单科状元全部落在我校。李纪雯英语146分,梁文锋理科数学147分,叶万安文科数学142分,均勇夺茂名市第二名。

以上成绩充分显示了我校开展高效课堂的明显优势,满足了广大学生和家长对优质教育的渴求。

广东省教育科学“十一五”规划课题(课题批准号:07JT047)

中学数学研究性学习教学模式的研究

课题主持人:彭伟强

摘　要:研究性学习是近年来世界教育界研究的热点问题。世界各国的教育改革都把改变学生的学习方式作为重要的切入口。研究性学习是相对传统教学中存在的弊端而提出的一种崭新的学习方式,受到各国教育理论界和实践工作者的重视。在我国,随着新一轮课程改革如火如荼地开展,研究性学习成为课改的亮点之一。本研究在充分理解研究性学习的基础上,利用现代教学理论对中学数学研究性学习的教学模式进行了深入的研究和总结,提出了中学数学研究性学习的两种途径和四种教学模式,并且对每个教学模式的各个环节进行了分析,使新的教学模式具有可操作性,使研究性学习的教学由感性的总结上升到理性的剖析,从而有助于中学数学研究性学习教学活动的实施。

关键词:中学数学　研究性学习　教学模式

第一章　绪　论

1.1　课题研究的背景

21 世纪是知识经济时代,是信息技术飞速发展和全球经济一体化时代,是人才竞争的时代。这样的一个时代给我们超越发达国家获得大发展的机遇,同时也提出了严峻的挑战。1995 年,江泽民总书记在全国科技工作会议上指出:

“当代世界科技进步日新月异,技术更替不断加速。今天称得上先进的技术,不久就有可能变为落后的。创新是一个民族进步的灵魂,是国家兴旺发达的不竭动力。如果自主创新能力上不去,一味靠技术引进,就永远难以摆脱技术落后的局面。一个没有创新能力的民族,难以屹立于世界先进民族之林。”有了创新精神,就有了前进的希望。我国杰出科学家、中国“两弹一星”工程奠基人钱学森在临终前最后一次谈话中强调指出:我国科技人才的教育需以培养创新精神为第一要务。

创新精神不仅是科技人才的核心竞争力,也是每个现代人应该具备的素质。而基础研究是创新的源头,决定着技术创新。正如李政道先生所说:“只有重视基础科学研究,才能永远保持自主创新的能力。谁重视了基础科学研究,谁就掌握了主动权,就能自主创新。”作为人类传承文明成果的一种方式和途径的学校教育,怎样开展“研究”?2001 年以来,随着新一轮课程改革的全面实施,研究性学习(Project Learning)作为一种新型的学习方式,已经成为中小学课程改革的一个十分重要的话题,成为许多学校探寻素质教育的有效途径。

近两年来,研究性学习的实践活动日渐丰富,有不少优秀方案让人耳目一新,但我们发现了一些问题,其一,形式单一。绝大多数研究性学习都是以调查研究活动为主的社会综合研究性学习课程。其二,成为摆设。高中生还处于基础教育的阶段,尤其是数学学科,扎实的基本功对学生今后的发展及科学素养的养成都极其重要,由于社会综合研究性学习课程耗费的时间与精力多,活动的理论提升往往与教师的指导和学生的科学素养有关,常常出现只有调查而没有研究的现象,与高中生的实际学习脱节,受到学校、教师、学生、家长的抵触,使研究性学习沦为标榜素质教育的摆设。

我们认为,研究性学习的本质就是把教学的主动权交还给学生,让学生在主动、积极的学习环境中,全神贯注、饶有兴趣地学习,成为学习的真正主人。研究性学习作为一种学习方式走进学生的世界,无疑对学生的一生产生积极的影响。如何在数学教学过程中落实呢?我们通过大量的探索、实践和研究,紧扣新大纲的教学要求与目标,逐步形成了中学数学研究性学习的教学模式和操作程序,使研究性学习具有可操作性和有效性。

1.2 当前普通中学开展研究性学习的现状分析

1.2.1 研究性学习开展的成效

研究性学习(Project Learning),它的本意为项目学习或主题研究、专题学习、综合学习,在我国被译为研究性学习,在发达国家已经成为学校学习的重要方式,在国内,上海首先在高中开设“研究性学习”试验,接着教育部规定在全国高中开设“研究性学习”课程。

1. 国外开展研究性学习情况

在美国,20 世纪 90 年代以来,关于学生参与的研究涉及行为参与、情感参与和认知参与等不同方面。研究者在研究学生学习方式的概念时,往往根据自己的研究角度,把学生学习方式作为一个组合概念,看作行为参与、情感参与或认知参与方式及社会化参与的有机结合,其中学生的行为方式是载体,认知和情感因素表达了学习方式的实质内涵。学生的学习方式的改变,意味着要改变学生的学习态度、学习意识和学习习惯品质。

在法国,TIPE 培训课程是通过设立一个主题,由学生自主进行活动、探索,教师可以提供咨询,但不过多介入。这种课程侧重于知识的综合运用,侧重于培养多渠道获取信息的能力,通过知识的运用,培养学生的创新能力。它强调自主、反省和批判的精神,强调多学科知识的运用,强调小组活动。

在日本,研究性学习被称为综合学习,始于 20 世纪 50 年代,20 世纪 90 年代在日本中小学中非常盛行。为全面推行研究性学习,日本文部省首次把综合学习写进了 2002 年起实施的新的小学、初中课程方案中。综合学习没有规定学习内容,其目的在于给学校自主权,让学生根据自己的兴趣爱好等选择学习内容,所选内容可以为自然体验、社会体验、观察、实验、体验学习、调查、情报收集、环境教育、福利及健康教育等。学生的学习方式是灵活的,可以进行分组学习,也可以进行不同年龄组的学习。

2. 国内开展研究性学习情况

20 世纪 90 年代中期,受美国、日本和法国等国家基础教育改革中“研究性学习”风潮的影响,我国有些地方,尤其是北京、上海、南京、武汉、成都等地一些学校引进了国外操作“研究性学习”成功的经验,进行了大胆的尝试。

1995年开始，上海第一期课程改革中已经有了最初的萌芽，1998年起，在华东师范大学霍益萍教授主持下，上海七宝中学、深圳华侨城中学、黑龙江大庆一中、江苏太仓高级中学等10多所学校进行了研究性学习的试验，2001年第一轮实验结束，在总结经验的基础上，理论界进行了热烈的讨论、探索和论证。

1998年12月，教育部《中国高等教育》杂志主编张笛梅教授在论文《学习科学必将成为21世纪的热门学科》中指出："只有创造性地学习，才望学习后的创造。"南京师范大学吴也显教授的《从维持性学习向创新性学习发展》一文指出：学法指导就是引导学生为面向未来而学，在学习上强调学生的参与性、选择性、创造性、探究性、自我调控性。靳玉乐教授主编的《探究教学论》更是对探究学习进行了深入研究，不但从理论上对探究学习进行了深入研究，提出了理论框架，更对探究学习的模式进行了探讨。

进入21世纪，素质教育的实验指导思想更加明确，教育实验的内容已聚焦到新一轮基础教育课程改革上来。2000年1月教育部颁布的《全日制普通高级中学课程计划（试验修订稿）》第一次在我国基础教育课程中增设"综合实践活动"课程。该课程为必修课，包括研究性学习、劳动技术教育、社区服务和社会实践四部分，其中研究性学习在高中三年周课时均为3课时，总288课时，仅次于语文和外语的课时（384），若不计高三的选修课，比数学的必修课时（280）还要多8课时。从2000年9月起在10省市实施，2002年秋，全国所有高中执行新课程计划，所有的高中都开设综合实践活动课程。同时，正在研制的新一轮基础教育课程改革方案中，初中、小学也把综合实践活动列为必修课。确立综合实践活动课程在我国中小学课程中的重要地位，是当前基础教育课程改革的重要内容，反映了政府从国家长远利益出发对这一课程独特价值的认同和推崇。这一变革在我国基础教育课程发展史上具有极其深远的意义。

2001年6月，教育部颁布了《基础教育课程改革纲要（试行）》，从课程目标、课程内容、课程结构、课程实施、课程管理及课程评价诸方面，对本次课程改革作出了整体规划。同时，新的课程标准研制和教材的编写工作也全面展开。2001年9月，教育部在全国28个省确立了38个首批新课改实验区。2002年新增实验区542个，2003年进一步扩大，又增加了1072个县区作为实验区，3500万中小学生使用新教材。

2001 年 9 月,教育部关于印发《普通高中“研究性学习”实施指南(试行)》的通知中指出:设置研究性学习的目的在于改变学生以单纯地接受教师传授知识为主的学习方式,为学生构建开放的学习环境,提供多渠道获取知识,将学到的知识加以综合应用于实践的机会,促进他们形成积极的学习态度和良好的学习策略,培养创新精神的实践能力。

1.2.2 目前我国开展研究性学习存在问题分析

研究性学习的开设,一方面给学校教育带来“希望的曙光”,给教育观念带来冲击;另一方面,许多教师由于传统教育观念根深蒂固,目前在中学数学教学中开展研究性学习活动仍然存在着认识不足、重视不够、缺乏指导、经验不足等现象,具体表现在以下几方面:

1. 重研究,轻创新价值。研究性学习课程是一种带有初步科学研究色彩的学习过程。开展研究性学习活动,不但要重视研究,同时也要重视研究中的创新价值。但在某些研究性学习内容中,仍是以传授为主,教师传授,学生接受,没有师生间的互动,没有学生之间的交流,体现不出学生的灵感、学生的“异想天开”,甚至没有真正的“学生自己的意见”,学生的论文(实际是作业)有的仅仅是成人意见的简单改编。开设研究性学习课程的第一要义是培养学生的创新精神,而创新精神是与批判性思维、发散性思维,辩证思维紧密联系在一起的,是与自主选择、独立思考、善于提问、大胆想象紧密联系在一起的,否则有“穿新鞋、走老路”之嫌,结果是增加了学生不必要的负担。

2. 偏重基于社会调查的课题研究,忽视课堂上的研究,造成了目前研究性学习课程内容粗浅、单一的事实,以至于出现了研究性学习课程即社会调查的误区。

3. 注重形式,忽视管理保障。其一是学生存在着平时学习时间与研究时间的矛盾,研究课时间太少,其他课业负担太重,时间不够。学生活动范围太小,实践太少,学生的“研究”受到不少限制。其二研究性学习的内容存在随意性。在内容安排上较少考虑学生的知识基础,知识储备和掌握的研究方法存在差别,较少考虑分层次实施,较少考虑内容的系统性。其三是评价措施不够科学。重论文,不重过程,重完成任务,不重创新导向。

1.3 研究的目的、意义和方法

1. 研究的目的和意义

鉴于研究性学习所面临的问题与挑战，我们从研究性学习的理念和课堂教学的观念入手，致力于探索新型中学数学研究性学习的教学模式，使研究性学习更具可操作性、实效性、多样性，促进学生勤于动脑动手，乐于探索，掌握分析解决问题的能力和终身学习发展必备技能，立足学生全面发展，促进学生的创造性发挥，实现个性化的自主学习和合作学习，真正做到提高学生的创新能力和主动探索意识，推进实施素质教育，以适应社会对人才的需求。

2. 研究的方法

(1)文献调查法。通过调查阅读有关文献，分析已有的研究性学习的教学模式，得出一般性结论或者发现问题，寻找解决问题的新思路。

(2)实验法。这是一种先想后做的研究方法(相对来说)。“想”:从已有的理论和经验出发，形成某种教育思想和理论构想，即“假说”(亦可称“假设”)。“做”:就是将形成的假说在积极主动有计划有控制的教育实践中加以验证。通过对实验对象变化、发展状况的观察，确立自变量与因变量之间的因果关系，有效地验证和完善假说。

(3)经验总结法。这是教师可以常用的方法。教育经验总结法是根据教育实践所提供的事实，分析概括教育现象，挖掘现有的经验材料，并使之上升到教育理论的高度，以便更好地指导新的教育实践活动的一种教育科学研究方法。

第二章 研究性学习教学模式的理论基础

2.1 陶行知的“生活教育”理论

陶行知生活教育三大原理是:“生活即教育”,“社会即学校”,“教学做合一”。

1.“生活即教育”

“生活即教育”是陶行知的生活教育理论的核心。陶行知指出:“生活教育是生活所原有,生活所自营,生活所必需的教育。”教育的根本意义是生活之变化,生活无时不变即生活无时不含有教育的意义。

2.“社会即学校”

“社会即学校”是陶行知的生活教育理论第二基本原理。陶行知认为:“整个社会活动,就是我们教育的范围”;“到处是生活,即到处是教育;整个的社会是生活的场所,亦即教育之所。因此,我们又可以说‘社会即学校’”。

3.“教学做合一”

“教学做合一”是生活教育理论的教学方法论。陶行知认为:“教学做合一有两种含义:一是方法,二是生活的说明”;“教的方法根据学的方法,学的方法根据做的方法。事情怎样做便怎样学,怎样学便怎样教。教与学都以做为中心,在做上教的是先生,在做上学的是学生”。

2.2 布鲁纳的发现学习理论

美国当代著名心理学家布鲁纳认为教学必须重视学习过程。学生主动去探索事物,去认知,不断地把知识经验纳入已有的认知结构中去,从而产生理解。他十分提倡发现学习。他认为,学习应是主动地去发现,而不是被动地接受知识。学生借助于教师或教师提供的其他材料去发现事物。布鲁纳强调说,发现是教育学生的主要手段。“人类学习中似乎有个必不可少的成分,它像发现一样,是尽力探索情境的机会。”他还强调说:“如果我们要展望对学校来说什么是特别重要的问题,我们就得问怎样训练几代学生去发现问题,去寻找问题。”

2.3 罗杰斯的“人本主义”教育学心理学思想

罗杰斯认为,人本来就有发展的潜能,而教育的作用在于激发学生的学习潜能,在于促进学生学习,给学生提供一个安全、自由、和谐的学习环境,使学生固有的潜能得以充分发挥,从而得以自我实现。为了使学生主动活泼地学习,教师的任务应是创设问题情景,创造学习条件,提供学习资源,鼓励学生积极探索,最大限度地挖掘学生的学习潜能,使学生的学习尽量赋有个人意义,从而提高学习效果。

2.4 建构主义理论——研究性学习课程的教育学依据

建构主义学习理论的基本观点认为,知识不是通过教师传授得到的,而是学习者在一定的情境即社会文化背景下,借助其他人包括教师和学习伙伴的帮助,利用必要的学习资料,通过意义建构的方式而获得。建构主义提倡在教师指导下的、以学习者为中心的学习,也就是说,既强调学习者的认知主体作用,又不忽视教师的指导作用。教师是意义建构的帮助者、促进者,而不是知识的传授者与灌输者。学生是信息加工的主体,是意义的主动建构者,而不是外部刺激的被动接受者和被灌输的对象。学生的学习过程,是自己动手实验、观察发现、猜想验证,从而在现有的认识基础上,去发现新知识、新概念、新规律的过程,进而培养学生实事求是的科学态度和勇于探索的科学品质。

2.5 马克思主义实践论——研究性学习教学模式的哲学依据

马克思主义认为:实践是指人能动地改造客观世界的物质活动,实践是人类特有的对象性活动,是人的存在方式。实践不仅产生了认识的需要,而且使认识的发展成为可能,更是沟通主体和客体的桥梁,使认识的发展有可能不断转化为现实。实践是检验认识真理性的唯一客观标准,实践是认识的最终目的。实践是人类不同于动物的特殊生命形式,实践、认识、再实践、再认识,这种形式循环往复以至无穷。

学生的学习是主体的一种特殊的实践,学生知识的获得、能力的提高、态度的改变,都离不开主体的实践活动。学生的创新意识只有在实践中才能得到启迪,学生的实践能力更只有在实践中才能得到提高。主体实践的积极性越高,参与程度越深,目标的达成度就越高。马克思主义实践论成为研究性学习课程的哲学依据。

第三章 数学研究性学习教学模式的研究

3.1 研究性学习概述

研究性学习是适应新世纪要求的一种新的学习方式。从广义上理解,泛指学生探究问题的学习。从狭义上理解,指学生在教师的指导下,从自身生活、社会生活及所学的数学学科知识中选择和确定研究课题,以类似科学研究的方法去获取知识、应用知识,解决问题的学习方式,目的在于改变学生以单纯地接受教师传授知识为主的学习方式,为学生构建开放的学习环境,提供多渠道获取知识并将学到的知识加以综合应用于实践的机会。通过研究性学习,学生获得亲身参与研究探索的体验,培养学生发现问题和解决问题的能力,培养学生学会分享与合作。研究性学习是高中数学新教学大纲中的一个亮点,也是21世纪数学教育面临的新的机遇和挑战。它可以真正实现自主探究、协作学习、个性化学习的共同完成,并在研究过程中主动地获取知识,应用知识去解决实际问题。它具有开放性、探究性和实践性的特点,旨在培养学生的创新精神、主动探究意识和社会实践能力,促进学生发展。

3.2 教学模式的概述

教学模式一词最初引入到教学领域,并加以系统研究的人,是美国的乔伊斯(B. Joyce)和韦尔(M. Weil)。他们认为:"教学模式是构成课程和作业、选择教材、提示教师活动的一种范式或计划。"这是国外对教学模式概念理解较有影响的一种说法。20世纪80年代中期,我国引入"教学模式"理论。

在国内,教学模式理解为开展教学活动的一整套方法论体系,它实质上是在一定的教学思想或教学理论指导下建立起来的各种类型的教学活动的基本结构或框架,表现教学过程的程序性的策略体系。

3.3 研究性学习的教学模式概述

在目前学校的教学系统中,研究性学习有"二四模式",即两种实施途径四种教学模式。两种实施途径为:一是专门设置以研究性学习方式为主的研究型课程,作为独立的实施渠道;二是作为一种学习活动的方式贯彻在学科的教学之中。四种教学模式为:准学术课题研究模式、网络探究模式、问题探究模式、实验探究模式。

3.4 基于社会调查的研究性学习教学模式

3.4.1 准学术课题研究模式

准学术课题研究模式的研究性学习是社会实践的常见模式。它是指学生在教师的指导下,以类似于科学工作者进行研究的方式,选择课题开展研究,并在研究过程中借助科学思维和科学方法主动获取知识、运用知识、创造性地解决问题的学习活动。研究课题不仅涉及数学学科的问题,还可以是与数学学科相关的跨学科问题。它是由教师设置问题情景,引导学生提出问题,学生自由组成课题组,在教师的指导下制定研究计划,然后学生自主探究,同伴交流汇报,撰写研究成果,完成课题研究的学习方式。这种模式有利于培养和锻炼学生的社会实践能力。

一、准学术课题研究的功能目标

(1)培养学生乐于观察和勇于实践的学习习惯。

(2)学会发现问题和提出问题。

(3)培养学生敢想、善思、善做、创新的思维品质。

(4)引导学生初步掌握科学研究的一般方法。

(5)培养学生坚忍不拔、持之以恒的毅力和信念。

(6)培养学生的互助、合作精神。

二、准学术课题研究的组织形式

(1)个人独立研究的方式。可以培养学生独立思考和独立解决问题的能力。

(2)小组合作探究的方式。一般由几个有共同兴趣爱好的学生组成课题小组,成员自愿结合。

(3)课题协作研究的方式。几个小课题组合作组成一个协作组,对各自研究中发现的问题、遇到的困难进行组际沟通,共同探讨,协作解决问题。

(4)专题研究的方式。对于某些涉及面比较广、研究周期长且有难度的问题,可以专项研究,参加人员可以跨年级、班级,老师、社会有关人员也可以参加。

三、准学术课题研究的基本流程

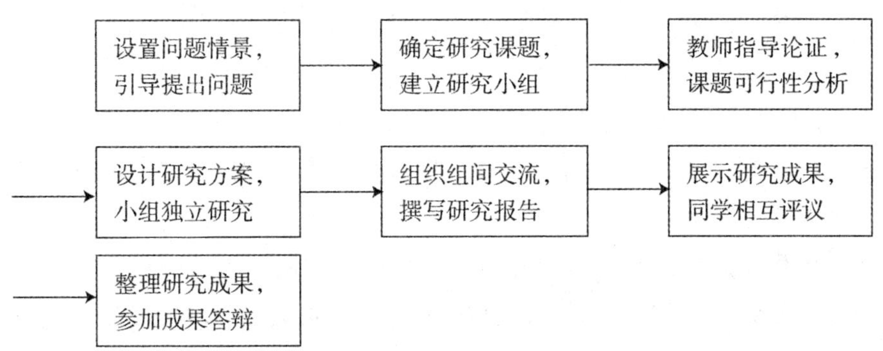

四、师生互动情况如下表

操作程序	教师指导活动	学生实施活动
选题	通过科普讲座、案例分析、时政热点介绍等途径引导学生发现问题、提出问题和讨论问题，从中产生内在的研究动力。	学生选题方向应关注日常生活，学会发现生活中不易被发现的疑点，避免选题过大、问题不明确、过于抽象或可操作性不强等问题。
方案制定	向学生介绍研究方案制定的基本要求与格式，包括选题名称、研究者与分工情况、研究内容与资料收集、研究时间安排及对研究中出现的问题的预测。	亲自制定与修改完善，在制定中充分考虑可能出现的问题与困难，并考虑方案实施的可能性。
开展研究	重点向学生介绍研究性学习的一般方法，与学生交流对研究中出现的问题和结果的分析方法。	分工合作，广泛收集相关的数据信息，及时拍摄研究过程，记录研究中的体验。
结果分析	向学生介绍对研究数据和有关信息分析的一般方法。	学会利用各种图表进行分析的一般方法。
撰写报告	介绍撰写研究报告的基本格式与方法，示范优秀的学生习作，使学生对此有更直观的认识。	学生在讨论和分析的基础上尝试撰写研究总结报告或论文，并与教师交流，修改和完善。

五、准学术课题研究的操作基本要点

1. 学生自主选题。课题为学生出题和教师出题，张榜公布让学生自由选择。由领导小组将课题集中，分类收入校级题库，各班选题，相同的学生自主成立小课题组。由组员推荐小组长，组员明确分工，自聘指导老师，少可一人，多可几人，可以在校内招聘,也可以在校外招聘。

2. 学生合作探究,小组制定实施方案。方案中包括课题名称、领题人、指导老师、小组成员分工、研究目标、操作过程、研究结果、存在问题等八个项目。研究过程中无论是调查、采访还是观察、实验、讨论等,都由学生自行组织、自行安排。操作中有什么体验和感受,学生合作交流,遇到什么问题到协作组中去讨论,有困难就主动请教指导老师。

3. 学生自主选题、结题、展示成果。小课题研究结束了,结论有了,就可以申请结题。成果可以用小论文、图表、模型、实物、调查报告、实验报告、心得体会、图片、录音、录像、展板等不同形式展示,不拘一格。

六、准学术课题研究模式的教学案例

案例1:下面以普通高中课程标准实验教科书《数学必修4》的§1.5“数列在分期付款中的应用”为例,阐述准学术课题研究模式的教学过程。

步骤一:问题提出

长期以来,攒钱买东西一直是我们祖辈们的生活消费方式。随着经济的不断发展,人们的消费意识不断更新,分期付款购房购车等在今天的消费活动中应用日益广泛,被越来越多的人所接受,一方面是因为很多人一次性支付较高的款额有一定的困难,另一方面是不少商家和机构不断改进营销策略,方便付款和消费,促进市场发展。“分期付款”与每个家庭和每个人的日常生活密切相关,于是,如何利用数学知识来解决“分期付款”问题有着非常现实的研究价值,使数学在生活中给予我们更多、更广、更全面的帮助。

步骤二:社会调查

各课题组成员分别到中国建设银行实地调查分期付款的政策、法规和方式,从中了解到分期付款涉及面比较广,如购房、购车、购笔记本电脑等大件商品。但由于化州是小城镇,经济欠发达,居民分期付款主要用于购房。按揭贷款中95%以上皆用于购房,分期付款用于购车者极少。

课题组成员在化州市城区各售楼处向前来购房的群众了解购房消费情况,共采访了60位消费者,结果显示:绝大多数人愿意采用分期付款的方式购房,价格、环境、交通、位置是居民购房时要考虑的四大主要因素。对于如何支付高额的购房费用,48.3%的人希望选择十年分期付款,40%的人希望选择二十年分期付款,

11.7%的人选择一次性付款。这说明多数人已经认可分期付款的购房方式。

步骤三:问题解决

例如:顾客购买一件售价为5000元的商品,采用分期付款,商家要求,在一年内将款全部付清,同时又提供了下表中的几种付款方案,供顾客选择。

方案类别	付款次数	付款方法	每期所付款额	付款总额	与一次性付款差额
1	3次	购买后4个月第1次付款,再过4个月第2次付款,再过4个月第3次付款			
2	6次	购买后2个月第1次付款,再过2个月第2次付款,……,购买后12个月第6次付款			
3	12次	购买后第1次付款,再过1个月第2次付款,……,购买后12个月第12次付款			

注:规定月利率为0.8%,每月利息按复利计算。

顾客采取分期付款方式,哪种方案更合算?

方案1:每期付款额:$x=\dfrac{5000\times1.008^{12}\times(1.008^{4}-1)}{1.008^{12}-1}\approx1775.8$(元)。

付款总额为$1775.8\times3\approx5327$(元),比一次性付款多付327(元)。

方案2:每期付款额:$x=\dfrac{5000\times1.008^{12}\times(1.008^{2}-1)}{1.008^{12}-1}\approx880.8$(元)。

付款总额为$880.8\times6\approx5285$元,比一次性付款多付285元。

方案3:每期付款额:$x=\dfrac{5000\times1.008^{12}\times(1.008-1)}{1.008^{12}-1}\approx438.6$(元)。

付款总额为$438.6\times12\approx5263$(元),比一次性付款多付263(元)。

对一般性问题进行探究:购买一件售价为α元的商品,采用上述分期付款方式,要求在m个月内将款全部付清,月利率为p,分n(n是m的约数)次付款,那么每次付款的计算公式是多少?同学们推导得出每次付款额x的计算公式为x

$$=\frac{\alpha(1+p)^{m}\times[(1+p)^{\frac{m}{n}}-1]}{(1+p)^{m}-1}。$$

步骤四:研究结果

同学们对复利计算分期付款的多种方案进行了探究,从中明确了:(1)每月的利息均按复利计算;(2)每期的付款额相同;(3)计算时,商品售价和每期付款额到款全部付清时都应增值;(4)增值后的付款总额与售价增值相等,这是列方程的依据。

采用上述课题研究的模式进行教学,培养了学生参与社会实践的能力,锻炼了学生运用多种方法解决问题的能力,使学生初步掌握了数据处理方法,取得了良好的教学效果。

3.4.2 网络探究模式

计算机网络通常指将分布在不同地理位置的具有独立工作能力的计算机、终端及其附属设备用通信设备和通信线路连接起来,并配置相应的管理、应用软件,能够实现计算机的资源共享、数据交换的系统。网络提供了海量的知识资源、庞大的智能资源,网络技术具有双向交流功能,它能够异步或同步地为每个学生提供相同或不同的学习服务,能够保持对学生学习过程的记录,为研究性学习提供了极佳的交互手段。

基于计算机网络探究模式的研究性学习是以计算机网络为支持平台的研究性学习活动。具体来说,是在教师指导下,学生从自己关心的问题出发,利用网络收集、处理信息,确定研究主题,分析研究任务,开展网上自主探究与合作学习,并在网上发布、交流、评价研究性学习成果。

一、网络探究研究性学习的优势

1. 它能让学生及时、高效地获取信息,独立自主地提出问题,缩短确定课题时间。众所周知,因特网(Internet)是世界上最大的知识库、资源库,它拥有最丰富的信息资源,而且这些知识库和资源库都是按照符合人类联想思维特点的超文本结构组织起来的,因而特别适合于学生进行研究性学习。

2. 有助于及时诊断、反馈、交流,可以利用留言板、论坛,让学生将各自探究的结果在网络上交流发布。能在网上看到他人的研究成果,学习他人的研究方法。

3. 既能进行自主探究,又利于与他人协作共同解决问题。学生可以根据自己的兴趣、在线人数、交流对象选择进入不同的专题论坛,对问题展开讨论,并采用语言等形式辅助网上交流。教师根据计算机反馈的在线完成情况,对其中有共性及个别的问题,利用网络面向全体学生进行适当的点评,也可单独指导。

4. 有利于激发学生的学习兴趣和充分发挥学生的主体作用。传统教学一切都是由教师主宰,从教学内容、教学方法、教学步骤甚至学生做的练习都是教师事先安排好的,学生只能被动地参与这个过程。而在计算机网络这样的交互式学习环境中,学生可以按照自己的学习水平、学习兴趣来选择所要学习的内容和适合自己水平的练习,学生在这样的交互式教学环境中有了主动参与的可能,不是一切都听从教师摆布。

二、基于网络探究模式的研究性学习教学目标

基于网络探究模式的研究性学习旨在培养学生的创新精神、主动探究意识和运用计算机网络为核心的信息技术进行实践的能力,促进学生的发展。

1. 及时、高效地获取信息,独立自主地提出问题。

基于网络探究的研究性学习模式,注重及时、高效地获取信息,并在掌握信息的基础上,独立自主地提出问题能力的养成。从信息的海洋中汲取所需的信息,并对信息进行分析,从而独立地发现、提出潜在的问题,这是信息时代对人才素质的要求,也是本模式的主要教学目标之一。

2. 甄别信息,批判性和创造性地运用信息。

信息时代以网络及其海量信息的存储与传递为主要特征,不可避免的是信息良莠不齐,围堵不如利导,基于网络的数学研究性学习的目标之一,就是引导学生正确使用网络,在使用中提高对信息的甄别能力,积极地利用网络的正面信息为学习服务,并能从研究的内容出发,批判性和创造性地运用信息,以科学的思维方式和方法解决问题。

3. 合理、有效地运用计算机网络进行自主探究,学会协作,在探究与合作中解决问题。

4. 培养创新精神和促进信息能力发展。

创新能力和信息能力(包括信息获取、信息分析与信息加工能力)是信息社会所需新型人才必须具备的两种重要的能力素质。计算机网络的特性,正好可以为这两种能力素质的培养营造最理想的环境,为学生发散性思维、创造性思维的发展和创新能力的孕育提供肥沃的土壤。

三、基于网络探究模式的研究性学习中教师、学生及网络之间的关系

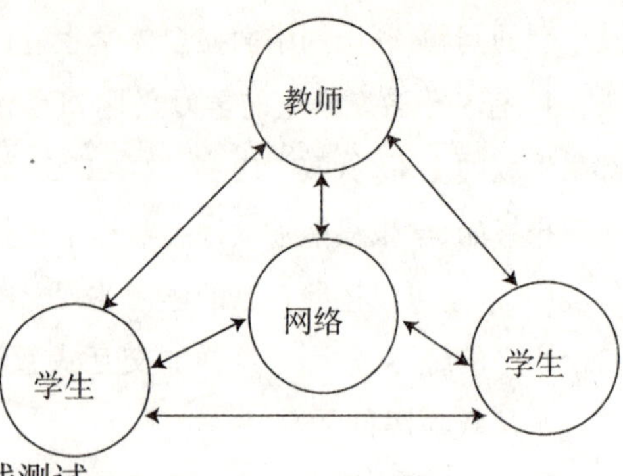

在本模式中，网络是创设情境、协作交流、查找资料及成果发布的载体，居于中心位置。首先教师从网络中将学习所需资源加以组合编制成网络课件，放在教室网络的服务器上供学生访问。学生登录学习页面后，可以在网络上搜寻学习资料、探究学习、与老师同学协作交流、发表作品、在线测试。

四、基于网络探究模式的研究性学习基本流程

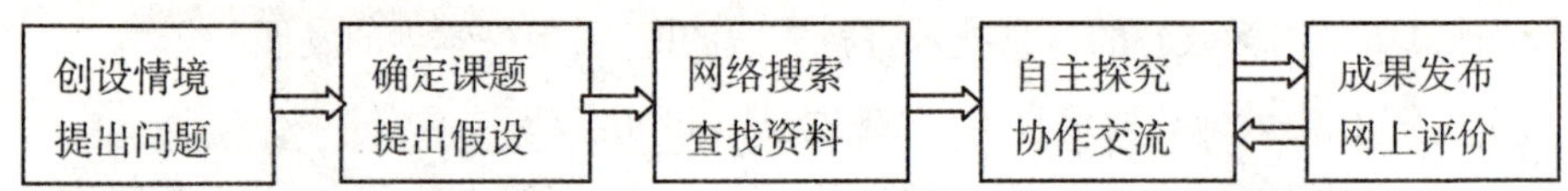

五、师生互动情况如下表

操作程序	教师指导活动	学生实施活动
创设情境 提出问题	演示多媒体课件	思考
确定课题 提出假设	引导学生选择课题	确定研究课题，提出观点假设
网络搜集 查找资料	提供学习资源及相关网络链接	学习网络提供材料，在 Internet 上搜集信息
自主探究 协作交流	引导学生思维	自主探究，与小组协作，解决问题
成果发布 网上评价	查看各组讨论情况，发布优秀作品	组长将小组同学的观点整理制成帖子发布在网上

六、操作要点

1. 情境体验。教师通过开展丰富多彩、学生喜见乐闻的活动，联系学生的生活实际，帮助学生建立研究的兴趣和热情，在此过程中，教师要及时了解学生的喜好和困惑所在。

2. 课题准备。教师通过讲解、课件展示等形式帮助学生分析所要研究的问题，做好背景知识铺垫，激活学生原有知识储备，提供参考课题，诱发研究动机，然

后通过网上论坛提出问题,确定研究课题。

3. 研究实施。在研究过程中教师及时跟踪学生的研究进展情况,各小组应及时上传阶段性研究成果报告,教师给予正确的指导,及时调整研究策略。

4. 总结反思。教师对学生的研究成果,主要从研究成果的真实性、创新性和社会价值等方面给予鉴定,作出评价,与此同时,教师还要帮助学生整理研究成果及成果的展示方式,促进学生自我反思(评价)。

七、网络探究模式的教学案例

案例2:生活中的统计——鉴江水污染调查。

鉴江是广东省沿海河系中最大河流,干流长210公里。鉴江流域是广东省的第三大流域,位于广东省西南部。鉴江发源于信宜市,主源头发自该市东镇庄垌村樟埇坑,下流汇合双洞、丁堡等7条主支流,全长57公里,称锦江或东江。在该市镇隆镇与另一条源发北界镇的西江(全长49公里)汇合后往南流到高州市曹江口,这段称窦江。曹江口至下经化州、吴川市的黄坡注入南海,这段史称为鉴江,因当时水清如镜而得名。全河为树枝状水系,主干流全长233.8公里,流域面积9445平方公里,是粤西沿海最大的河流。

步骤1:情境体验。课件展示鉴江的发源、流经城市、全长等相关资料。

步骤2:确定课题。鉴江流经信宜、高州、化州、吴川居民区,河中有通水口,主要作用是排雨水,然而大量的工业废水随意排放,居民区大量废弃物、畜牧废水、生活污水从通水口排入河内,造成了严重的污染。

步骤3:调查情况和资料整理。

信息渠道	涉及的方面	具体内容
书籍报刊	水的重要性	水是生命之源,和阳光、空气一样,是生命不可或缺、最基本、最必需的自然资源。
上网调查	多方面的水污染	大量的工业废水随意排放,居民区大量废弃物、畜牧废水、生活污水排入,造成了严重的水污染,使许多江河湖海变成了臭河、死湖;原油泄漏……
走访调查	浪费水资源	生活中,浪费水的现象随处可见,公共场合任自来水一直流淌、刷牙时不关水龙头……

步骤4:制作统计图表。

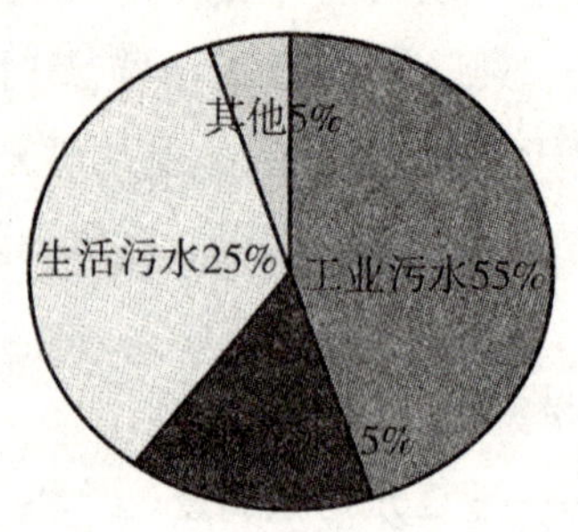

步骤5:网上发布调查问卷。

在化州论坛上发布调查问卷,结果如下表:

问题	是	否
1. 您认为水污染是否严重?	98%	2%
2. 您认为水污染是否影响健康?	99%	1%
3. 您是否投掷过废弃物?	18%	82%
4. 您认为政府是否重视对水污染的管理?	45%	55%
5. 您认为是否应全民普及水污染知识?	97.5%	2.5%
6. 您是否愿意为治理水污染贡献一分力量?	99%	1%
7. 您认为鉴江河是否干净?	12%	88%
8. 您认为是否应往水中投废弃物?	0%	100%
9. 您认为这条河是否可以持续现在的状况?	12%	88%
10. 有关单位是否向您调查过水的情况?	2%	98%
11. 您是否向有关单位反映过水的情况?	2%	98%
12. 您认为这条河的治理是否需要您的力量?	66%	34%

步骤6:网上发布研究的结论。

鉴江主要污染源为:

1. 工业废水占55%。

鉴江流域内有染整、制革、食品、造纸、电镀等污染性较高的污染源。

2. 生活污水占25%。

鉴江流域内人口约有2600万,每人每天产生生化需氧量约40克(其中粪尿部分计有13克),因本省污水下水道系统建设尚在起步阶段,普及率仅约有百分之一,故每天所产生的污染量,仅有粪尿部分经由化粪池简易处理。

3. 畜牧废水占15%。

本地区农民大都以养猪为副业,近年来,由于饲料之改良及养猪技术之提升,故其产生之单位污染量大多以每头猪每天产生生化需氧量100克来计算,为河川另一主要污染源。

4. 其他污染源占5%。

除上述污染源外,另有暴雨径流挟带污染物进入鉴江,以及滥用农药、肥料、任意弃置垃圾与其他污染物。

步骤7:网上征求治理方案。

鉴江河水污染主要来自工业废水、民用污染,加上有些部门防治水污染设备不完善,污染越来越严重。经我们调查统计,有99%的人知道水污染会影响健康,100%的人知道不应该往水中投废弃物,但仍有18%的人往水中投掷过废弃物。

针对鉴江河的这种情况,我们设想出以下三种治理方案:

1. 对污染源进行处理,杜绝工厂、养猪场把污水、粪渣直接排放到河流中,应集中处理,避免其对环境的不利影响。

2. 对河边、河道中的建筑材料(已废弃的)进行清除,并对水道进行整改,进一步将河内的垃圾、淤泥清除,并在河边种树,植草皮,建立绿化带,避免沙土流失。

3. 对沿岸居民及全体市民进行环保教育,增强环保意识,河流的环境保护主要还是在于大家的思想意识,故人们应自觉保护河道,保护环境。

总之,要明确环境受破坏,受影响的还是人们自己,我们应当充分了解环境与人类之间的相互关系,充分认识到人们改变环境的利与弊。

我们的体会：

通过这次活动，我们体会到，统计最重要的或者说最核心的内容是如何分析数据，得出结论。这就要求我们搜集数据时要随机，完整，准确，系统，学会利用已有的电脑软件来分析数据，并使数据更直观。

网络为同学们探究未知的问题提供了一个丰富的资源平台，结合生活和实践，可以让学生学会探索生活中的问题并解决生活中的问题，从而激发学生热爱生活，关心生活。不同学科都有此类问题，例如一些社会热点问题、环境问题、经济生活问题等，同学们可以运用调查和网上探究相结合的方式进行探究。

附：鉴江河水污染调查问卷

以下问题请您真实回答。

您的文化程度：____________

1. 您认为鉴江河是否干净？ A. 是 B. 否
2. 您是否往水里投掷过废弃物？ A. 是 B. 否
3. 您是否认为我们应往水里投掷废弃物？ A. 是 B. 否
4. 您是否认为水的不洁净会影响您的健康？ A. 是 B. 否
5. 您是否认为这条河对您的生活产生影响？ A. 是 B. 否
6. 您是否认为这条河可以持续现在的状况？ A. 是 B. 否
7. 管理单位是否向您调查过水的情况？ A. 是 B. 否
8. 您是否向管理单位反映过水的情况？ A. 是 B. 否
9. 您认为这条河的治理是否需要您的力量？ A. 是 B. 否
10. 您是否愿意为水的洁净出一分力？ A. 是 B. 否
11. 您是否认为水污染是一个严重问题，乃至会威胁人类生存？
    A. 是 B. 否
12. 您认为政府是否重视对水污染的管理？ A. 是 B. 否

以上问题您只需选择“是”或“否”，如有其他建议，可写于问卷背面。非常感谢您的合作！

3.5 基于课堂教学的研究性学习教学模式

3.5.1 问题探究模式

问题探究模式的研究性学习是在课堂教学中进行一种教学方法,这种方法体现了研究性学习的教学理念。在教学过程中,教师针对学习的内容提出问题,引导学生分析探讨,再现知识的发生过程,在探讨的过程中逐步形成对问题的认识,在此基础上培养学生创造性地解决问题的思维能力。问题探究模式的研究性学习为学生提供一个发现、创新的环境和机会,为教师提供了一条培养学生解题能力、自控能力和应用数学知识能力的有效途径。在问题的讨论和解决的过程当中,学生逐步学会了用数学思想方法指导思维活动,最终形成了问题解决策略。

一、问题探究模式的特点

1. 以问题为主线,以培养思维能力为核心。从模式的结构来看,问题贯穿教学的全过程,问题既是教学的起点和主线,也是教学的终点和延伸。问题的提出和解决不仅仅是为了增进知识,更主要的是为了引发更多的新问题,从而引发思维,激发创新。学生分析问题、解决问题的探究过程,既是对信息进行筛选综合、重组的过程,也是学生思维能力的发展过程。

2. 角色的转换。教师不再是知识的传授者、讲解者、促进者,而是问题情景的创设者,探究活动的组织者,实施效果的评价者。学生由知识的被动接受者、灌输对象转变为信息加工的主体、知识意义的主动构建者。这是学生主动探究、获取新知识的教学模式,其最终结果是学生能够自觉学习,独立学习,学会学习,以至终身学习。

二、问题探究模式操作程序

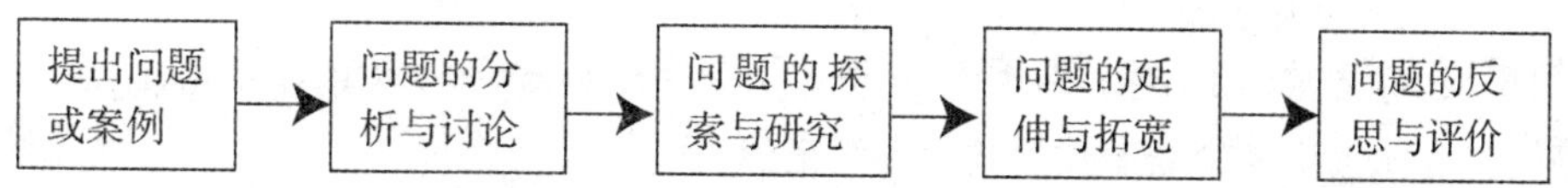

三、教师学生互动表

教师	根据教学任务创设问题情境	将教学目标分解为教学任务	指导分析问题	对解决问题的途径、方法提供指导	总结、评价任务完成情况
教学流程	创设情境	提出问题	分析问题	问题的探索与研究	问题的拓展与延伸
学生	体验情境，产生问题意识	明确学习任务	分析问题条件，提出解决方案	探索问题	总结归纳整理反馈信息，完成迁移

四、问题探究模式的操作要点

1. 引发问题

问题是思维的出发点，有问题才能去主动探究。引发问题，就是教师根据要学习的知识点的内涵与外延，联系学生的知识水平、身边的生活实际，创设一种易于学生迅速进入状态的模拟情景，激起浓厚的学习兴趣，引发学生一系列问题。

2. 组织探究

学生是知识的主动建构者，而不是被动盛装知识的容器。组织探究，就是根据学生的心理特点、班级授课制的特点，在教师组织、引导下，让学生紧紧围绕提出的问题进行独立思考，尝试解决，体验感悟，获取感性认识，并与身边的同伴、全班的同学及老师进行探讨交流，澄清认识。探究过程中，要鼓励学生提出个人见解，暂缓评价正误、优缺。

3. 归纳总结

“会学”是必要的，而“学会”是必需的。教师要引导学生把通过感知获取的直观认识条理化，抓住其本质属性，纳入已有的知识体系，融入已有认知结构中。简单地说，就是源于学生，高于学生，既要引导学生从感性认识中抽象出知识的本质，又要让学生清楚新旧知识的内在联系（分化点、生长点）。

4. 运用深化

弄清了知识的本质，不等于真正掌握了知识、形成了解决问题的技能，必须把理性的认识具体化，在实践中完善认识。运用深化，就是让学生运用获取的知识解决具体问题，在解决问题的实践中深刻体悟知识的内涵与外延，升华认识。这一过程,教师要紧紧围绕所学知识的本质精心设计习题,一题一得,做到对学生的学习情况心中有数,莫泛泛练习,事倍功半,同时在解决问题过程中又将激发新的问题。

五、问题探究模式教学案例

案例3:三角函数模型的应用。

在现实生活中,经常遇到木材“化圆为方”的问题(出示例题)。

问题1:把一段半径为R的圆木锯成横截面为矩形的木料,怎样锯才能使横截面的面积最大?

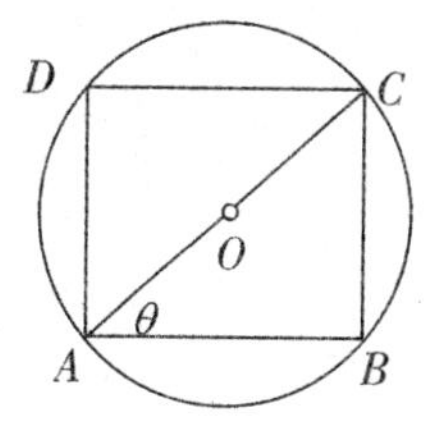

图1

先请学生思考:要使截面面积最大,显然矩形的四个顶点都要在圆周上,所以它应当是圆的内接矩形(显示图1)。接着教师用多媒体演示动画,随着矩形$ABCD$面积的变化,教师提问:你能猜想出结论吗?

学生都能认识到,当圆内接矩形是正方形时,横截面面积最大。

在此基础上,教师进一步提问:你能证明这一结论吗?

为使学生顺利获得证明,教师进一步引导:要刻画面积变化的情况,应建立关于面积的目标函数。那么,这个函数的自变量应如何选择呢?同学们自己考虑一下。

学生1:可选择矩形的一边长AD作为自变量来建立目标函数。

教师:很好。你能试着解解吗?

学生1:如图1,设$AD=x$,则$CD=\sqrt{(2R)^2-x^2}$,其中$0<x<2R$,于是矩形面积$S=x\sqrt{4R^2-x^2}=\sqrt{x^2(4R^2-x^2)}\leqslant\frac{x^2+(4R^2-x^2)}{2}=2R^2$,当且仅当$x^2=4R^2-x^2$,即$x=\sqrt{2}R$时,$S$取得最大值$2R^2$,此时矩形$ABCD$为正方形。

教师继续提问:还有其他不同的解法吗?

学生2:也可以选择$\angle CAB$作为自变量来建立目标函数。如图1,设$\angle CAB=\theta$,则$AB=2R\cos\theta$,$BC=2R\sin\theta$,其中$0<\theta<\frac{\pi}{2}$,因此矩形面积$S=2R\cos\theta\cdot 2R\sin\theta$,当$\theta=\frac{\pi}{4}$时,圆内接矩形面积最大,这时圆内接矩形为正方形。

学生3:其实要证明矩形 $ABCD$ 为正方形时,其面积最大,从几何直观的角度来看是显而易见的。要使矩形 $ABCD$ 的面积最大,就要使三角形 ADC 的面积最大,而三角形 ADC 的底边 AC 是定长 $2R$,故要使点 D 离开 AC 的距离最大,此时 D 应是 $\overset{\frown}{ADC}$ 的中点,从而矩形 $ABCD$ 是正方形。

教师:上述三种解法相比较而言,显然几何法最简捷,但并不是所有的结论都能从几何直观中看得出来。三角法要比代数法简捷。在数学中,我们经常会遇到以三角为自变量的函数,从角出发研究有关问题,常常比从线段出发研究更为方便。下面再来看几个最值的应用问题,探讨如何利用三角这一工具解决问题。

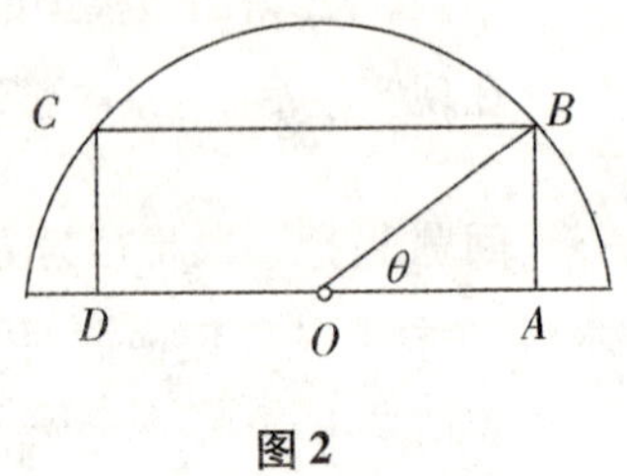

图2

若我们将问题1的圆换成半圆,则有了下面的问题(屏幕显示)。

问题2:如图2,有一块以点 O 为圆心的半圆形空地,要在这块空地上划出一个内接矩形 $ABCD$ 辟为绿地,使其一边 AD 落在半圆的直径上,另两点 B、C 落在半圆的圆周上。已知半圆的半径为 R,如何选择关于点 O 对称的点 A、D 的位置,可以使矩形 $ABCD$ 的面积最大?

教师:求最大值当然要涉及变量与函数,我们可以选择一条边(如 OD)为自变量来列出目标函数,不过这种解法显得较繁,于是我们还是选择一个合适的角作为自变量,到底选择哪个角呢?

学生4:连接 OB,选择 $\angle AOB=\theta$ 为变量,此时矩形边长与这个角的关系很容易寻找。

教师:确实如此。本题与上题稍有些不同。如对角线 AC,在上题中,它的长度始终不变,但在本题中,矩形的对角线 AC 随着矩形的变化而变化。

至此,很自然地找到了自变量,于是设 $\angle AOB=\theta$,则可借助直角三角形有关知识列出目标函数,从而顺利地解决问题2。

若我们把半圆改成扇形,则又变成了如下问题(屏幕展示)。

问题3:已知半径为 R,圆心角为 $60°$ 的扇形 OMN,求扇形内接矩形 $ABCD$ 的最大面积。

学生有了前面研究的经验,很快就有了两种不同的设计方案。

学生5:当矩形的一边在扇形的半径上时,如图3。

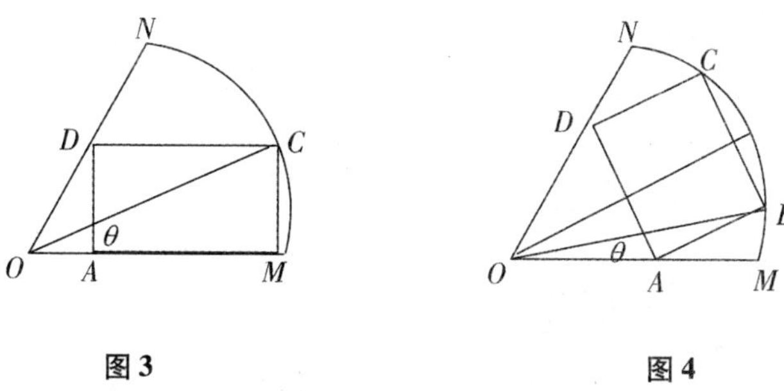

图3　　　　图4

学生6:当矩形的两个顶点分别在扇形的两条半径上时,另两个顶点在扇形的圆弧上,如图4。

教师:哪一种设计方案所得的矩形面积最大?

把学生分成两组分别对上述问题进行探索。

探索1:如图3,扇形的内接矩形是 $ABCD$,连 OC,则 $OC=R$,设 $\angle AOC=\theta(0° <\theta<45°)$,

则 $\angle COD=60°-\theta, BC=R\sin\theta$,在 $\triangle CDO$ 中,$\dfrac{CD}{\sin(60°-\theta)}=\dfrac{R}{\sin120°}$,

$\therefore CD=\dfrac{2\sqrt{3}}{3}R\sin(60°-\theta)$,$\therefore S_1=BC\cdot CD=\dfrac{2\sqrt{3}}{3}R^2\sin\theta\sin(60°-\theta)=\dfrac{\sqrt{3}}{3}R^2\left[\cos(2\theta-60°)-\dfrac{1}{2}\right]\leqslant\dfrac{\sqrt{3}}{6}R^2$,当且仅当 $\theta=30°$ 时,矩形面积最大,最大值为 $\dfrac{\sqrt{3}}{6}R^2$。

探索2:如图4,同理可得 $S_2=2R^2\left[\cos(2\theta-60°)-\dfrac{\sqrt{3}}{2}\right]\leqslant(2-\sqrt{3})R^2$.

教师:这两种方案,哪一种所得矩形面积更大?

学生:由 $S_1-S_2=\dfrac{\sqrt{3}}{6}R^2-(2-\sqrt{3})R^2=\dfrac{7\sqrt{3}-12}{6}R^2>0$,可知方案1的矩形面积更大一些。

教师:通过上述探讨,我们可以得到一般结论:若扇形的圆心角 α 为 $0<\alpha<\dfrac{\pi}{2}$ 时,则如图3画法 $\theta=\dfrac{\alpha}{4}$ 时,矩形面积最大,最大面积为 $\dfrac{1}{2}R^2\tan\dfrac{\alpha}{2}$。

问题4:若 $\dfrac{\pi}{2}\leqslant\alpha<\pi$ 时,如图5,矩形的面积最大值如何求?

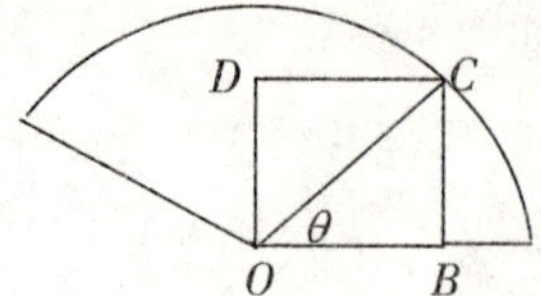

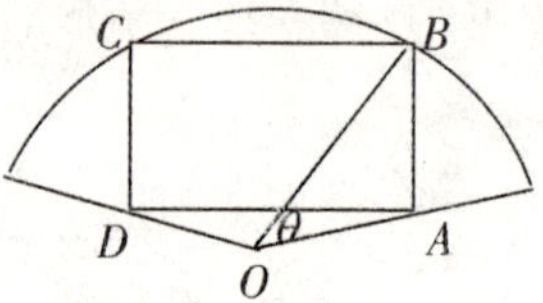

图 5

问题 5:当 $\pi \leqslant \alpha \leqslant 2\pi$ 时,如图 6,矩形的面积最大值如何求?

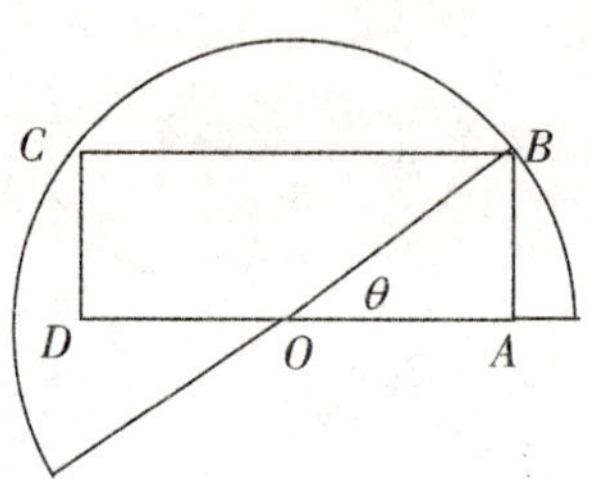

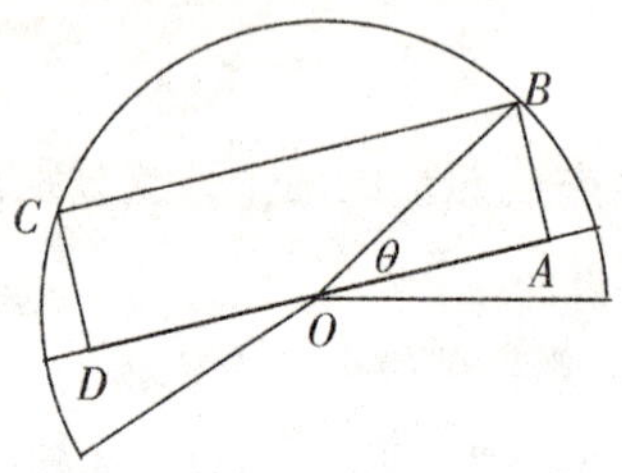

图 6

同学们可在本题问题的基础上展开新的探索,真正做到由一题懂一类,从而起到举一反三、触类旁通的效果,真正使我们的学习过程成为提出问题、分析问题和解决问题的探索历程。

通过这堂课,教师由知识的讲授者转变为学生学习的组织者、引导者、合作者与共同研究者。学生由单一的知识接受者转变为学习的主人,让自己对知识去发现、去探索、去研究、去应用。通过这种教学方法,学生的主体意识被唤醒,获得积极的情感体验。

3.5.2 数学实验模式

自然科学学科许多知识、原理、规律的形成来自于科学实验,在科学领域知识的学习过程中,可以通过实验探究的方法进行研究性学习,通过学习培养学生科学研究的能力与方法,促进学生形成实事求是的科学态度,养成严谨的科学精神。

一、数学实验的特点

1. 以问题为载体。通过对实际问题的解决,培养学生应用数学知识解决实际问题的意识和能力。

2. 以计算机为辅助手段。利用计算机对数据进行处理和建模,更好地解决实际问题。

3. 以学生为主体。在教师的精心准备和指导下,学生自主探索解决问题,在成功和失败中获取知识和培养能力。

二、数学实验的作用

1. 培养学生的观察力,加深学生对抽象概念的感性认识。

数学实验通过学生操作、实验,可培养学生的动手能力、建模能力和应用能力,使学生进入主动探索状态,变被动地接受为主动地建构,由“听数学”向“做数学”转变。

2. 发展学生的创新思维能力,促进抽象思维的发展。

数学实验是一种活动化教学,一种开放式教学,它能满足不同学生的需求,使不同学生的能力在各自的基础上都得到发展。

3. 培养学生科学态度和方法。

数学实验是学生在教师的指导下探索别人已知而自己未知事物的过程,与科学研究过程有相似的内在心理机制,因此,数学实验是培养学生的科学态度、方法和精神的重要途径。

4. 促进学生学习方法的改变。

数学实验使学生从单一、被动的学习方式向多样化的学习方式转变,使学生在自主探索、合作交流和操作实践中学习,从而促进学生学习方法的改变。

三、具体操作程序

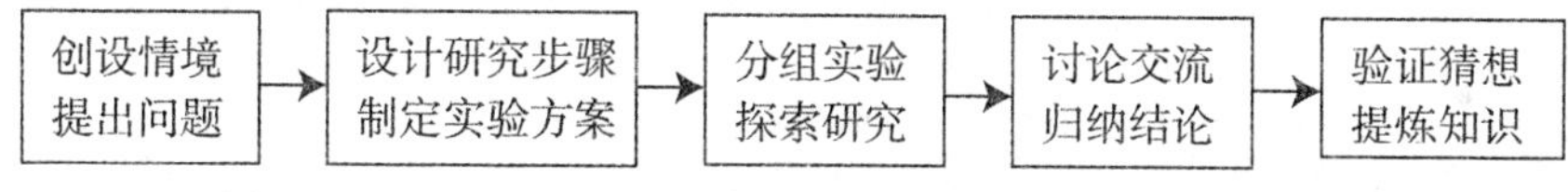

四、操作要点

1. 创设情境,提出问题,一般是学生在中学学习条件下能够通过实验进行研究的问题,是数学实验教学过程的前提和条件,问题情境的创设要精心设计,要有助于唤起学生的积极思维。

2. 确定实验课题时,教师要组织学生进行课题的相关分析和论证,根据学生水平，确定的课题要围绕单一问题进行，制定的实验方案要简便易行。

3. 在实验研究中，教师根据具体情况组织适当的活动和实验。数学活动形式可根据具体情况而定，最好是以 2 ~4 人的小组形式进行，也可以是个人探索或全班进行。要注意指导学生学会科学实验的常用方法，学会对实验现象的观察、记录与分析。

4. 得出的实验结论一定是对实验结果分析后的真实结论，如果实验失败不能得出正确的结果，要分析失败的原因，提出实验改进意见。

5. 提炼相关知识是对探究实验结论的进一步提升，是训练学生将实验与理论结合的过程，在这个过程中体验科学的价值。

五、数学实验模式教学案例

案例 4：多面体欧拉定理的发现。

按如下几个步骤进行：

步骤一：问题的提出

过去我们研究的几何问题主要涉及长度、距离、面积、全等等度量问题，而欧拉定理与度量无关，事实上我们已进入了一个新的几何学领域：拓扑学。我们用一种可随意变形但不得撕破或黏连的材料（如橡皮泥）做成的图形，拓扑学就是研究图形在这种变形过程中的不变的性质。欧拉公式反映了简单多面体的元素（顶点、面、棱）之间的数量关系，它是研究多面体时很有用的工具。我们知道，正多边形有无限多种，前面我们学习过，正多面体只有 5 种：正四面体、正六面体、正八面体、正十二面体、正二十面体。这是为什么呢？瑞士数学家欧拉早在 1750 年就研究过这一问题，并得出多面体欧拉公式，下面我们就沿着欧拉的足迹来探索这个公式。

步骤二：研究方案

第一步制作正多面体，第二步探索欧拉公式，第三步整理资料、撰写论文并结题。

步骤三：实验研究

将全班同学分成三个小组，每个小组分别就本组制作的 5 种多面体的顶点数、面数、棱数进行研究。

各组学生分别实验，并填写下列实验数据。

所选多面体	顶点数 V	棱数 E	面数 F	$V+F-E$
正四面体	4	6	4	2
正方体	8	12	6	2
正八面体	6	12	8	2
正十二面体	20	30	12	2
正二十面体	12	30	20	2

步骤四:形成实验结论

教师提问各组研究所得的结论,归纳研究成果如下:

(1)对正多面体,有 $V+F-E=2$。

(2)正多面体的各棱数是 6 的倍数,顶点数和面数是偶数,进而除了两个例外都是 4 的倍数。

(3)正 n 面体只有上述 5 种。

(4)可互相生成的正多面体(正方体⟷正八面体,正十二面体⟷正二十面体)棱数相等,顶点数与面数对调。

(5)每个面均为 n 边形的多面体中,顶点数、棱数、面数有如下关系:

①$2E=nF$;②$2E\geqslant 3V$。

步骤五:提炼知识

教师进一步引导学生对正多面体的顶点、面、棱之间的数量关系进行证明。

学生经历了实验、探索,找到了正多面体中顶点数、棱数、面数之间的关系,这样,学生通过实验从“听数学”转化为“做数学”,不需要像传统教学那样滔滔不绝地讲解,学生对问题的理解与掌握反而轻松得多。

第四章 实验设计与数据分析

4.1 样本取样

样本取样需要具有代表性，这是取样的基本原则。本实验样本选自我校高一的517班与高一的518班，这两个班入学成绩划分是平行班。本次实验所选的实验班与对照班为本课题研究者任教的班级，由于是平行班，学习成绩和学习能力无显著差异，故随机选取517班为实验班，518班为控制班，两个样本容量均为70，属于大样本。

4.2 变量的确定

自变量：课程的教学策略（实验班采用本课题研究的教学策略，对照班沿用传统的教学方式）。

因变量：数学成绩，学习数学的兴趣。

4.3 无关变量的控制

实验中除自变量之外的一切影响因变量的变量都是无关变量，包括时间变量、环境变量、顺序变量，控制无关变量的目的就是防止或减少无关变量对实验结果的干扰。

无关变量的控制如下表：

无关变量	控制方法
教学内容	相同
教师教学水平	同一教师授课
班主任	年龄相当风格相似
学生性别	两个班的男女比例相近
学生数学成绩	平均分班
教学环境	相同

4.4 研究方案与实施步骤

1. 设计前测、后测问卷,根据高一入学分班成绩选择实验班和对照班,进行一次学习兴趣问卷调查(前测),并做好统计。

2. 实施阶段从2009年9月开始,一边完善研究性学习教学模式,一边开始实验。两个班在9月初开始进行一次摸底考试(前测),每月初进行中测考试,7月初进行后测考试,实验结束,期末同时对两个班学生进行学习兴趣问卷调查(后测),并做好相关统计工作。

4.5 实验数据处理与分析

在开展实验的一年时间里,进行了多次单元检测、月检测、期中检测、期末检测,保留了大量的原始数据,经过对比分析,结果实验班的优势很明显,两个班的平均分相差5~15分,也就是说,开展实验的班的学生成绩与是否采用研究性学习教学模式进行教学是正相关的。

4.5.1 实验班与对照班学生数学成绩差异

		前测	中测1	中测2	中测3	中测4	中测5	中测6	中测7	后测
实验班	平均分	86.5	90.7	95.8	102.6	104.7	103.6	105.5	107.6	110.5
	标准差	9.6	9.8	7.5	7.5	7.4	6.8	10.2	6.5	8.0
对照班	平均分	85	86.8	89.6	93.4	92.5	98.2	92.6	89.1	92.3
	标准差	9.8	10.5	8.7	8.4	8.6	9.6	11.5	9.8	12.9

4.5.2 实验班与对照班学生数学成绩图表

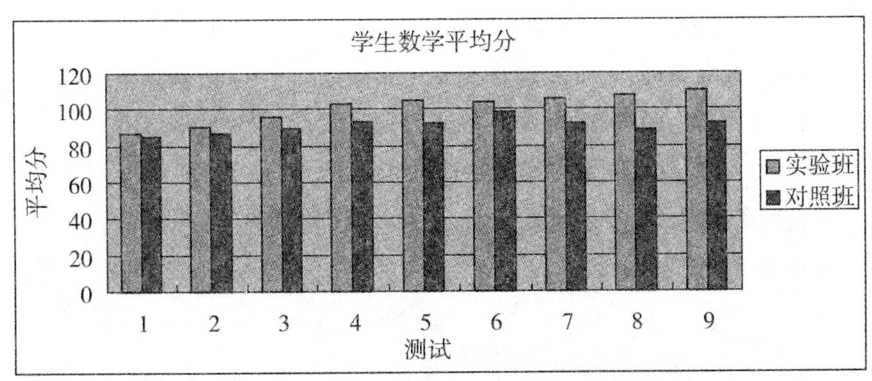

经过对上述成绩数据的简单处理可以看出,在高中数学教学中开展研究性学习教学模式的实验,两个班的学生数学成绩出现了较显著的差异,这意味着研究性学习教学模式的实施对学生成绩的提高是有效的。

4.5.3 实验班与对照班学生学习数学兴趣差异

		前测	后测
实验班	平均分	9.9	13.5
	标准差	12	8.0
对照班	平均分	9.2	10.3
	标准差	11.8	12.9

4.5.4 实验班与对照班学生学习数学兴趣差异图表

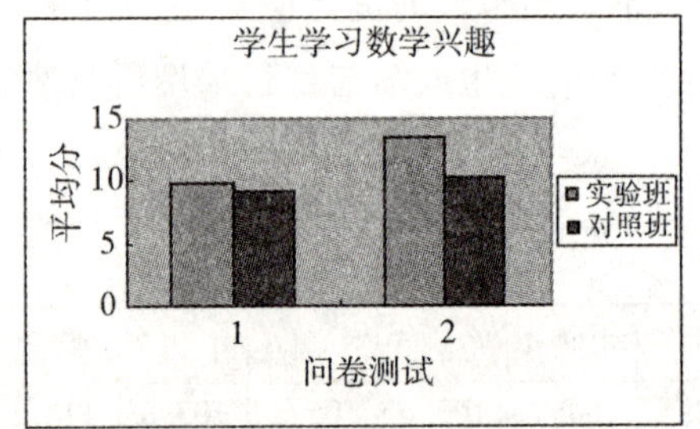

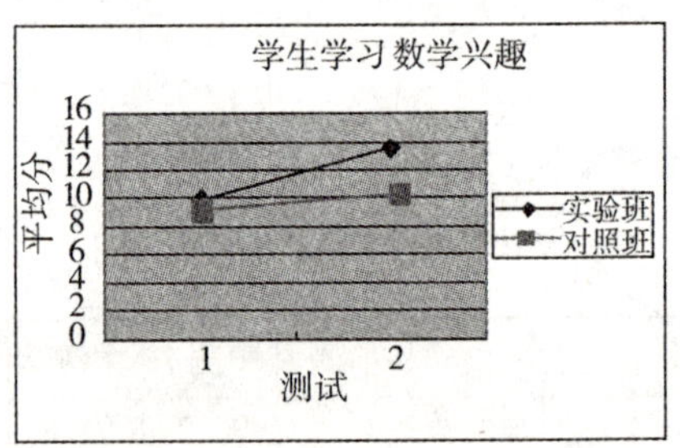

4.5.5 实验班与对照班兴趣对比分析

从上述表中的数据处理结果得知,在实施研究性学习之前,实验班与对照班的学生学习数学的兴趣并无明显差别,而在实施研究性学习之后,虽然两个班的学习兴趣均有所提高,但学习兴趣有了明显的差异,实验班的学习兴趣大幅提高,这说明在研究性学习中,根据不同的教学内容选择不同的教学模式,更有利于激发学生的学习兴趣,更有利于形成学习动机,充分体现学生的主体作用。

4.5.6 对学生创新意识、创新能力体现的分析

通过问卷调查统计,从中选取较有代表性的问题进行研究结果分析(对两个班共 140 人进行调查)。

1. 实施研究性学习的认可

是否喜欢研究性学习

	喜欢	较喜欢	不喜欢
前测	95	33	12
后测	132	8	0

可见,不仅绝大多数学生喜欢研究性学习,而且实施新的教学模式后,喜欢的人数增加。

2. 自主学习意识、能力

较好的教学模式调查

	教师讲	师生参与	分组探究
前测	11	68	61
后测	10	58	72

数据显示,实施实验前,师生参与居首位,分组探究次之,而实施实验之后,学生更乐于分组探究,这说明学生的自主学习意识增强,自学能力大大提高,体现了建构主义"以学生为中心"主动构建知识的教学观。

3. 合作创新意识、创新能力

	合作讨论	小组协作	自主发现	实践创作
前测	65	21	12	42
后测	73	15	21	31

可见,学生自主探究、合作意识增强。学生作为研究性学习的主体,其特征表现为自主性、能动性、创新性,学生虽然具有创新的愿望,但由于多数时间在教室学习,创新能力有待进一步提高。

4. 老师、学生地位的体现

师生在教学中的地位

	教师为主	学生为主	引导与自主
前测	72	12	56
后测	13	50	77

数据显示，在新的教学模式理念下，学生既希望发挥教师的指导作用，又希望体现自身在教学中的主体地位，以实现“双主”的教学模式。

第五章　研究结论与展望

5.1　研究结论

本研究经过两个学期坚持不懈的实践和探索，取得了一些成绩：

1. 为中学数学研究性学习的教学改革创建了新模式。在实践中，我们探索了适合中学实际、操作性强的研究性学习教学模式，它包括四种模式：准学术课题研究模式、网络探究模式、问题探究模式、实验探究模式。

2. 更新了教育理念，改变了教学方式。通过两年的教育理论学习和实践探索，课题组教师的教育理论水平得到了较大提高，教育理念不断更新，教师角色发生了根本性变化，改变了以往“以课堂为中心、以教师为中心、以课本为中心”的不良情况，打破了数学教学被动接受的学习模式，从更高、更广的层面理解和把握知识的价值，将多样化的、现实的、有趣的、富有探索性和挑战性的创新性学习活动作为学生学习的主要形式之一，提升了学校的办学思想和办学水平，充分开发利用各种教育资源，并形成了我们自己的特色。

3. 培养了学生学习的兴趣，改变了学生的学习方式。学习方式的改变是本课题研究的显著特征之一。传统的学习学生是被动接受，从而导致学生学习的自主性、创造性被不断泯灭。我们从改变学生的学习方法、学习过程入手，让学生更多地在学习过程中发现问题、提出问题、解决问题，在实践过程中培养学生的创新能力和创新精神，进而改变学生的学习观念和方式，培养学生的学习态度、责任感，使学生养成终身学习的能力和愿望，最终学会学习。

4. 学生体会到在与人合作过程中尊重他人、尊重他人意见的重要性。学生学会了合作，不固执己见，有商有量，以集体利益为重。学生的活动能力、与人交往能力、与人合作能力大大提高。

5. 增强了实验教师的教育科研意识，锻炼、培养、造就了一批优秀教师。在实验中,中学数学研究性学习的教学模式,不仅作为教学模式更作为教学思想影响着教师的教学行为,实验教师在思想观念上发生了深刻的变化,在自觉与不自觉中接纳、认同、内化成自己的教学行为,努力实现以学生发展为宗旨,达到锻炼人、完善人的最终目的。

6. 提高了教师的科研能力和科研水平。实验教师能自觉地学习教育理论,认真撰写文摘和学习心得,养成了在实践中学习、在学习中思考、在思考中实践的习惯,注重了实践中的科技含量和艺术含量。撰写教学论文 20 篇,其中在省级以上刊物发表论文 5 篇,获市级以上奖励 15 篇。为省内兄弟学校传经送宝,上公开课、示范课共 58 例,一例获广东省优秀课例二等奖。

7. 编写了基于研究性学习的高三复习校本教材《大思路 · 数学》,由珠海出版社出版,全省发行。

8. 本次实验证实了研究性学习教学模式在中学数学教学中有较为明显的积极作用,大面积提高了学生的平均分、及格率和优秀率,避免严重的两极分化。

9. 我校学生在全国高中数学联赛与全国"希望杯"数学竞赛中均取得优异成绩。其中 2009 年获全国一等奖的有 4 人,全国二等奖的有 16 人,全国三等奖的有 74 人;2010 年获全国二等奖的有 3 人,全国三等奖的有 26 人,省级奖励一大批。

5.2 中学数学研究性教学模式的展望

目前,在中学数学教学中开展研究性学习活动仍然存在着认识不足、重视不够、缺乏指导、经验不足等现象,具体表现在以下方面:

1. 学生存在着平时学习时间与研究时间的矛盾。研究课时间太少,其他课业负担太重,时间不够。学生活动范围太小,实践太少,学生的"研究"受到不少限制。

2. 研究性学习的内容存在随意性。在内容安排上较少考虑学生的知识基础、知识储备和掌握的研究方法存在差别,较少考虑分层次实施,较少考虑内容的系统性。

3. 评价措施不够科学。重论文,不重过程,重完成任务,不重创新导向。

在中学数学教学中开展研究性学习,是一种创新的教学模式,是将数学教学改革推向深入的一个新举措。上述问题的出现其实是在所难免的,前无路标,还有许许多多问题需要我们在教学实践中不断探索和完善。如何使研究性学习课程的建设取得新的进展？怎样才能使学生学会在复杂的社会环境中不断地用探究科学的态度与方法去认识、发现、改变与创造，真正使今天的学习成为明天参与和改造社会，从而获得发展的基础，使他们能够发挥自己的聪明才智，展示自己的才华？这正是我们思考的出发点。

参考文献：

[1]徐斌艳．数学教育展望[M]．上海：华东师范大学出版社，2001.

[2]应俊峰．研究型课程[M]．天津：天津教育出版社，2002.

[3]张大均．教育心理学[M]．北京：人民教育出版社，1999.

[4]赵雄辉．中学数学教育课堂研究[M]．海口：南方出版社，1999.

[5]龙开奋．研究性学习及基本特征．数学通讯，2003(9).

[6]田剑亮．研究性学习的一个案例．数学通讯，2002(12).

[7]俞怀军．计算机辅助“数学实验课”的实践与体会．浙江教育，2001(6).

广东省教育科学“十二五”规划课题(批准号:2012YQJK223)

高中历史主体性课堂教学模式探究

课题主持人:彭明光

一、课题研究的背景、学术价值、应用价值

当前,“人的问题”逐渐成为教育理论研究的重要课题,满足人类自身生活和发展的需要,促进人的全面、和谐发展是教育的最高目标。因而,现代课堂教学倡导“以人为本”的教学改革,突出学生在学习过程中的“主体性”地位,着重培养学生的探究、合作能力和创新能力。

《基础教育课程改革纲要(试行)》也提出了转变教师教学行为和学生学习方式的任务,目的在于促进每一位学生都能有效地学习,按照自己的个性特长得到尽可能充分的发展。然而,审视目前的历史课堂教学,我们不难发现:低效、无效的现象依然存在,传统的被动、单一的接受式学习在教学中仍居主导地位,呆读死记、题海战术、机械操练、反复练习的做法依然制约着学生的积极性、主动性和创造性。由于传统教学模式的影响根深蒂固,学生长期形成一种依赖教师的习惯,教师也长期习惯于传授式的教学,所以课堂教学仍然没能对学生自主学习能力进行全面系统的培养,造成学生在自主学习中力不从心,主体作用未能充分发挥。其结果是扼杀了学生智力潜力和创新能力的发展,形成的是“接受—记忆—再现”的思维定势,学生模仿有余,创新不足。因此,我们有必要重新探讨和实践历史课堂教学的新模式。

教育能否使学生有效地产生问题,进入问题,形成解决问题的意识、习惯和能力,能否创造性地应答没有遇到过的挑战,这是创新教学模式需要重点解决的问题。当前中学历史课堂普遍存在两大问题:一、许多本该达到解释水平的课,不少教师将此下降为记忆水平,“满堂灌”或“满堂问”(填空式问答,懂的要问、不懂的不问);有的课把教学混同于学科习题机械训练和简单强化,学生思考力水平明显下降。二、许多本该通过实验探究解决的课,教师常常通过解释或让学生记住最简捷的方法得出答案,“表面上像探究,实际上是讲解”,达不到学生亲自投入的思考力水平。大量事实和研究表明,不同的学习过程会产生不同的学习效果。“灌输式”、“操练式”学习对发展学生的高层次思维非但没有显著效果,有时甚至还有负面效果。要想使学生学得主动,学得轻松,学生的个性特长自由发展,学生的素质全面提高,必须改进教学模式,实施以学生为主体的教学活动,培养学生的自主学习能力,使学生学会学习。本课题旨在改变以往“灌输式”的历史课堂教学模式,探索以学生为主体的多种有效课堂教学策略,激发学生的学习兴趣,尊重学生的个体差异,珍视学生的独特感受、体验和理解,为学生创设轻松、愉快的课堂生活环境,引导学生主动参与知识探究,主动合作,主动发展,在知识的获得过程中造就良好积极的情感体验。做到用最少的时间,最小的精力投入,取得尽可能多的教学效果,从而实现特定的教学目标,满足社会和个人的教育价值需求。

学术价值:

1. 通过对课堂教学模式的探究,转变教师的教学理念、角色观念、教学方式,进一步提升和丰富对现代教育教学理论的认识,有利于推动历史教学的改革和发展。

2. 通过对如何发挥学生“主体性”问题的探究,更新教师的学生观,转变学生的学习方式,并将教学理论运用到实践中,进一步加深现代课堂教学关于“如何促进人的发展”课堂理论和实践的认识。

应用价值:

1. 基于当前历史教学中学生缺乏学习兴趣,学生普遍认为学习历史作用不大等具体问题,通过开展主体性课堂教学模式的研究与实践,创新历史课堂教学,提高学生学习历史的兴趣,增强学生对历史学习的能力和活力,减轻学生负担,使学生学习成为主动、富有个性的过程,使历史教学回归历史学科的本质,从而培养学生的历史学科素质。

2. 新课改重视对课堂教学改革的探索(如何做到优质教学常态化、高效课堂、有效教学),最大限度地发挥课堂教学的功能和作用,即在课堂40分钟内要最大限度、以恰当的方式完成教学任务,达成育人目标,在课堂有限的教学时间内实现课堂教学的最大效益。实施主体性课堂教学模式,符合基础教育课程改革发展方向,有利于落实教学改革理念,有利于提高历史课堂教学的实效性,有利于培养学生的创新思维和创新意识。

二、本课题的研究现状

本课题的研究主要包含两个方面的内容:一是学生学习的主体性,二是历史课堂教学模式。目前学界对"学生学习的主体性"和"历史课堂教学模式"的研究基本上是分开或交叉进行的,也就是说有的只是单纯研究其中某一方面,有的在研究某一方面时也提及另一方面的内容。目前研究历史课堂教学模式的文章有:《高中历史课堂教学模式探索》(《历史教学问题》1998年05期),《新形势下的高中历史教学模式初探》(高考资源网,2009-3-12),《高中历史课堂教学模式的探索》(《新科教》2009-03-04)。研究学生主体性学习的文章有:《高中历史主体性教学研究》(《云南师范大学学报》2007年第12期),《高中历史教学如何突出学生主体性》(《现代教育科学·中学教师版》2008年第06期),《在高中历史教学中充分发挥学生的主体性》(《师道·教研》2011年第3期),《浅谈高中历史教学中学生主体作用的发挥》(《新课程学习·下》2011年第10期)。以发挥"学生学习的主体性"为背景来探究"历史课堂教学模式"的研究文章现在还不多,目前仅有《高中历史教学中实施主体性教学的模式与方法》(《课程教材教学研究·中教研究》2010年第Z6期),该文章提出"结构导学式的结构教学模式",即"引导学生依据导学提纲、落实基础知识、梳理基本线索、思考相关问题、培养自学能力,把学习者从被动接受转变为主动学习,调动学生的积极性,引导学生自主学习的教学模式"。

在教学模式方面,现在全国很多地方开展的探索,比较有借鉴意义的如"东庐讲学稿"模式:提前备课,轮流主备,集体研讨,优化学案,师生共用。杜郎口中学的"三三六"自主学习模式:三个特点——立体式、大容量、快节奏;三大模块——

预习、展示、反馈;课堂教学六环节——预习交流、明确目标、分组合作、展示提升、穿插巩固、达标测评。还有洋思经验等等。

一般来说,在专业知识的学习上,传统教授型教学模式略占上风;在方法学习、社会性学习以及培养学生的自信方面,开放型课堂教学模式略胜一筹。如何做到让学生在两种学习环境中进行学习,提供多元化的学习模式,将是我们在课题研究中要探索的一个方向。

三、课题研究的基本内容、拟突破的重点、拟解决的关键问题及主要创新

本课题研究主要包含两个方面的内容:一是学生学习的主体性,二是历史课堂教学模式。它有四个结构要素:①主题。把主体性教学落实在课堂上。②目标。凸现学生的主体状态,推动学生主体性精神品质的发展。③策略。为达到上述目标,必须全面设计教学过程,依据问题的性质设计教学内容,创设教学情景,于反馈互动中完成教学任务。它包括教学内容、方法、组织形式三个方面的设计。④程序。创设特定的教学组织形式,然后依如下次序进行:预学—讨论—点评—检测—反思。它以教学内容为主要载体,以相应的教学方法与教学组织形式为推动力,在"所指"的意义上使学生拥有主体地位,更在"能指"的意义上使学生获得并发展主体性品质,从而在历史教学的认知、能力形成、情感与个性表现四个过程的有机整合中,完成学生的主体性整合(即主体地位与主体性品质的有机融合)。

教学模式是在一定的教学理论指导下,通过教学实践概括而成的教学活动相对稳定的基本结构或规则系统。所以在本课题研究中,突破的重点放在与"主体性教学模式"相关的教学理论和教学实践方面。在教学理论方面,进一步探究学生心理活动与心理发展历程的规律,借助人格动机理论,在理论上探索"营造一种交流座谈氛围、创设一种平等环境、帮助学生在历史学习过程中认知与能力形成两个过程顺利进行、同时推动历史教学的情感与个性表现过程的进行"实施的可能性和途径;在教学实践方面,主要从内容模式、方法模式、组织模式三方面开展探究,彰显学生的主体地位,体现学生某些主体性品质。

在本课题研究中,解决的关键问题是:(1)在历史教学模式的理论探索方面,如何在目前基础上进一步加深和突破,为开展课堂教学实践活动寻找最佳途径和方法。(2)在教学实践方面如何突破以下颈瓶:①在目前的招生考试制度下,受功利主义的影响,学科的教学改革步履艰难。现在的学校教育现场,教育者只关注结果,不关注手段的科学性和伦理性,只关注可量化的分数和升学率,课改的初衷正在被异化(包括研究性学习都被纳入应试轨道),因而在课题研究中如何解决应试与主体性发挥之间的矛盾是一个难题。②学生观念的转变也是一个至关重要的问题。许多学生多年来习惯于历史课堂的"灌输式"教学,对于课改中实行的教学方式还需要时间磨合。③教师传统的教学方法、教学理念的更新。表面上看,满堂灌的教育教学方式有所改观,但实质上并没有根本性的变化,大多数教师对如何发挥学生的主体作用并没有充分的准备,也缺乏相应的理论和技能,主要表现在以合作学习和探究式学习为主要标志的教学方式的变革流于热闹的形式。

本课题研究在理论探索和教学实践基础上创新教学模式,包括:(1)创新历史教学活动形式。关心学生的学习兴趣、学习方式和学习效果,创造性地设计教学活动,引导学生主动参与,积极探究与体验。(2)改善学生的学习方法。倡导多种形式的学习方法,如"材料学习法"(是指通过对教材和其他文字或者图片等材料进行阅读、记忆、归纳、比较,并形成较为系统的知识体系的学习过程),"观察学习法"(是指学生能主动通过观察,获取实物、图片、文字等教材外材料中的有效信息,并主动构建知识结构的学习活动),"思辨学习法"(是指在掌握一定材料和具备一定能力的基础上,对历史现象与现实问题独立思考、判断、发现和质疑),"实践学习法"(是指创造条件,让学生在社会调查、参观访问、社区服务等社会活动中,通过采访、观察和收集材料,学习历史,并通过历史知识思考现实)。(3)创新教学内容模式。探索教学内容由教科书走向教材进而创生课程的生长点,既能让学生掌握学科知识内在的规律和系统的知识结构,又能让学生迅速建立这种知识体系的运作策略,进而找到学科知识与现实生活、学生经验的结合点。

四、课题研究的策略与步骤

1. 准备阶段(2012 年 10 月至 2013 年 10 月)

(1)成立课题组,形成课题研究方案,组织课题申报。

(2)组织课题研究成员培训,学习相关理论及材料,明确研究的意义、内容、目标、操作定义和实施办法,并进行开题论证。

本阶段主要采用文献法进行研究。搜索、整理和运用国内外与课题相关的理论,在分析比较的基础上,对课题进行科学的界定,对课题的目标进行具体描述,为课题申报、课题研究提供可靠的理论依据。

2. 实施阶段(2013 年 11 月至 2015 年 8 月)

(1)教学调查(时间:2013 年 11 月—2014 年 1 月)。

(2)查找资料,了解当前国内外对“高中历史主体性课堂教学模式”的研究情况,进行理论学习,确定研究目标,具体分工(时间:2014 年 2 月—2014 年 4 月)。

(3)课堂教学实验,阶段性总结(时间:2014 年 5 月—2014 年 10 月)。

(4)课堂教学实验,中期总结(时间:2014 年 11 月—2015 年 4 月)。

本阶段主要采用调查研究法、对比实验法和行动研究法开展研究。在行动研究中,研究者与行动过程中的实践者是共同参与、合为一体的,他们共同组成课题组,共同进行调查分析,通过实践活动发现问题,设计和实施实验方案,进行评价,发现新问题,然后以再计划、再实施、再评价、再发现的方式不断进行研究。

五、预期成果

1. 论文(成果)4 篇以上(其中在 CN/ISSN 刊物上发表 2—3 篇)。

2. 课题研究报告。

六、课题组成员及分工

1. 课题主持人:彭明光(化州市第一中学,中学历史高级教师)

2. 主要成员及分工:

(1)闵国库	广州市第三中学	中学历史高级教师	理论研究与指导
(2)陈振中	化州市第一中学	中学历史高级教师	教学调查、总结
(3)董晓英	化州市第一中学	中学历史一级教师	资料收集、整理
(4)蔡建豪	化州市第一中学	中学历史高级教师	资料收集、整理
(5)李庆芳	化州市第一中学	中学历史高级教师	课堂教学实验
(6)林德佳	化州市第一中学	中学历史高级教师	课堂教学实验
(7)莫文春	化州市第一中学	中学历史一级教师	课堂教学实验
(8)王海蓉	化州市第一中学	中学历史二级教师	课堂教学实验
(9)宋美玲	化州市第一中学	中学历史二级教师	课堂教学实验

(10)谢柳军	化州市第一中学	中学历史二级教师	课堂教学实验
(11)王学笋	化州市第一中学	中学历史高级教师	课堂教学实验
(12)陈康金	化州市第一中学	中学历史一级教师	课堂教学实验
(13)李东杰	化州市第一中学	中学历史一级教师	课堂教学实验
(14)李清	化州市第一中学	中学历史高级教师	课堂教学实验
(15)陈宏超	化州市第一中学	中学历史一级教师	课堂教学实验
(16)朱博文	化州市第一中学	中学历史高级教师	课堂教学实验
(17)阮伟霞	化州市第一中学	中学历史高级教师	课堂教学实验
(18)王冠富	化州市第一中学	中学历史一级教师	课堂教学实验
(19)孙希哲	化州市第一中学	中学历史二级教师	课堂教学实验

七、课题研究保障

1. 课题负责人是广东省中小学新一轮“百千万人才培养工程”入选人员，广东省首批中学历史学科带头人，教科研经验丰富，有能力组织开展课题研究工作。

2. 本课题组成人员有学校研究室的成员，有资深的高三教师，亦有刚从高校毕业的青年教师，他们有的教学经验丰富，对高中新课程改革有相当的实践经历及自己独特的见解，有的激情澎湃、热情高涨，对新课改充满好奇心和浓厚的兴趣。成员全部为本科以上学历，有老、中、青三代教师，知识结构、教学经验及心理结构层次完善，能互取所长。

3. 本课题研究单位化州市第一中学为化州市唯一一所重点中学，是广东省一级学校、广东省国家级示范性高中、全国文明单位。学校文化底蕴深厚，师资力量雄厚，试验设备齐全，是省级新课程实验基地和校本培训基地。学校图书馆拥有纸质藏书20多万册，电子读物12万多册；有教工专用资料室，藏书4万多册；学校电脑网络设施完备。

4. 学校教科研管理制度健全，课题管理到位，确保课题能有效实施。学校课题研究工作实行三级课题研究管理体系，即由教学副校长亲自主管、教研室具体分管、课题组具体实施。学校领导对此课题的研究高度重视，并给予大力支持。

参考文献:

1. 中华人民共和国教育部. 普通高中历史课程标准(实验). 北京:人民教育出版社,2003.

2. 张仁贤. 有效教学 聚焦课堂(共10册). 天津:天津教育出版社,2008.

3. 陈永明,总主编. 构建和谐课堂的方法与案例(共4册). 北京:华龄出版社,2006.

4. 张仁贤. 高纬度教育教学(共10册). 天津:天津教育出版社,2009.

5. 张向阳. 历史教学论. 长春:长春出版社,2011.

6. 张庆海. 中学历史教学中的历史理论问题. 长春:长春出版社,2012.

2014年2月16日

广东省教育科学“十一五”规划课题(批准号:07JT046)

新课程下高中历史学科能力培养实验研究

课题主持人:彭明光

写在前面:

我校承担的广东省教育科学研究项目、“十一五”规划立项课题“新课程下高中历史学科能力培养实验研究”自2007年9月申请立项成功,至今已过去近两年的时间。本研究课题旨在探索基于新课程标准下的高中历史学科能力培养教学之路,构筑全方位立体化的创新教学模式,寻求在教育教学理念、教师素质要求、课内外学习方式等几个关键环节上有所突破和创新。在茂名市教育局历史教研室、化州市教育局中学历史教研室的领导、老师和学校陈富云校长等领导的全力支持和指导下,经过课题组同仁的不懈努力与探索,我们的课题研究工作进展顺利,取得了可喜的成果。

一、课题的背景

在目前我国课程改革的大背景下,对历史学科教学提出了新的要求,即变“记忆型”历史教学为“思维型”历史教学,这就要求高中历史教师在教学过程中不能仅满足于让学生对课本知识的掌握,更应该着眼于运用课本所学知识不断提高学生发现问题、理解问题、分析问题以及解决问题的能力。能力培养是历史教学的三大任务之一(此外还有基础知识和思想教育),不同时期对能力培养的要求有所不同。随着知识经济、信息时代的到来和素质教育、二期课改的深入展开,目前对能力培养的要求越来越高,越来越严。高考也日益注重能力考核而淡化知识考核。能力培养实质上体现了“以学生发展为本”和“以培养学生的创新精神和实践能力为重点”的新的教育理念。因为学生的发展离不开能力的培养，学生创新精神和实践能力的培养更离不开能力的参与，能力培养问题理应引起教育界同仁高度关注和重视。

二、课题研究过程回顾

1. 研究方法

由于本课题涉及面广，层次较多，研究难度大，为此，我们遵循了以下研究方法与准则。

(1)分工协作，分散难度

概括课题有关精神和要求，结合教师个人兴趣和特长，对总课题进行分散思维，精选部分子课题加以研究，如下表。

主　题	负责人
实验改革前学生历史学科能力调查	陈振中/李东杰
高中历史教学培养学生历史学科能力的实验	王学笋/林德佳
“动”“思”结合的历史课堂	董晓英/邱明军
新课程下学生历史学科能力的培养与课堂创新教学的关系	陈康金

(2)立足本校，加强交流

A. 开发本校资源。充分利用现代化教学资源，与同组其他年级、与不同学科教师沟通交流，共同提高；充分挖掘本组人文资源优势——年轻教师起点高、有干劲、肯学习、易沟通、接受快。

B. 走出去。利用各种机会向茂名市教育局、化州市教育局老师、兄弟学校同行请教、观摩，取长补短，促优转差。

(3)培养骨干，带动全面

在本次课题研究中，涌现了一批爱岗敬业、潜质无限的年轻教师，在可预见的将来，他们将担负起本校历史教学教研的重任。

2. 实施步骤与内容

<table>
<tr><td>2007. 9—2008. 3</td><td>启动阶段</td><td>教学实例观摩课</td><td>彭明光</td></tr>
<tr><td>2008. 3—2008. 4</td><td>课题阶段性总结</td><td>公开课、论文</td><td>李东杰</td></tr>
<tr><td>2008. 4—2009. 3</td><td>中期总结性论文</td><td>论文、研究案例</td><td>林德佳</td></tr>
<tr><td>2009. 3—2009. 7</td><td>课题阶段性总结</td><td>论文、示范课</td><td>邱明军</td></tr>
<tr><td rowspan="2">2009. 10</td><td rowspan="2">课题总结汇报</td><td>研究报告</td><td>彭明光</td></tr>
<tr><td>观摩研讨会</td><td>蔡建豪
王学笋</td></tr>
</table>

3. 课题教学实验

(1)课题实验活动和学科组活动、备课小组活动相结合。

每周一次的科组活动与集体备课活动,保证时间,确定中心发言人,确定主题,根据课题实验中的具体问题进行思考和交流,提高课题实验的针对性和有效性。以集体备课小组为依托,深入学习新的课程标准和课程标准的教学内容,从学生的发展出发备好课,备学生、备教材、教法和学法,写好教案,还要做好电子课件。科组与集体备课小组的工作包括:集体备课、备课检查反馈、上课、听课、评课、理论学习、专题研讨、外出学习、组织自学、作业互查、课题研究等等。做到有计划、有主题、有记录、有反思、有总结、有成效。各备课小组要做好期中试、期末试考试卷面分析和考试情况总结。

(2)充分利用校园网的优势。

为科组成员搭建交流的平台,相互交流学习,实现资源共享,改进教学手段与教学方法,大大提高了教学效率,电化教学、网络教学等现代信息技术已在科组得到广泛的应用。全体教师都基本熟悉课件制作,各备课组成员团结协作,集体研究设计出课堂教学课件,各教师结合自己学生的实际,经修改、加工、补充、完善,最后形成每个教师的个性化课件,使课堂教学更高效。历史课堂教学初步实现了实用化、形象化、趣味化。

(3)教师注重更新知识,提高业务素养。

为了更好地开展课题实验活动,要求每个课题组成员每年订一套教学参考杂志,如《历史教学》、《中学历史教学》、《中学历史教学参考》,加强理论学习,追踪最新学术动态,了解学科教学的最新动向,提高整个科组的教学教研和应变能力。在科组活动中集中学习先进的教育理论,如《普通高中历史课程标准》、《走进新教程》、《新课程的理念与创新》、《历史课程标准解读(实验)》、《新课程理念下课堂教学行为操练指导》、《广东省普通高中新课程学科教学指导》等,充分认识历史新课程改革的内容及意义,了解新课改实施的理念、策略及技能,更好地用正确的思想指导历史课堂实验教学。

(4)开展各种形式的公开课、优质课活动。

结合课题实验和学校开展的优质课例评比活动,要求参加课题实验的每个老师每学期必须上一节级组内的公开课,然后推荐两节课参加学校优质课例评比。每学期均举行科组"开放日"活动,为全市各中学历史科教师上示范课、试验课,互相交流,相互学习。

三、研究成果

(一)推动转变了教育教学观念,提高了课堂教学效果

1. 转变教育教学观念,树立"两手抓"的教学思想。实现教育教学观念转变的关键在于教师在教育实践过程中对自我的清醒认识和合理定位。我们在课题实验中对此始终给予足够的重视,确实转变以教师为中心、为主轴的传统教育教学模式,一切以学生的自主学习和个性发展为中心,以学生为主体,教师为指导,促进学生全面发展。课堂教学实验中,教学注重"两手抓",即一手抓课堂教学,努力提高课堂教学质量,帮助学生扎实打好知识基础,一手抓综合实践活动的开展,培养学生的创新实践能力。"两手抓"的思想贯穿于理论教学和实践过程中。

2. 根据学校《基础教育课程改革实验工作方案》制定《历史学科校本课程实施办法及方案》、《历史学科新课程学生评价方案》、《历史学科学分认定方案》,采取多角度、多方式对学生的学习成长过程进行综合评价,从而改变过去仅以考试成绩评价学生,抑制学生创新思维和能力的做法。

3. 整合高中历史课程体系,使课程结构向多元整合模式转变。

新的课程标准要求实现学生由被动学习向自主学习、合作学习、探究学习、研究学习等方向转变,教师根据新课标的要求,从大历史观的角度对教材内容进行整合,采用"发现式"、"探究式"、"研讨式"教学方式改革课堂教学,以有利于学生

的发展为本,在落实基础知识的前提下,在教学中创设一些类似于学术研究的情景,通过学生自主、独立地发现问题、试验、操作、调查、信息搜集与处理、表达与交流等探索活动,获得知识、技能,发展情感与态度,培养学生的探索精神和创新能力,形成健全的人格。

4. 实现课堂教学由以讲为主的教学模式向以导为主的教学模式转变,实现由运用传统教学手段"粉笔黑板加教师一张嘴"向注重运用现代化教学手段转变。

学校为方便实验的开展,为每个级室配备了计算机,每个教室都开设了教学平台,有利于教师运用现代化手段,使课堂教学更加直观、形象地再现历史上的重大事件、人物形象等等,拉近"历史"与"现实"的距离,为学生提供更多的学习素材,对提高学生的学习兴趣、培养学生的思维能力更有效。

5. 加快了校本课程的开发。

在开设高中历史必修课程的基础上,根据学生的学习兴趣,开设学科选修课程、校本课程以及综合实践活动。结合时政和地方特色编订校本课程,如《现代国际关系中的中国》、《新课标高中总复习 <导与练>》、《橘乡春秋》、《化州孔庙》,以及历史小故事启迪大智慧的《上下五千年》精选典故等。针对校本课本课程和研究,教师们开设了一些有特色的专题讲座,如李庆芳老师的"千古一帝秦始皇",黄传韬老师的"传统文化的流失与重建",李清老师的"中国近代民族资本主义发展简史",林德佳老师的"近代化中的李鸿章",陈燕老师的"中朝关系的历史、现状与前景",董晓英老师的"中俄关系的发展脉搏与展望"等等,深受学生欢迎。提供了一系列综合实践活动课让学生自主探究,如"冼夫人研究"、"远古神话研究"、"台湾问题的由来"、"如何看待五四精神"等。由学生动手,举办了"改革开放三十周年纪念活动图片展"以及组织电影观看活动等。

(二)促使青年教师迅速成长

通过开展广泛而深入的教育教研工作,青年教师在思想水平和教学水平上均有大幅度提高,树立信心,抛开包袱,轻装上阵,正在逐步成长为适应现代教育需要的果敢有为的世纪接班人。教研也为青年教师扫清道路,指明了方向,使之努力往学者、科研、交流、特色"四合一"型的创新型、全能型教师发展。茂名市非毕业班历史科课改现场会于 2008 年 11 月 8 日在我校召开,王学笋老师代表高二备课组上了"百花齐放,百家争鸣"一课,获得了与会领导、专家、同行的高度评价,被评为茂名市优秀课例一等奖。我校历史科组结合课题实验研究不断地推进课程改革,大大提高了课堂教学效率,促使青年教师迅速成长,从而在教学方面取得了优异的成绩。

(三)从"传授知识、灌输概念"转为"促进学生自主学习"

实现了课堂教学由以讲为主的模式向以导为主教学模式转变,学生由被动向自主学习、合作学习、探究学习、研究学习等方向转变,学习历史学科的兴趣和能力得到提高。传统教学中的教师行为主要是传授知识,重视对"经"的传授,忽视"人"的发展,以教定学,教师讲学生听,教师问学生答,教师写学生抄。教师的教包办了、代替了学生的学,学生缺少学习自主性和创造性。在课堂实验教学中,我们以学生发展为本,教师在课堂中的教学行为由灌输知识转变为指导学生学习方法,引导学生独立、自主地学习,培养学生的问题意识、探究意识及创新精神。以有启发性、能激起学生兴趣的问题来激发学生的自主学习意识,激活学生原来的知识储备,诱发学生的探究动机与创新精神。如在讲述"美国领土扩张"这一内容时,实验教师(林德佳)先出示美国国旗,问:"这是哪国国旗?红白相间的13条是什么含义?50个星代表什么?"美国国旗大部分学生是熟悉的,争先恐后答出:"这是美国国旗,红白相间的13条代表从英国殖民统治下独立出来的13个州,50个星代表美国现在的50个州。"然后教师继续问:"那么,美国是怎样由独立的13个州发展到50个州的呢?"从而引发学生的学习兴趣和探究欲望。

(四)从"偏重于知识与技能的教学"转为"更关注学生人文精神的塑造和思想境界的建设"

传统历史教学因受"应试教育"影响,教师行为偏重于传授历史知识与技能,从人本教育看,脱离了感情的智慧是空虚的,无意义的。《历史课程标准》把历史学科性质界定为人文学科,《标准》中的情感态度与价值观涵盖了对学生思想品德、观念、情感态度等多方面的教育,除了突出爱国主义教育主题外,还提出了一系列适应实践需要、社会需要、时代需要的主题。所以,历史课堂实验教学中,教师着力于促进学生"形成健全的人格和健康的审美情趣","形成面向世界、面向未来的国际意识","树立国家、民族的历史责任感和历史使命感"。

（五）课题实验配合学校整体课改教研活动，探索出一条高中薄弱学科生存发展之路。

1. 课题研究推动了我校历史学科的发展，也提升了我校历史学科组的地位。2009 年 10 月 12 至 14 日，广东省教育厅教研室在深圳市召开“表彰广东省中学历史学科示范教研组暨教研组建设经验交流会议”，我校历史科组作为茂名市唯一被评为“广东省中学历史学科示范教研组”的学科组，在会上作了经验介绍。

2. 一批高质量的论文发表或获奖。如蔡建豪老师的论文《中学历史结构性教学浅议》发表于《中学历史教学》，《在历史学科中培养学生创新能力》获中国历史教学研究会论文评比二等奖，并被编入广东旅游出版社出版的《名师优秀论文集》，《运用多种教学媒体发掘历史教育在终身教育中的潜能的实验研究报告》被编入中国文史出版社出版的《化雨集》。林德佳老师 2008 年德育论文《创建和谐的师生关系》获化州市一等奖，教学论文《在新课程中如何提高历史课堂教学效率》获化州市一等奖。王学笋老师 2008 年论文《实施分组教学，提高教学质量》获化州市一等奖，茂名市二等奖。

（六）课题实验中，我们在学生中开展第二课堂活动——“学生历史学习研究会”活动，调动了我校学生学习历史学科的积极性，也推动了我校高考历史成绩的辉煌

学生历史学习研究会活动是课题实验一大亮点，受到了校内外同行的高度评价。它成立于 2007 年 9 月 8 日，主要目的是推进学生素质教育，拓展学生知识面，提高学生学习历史兴趣。它有专门的组织机构，每年在高一新生中发展新会员，并由高一备课组老师具体负责指导开展活动。它举办的活动有：召开新会员见面会，校长亲自参加；邀请专家、学者作学术报告；举办历史故事会、专题辩论会、周末电影晚会；文物鉴定；改革开放图片展览会；化州乡土历史、文物古迹、风俗考察活动；出版刊物《长河》等。历史学习研究会活动的开展，有力地推动了本科组的学科建设。在科组老师的指导下，学生的历史知识得到了全面发展，历史素质不断提高，分析问题、解决问题、自主学习的能力不断增强，学习方法也越来越适应学生的长远发展，学业成绩有了较大提高，学生参加高考、会考、期中、期末考试，整体成绩稳定，并不断提高。2008 年高考历史单科优秀率达 42%，平均分 107 分，均居茂名市第二位。2009 年茂名市普通高中高二级教学质量监测会考，120 分以

上10人,仅次于茂名一中14人,居茂名市第二位,110分以上65人,居茂名市第一位,遥遥领先于各重点中学。历史科类重点人数从2007届4人增加到2008届23人,2009届达50人。2008年高二学生选考历史科达298人,2009届300多人,几乎与报考政治科人数持平。历史研究会活动成绩突出,共出版刊物《长河》6期,在学校学生中产生了较大的影响。

(七)结束语

高中历史教学中,对学生进行能力培养是完全必要的。《历史学科课程标准》是目前的"教纲"、"学纲"和"考纲",它明确规定了能力培养方面的有关要求,学生参加高考,即将面临能力考核,直接关系到他们的命运前途。《历史学科行动纲领》是21世纪实施素质教育的蓝图,它为教改指明了方向,是历史教师必须遵循的教学指导性文件。能力培养与素质教育并不矛盾,素质教育蕴含在能力培养之中,能力培养有利于促进素质教育的开展。

本课题组克服了时间短、课业重、课题涉及面广、学识有限等诸多不利因素,发挥集体协作精神,汇聚智慧,虚心求教,向专家学习、向兄弟学校学习、向学生学习,取得了点滴成绩,在创新教学领域迈出了可喜的一步。然而,我们清醒地认识到,本课题在研究的深度和广度方面还欠缺很多。知识经济时代日新月异,如何培养学生的学科能力将是一个永恒的话题,如果我们今天肤浅的认识能起到抛砖引玉的效果,将深感荣幸。

附:课题组成员

课题主持人:彭明光

课题组成员:梁　斌　李东杰　陈振中　蔡建豪　邱明军　王学筝
林德佳　陈康金　朱博文　赖乃铭　董传智　莫文春
李　清　李庆芳　黄传韬　陈宏超　龚明洋　张位良
王文坚　张春强　黄冠富　王燕娜　黄　娜　阮伟霞

2010年3月10日

茂名市教育科学“十一五”规划课题(批准号:MJY06026)

高中历史课程改革中的教师研究

课题主持人:彭明光

一、课题的背景

教育部于2002年7月颁布了高中各科新课程标准,作为新课程改革的指导性文件,它在课程设置的理念、目标、内容、结构、评价、管理等各个层面,都与现行的教学大纲有一定差异。特别在课程目标的设置上,更能站在当今知识经济时代和学习化社会已形成的高度上,一切以学生发展为本,强调全面发展的素质教育,其力度之大,涉及面之广,影响之深远,都远甚于前。面对这一巨变,历史教师如何应对,未雨绸缪,显然是一个十分迫切和关键的问题。

课改呼吁教师走智慧型、研究型发展的道路,教师必须成为课程的开发者、教学的研究者。当今,教学界关心的一个热门话题是:如何将新课程理念转化为具体的教育教学行为,促进教学质量的提高。新课程改革强调学生的主体作用,突出学生自主学习和研究能力的培养。“一切为了学生的发展”成了这次课程改革的宗旨,因而对教师的教学提出了新的要求。《基础教育课程改革纲要(试行)》明确提出要转变教师教学行为和学生学习方式的任务,目的在于促进每一位学生都能有效地学习,按照自己的个性特长得到尽可能充分的发展。但是,由于传统教学模式的影响根深蒂固,学生长期形成一种依赖教师的习惯,教师也长期习惯于包办式的教学,如果仍然按照老一套教学模式,“穿新鞋,走老路”,“换汤不换药”,或者只是换一套教科书,教师的教学理念、角色观念、教学方式,学生的学习方式,考试评价制度都不发生改变,那么新课程改革的目标就难以实现。因而在教学教育实践中,要将新课程教育要求落实到学科教学中,就必须要研究教学的实施者——教师本身。教师如何转变观念,优化教学过程,实施适应素质教育要求的新型的教学方式和教学模式,是本课题着重探究的问题。

二、研究目标、意义

1. 教师如何关注课程改革,解读新课标,与新课程理念对话,把握教学方向。

2. 教师如何适应新课改形势的需要,如何转变观念,转变角色,充实自己,合理整合教学资源,激发学生学习兴趣。

3. 通过开展课堂实验活动,探索教师培养学生历史学科能力的最佳途径和方法,与学生对话,师生互动,共建生动活泼的课堂教学。

4. 探索多元化评价体系,使对学生的评价更科学、更有效。

5. 通过本课题的研究,为化州一中和其他兄弟学校的教学改革提供经验与借鉴,推动教学改革深入发展,促进课堂教学质量的提高。

三、研究过程

1. 组建课题组,明确分工

2005年课题成功立项后,我们在原先申请书设置的课题分工的基础上组建了课题组,组长由我校历史科组彭明光老师担任。他是我校高中历史教研组备课组组长之一,长期从事高中历史教学和研究工作,先后参与或主持多项国家级、省级课题,组织能力较强,善于协调、统筹安排,胜任课题研究负责人工作。课题组成员包括我校20名历史骨干教师和化州市教育局教研室梁斌教研员,其中中学高级教师12人,中学一级教师13人,中学二级教师2人;是一支老中青结合、年富力强、开拓进取精神蓬勃的教师队伍,并具有较强的团队合作精神。

我们根据申请书以及研究的需要,进一步细化了课题分工,调整充实了有关成员。具体分工如下:(1)组织协调、理论指导、开题报告、结题报告——彭明光;课题阶段性总结——李东杰。(2)实验前高中历史课堂教学情况调查——陈振中、蔡建豪。(3)高中历史课堂教学实验——董晓英、邱明军、王学笋、林德佳。(4)新课改下的高中历史教学策略研究——李清、李庆芳。(5)新课程下多元化评价的体系探索——黄传韬、朱博文、陈康金。

2. 有步骤地开展研究

在学校领导的关心支持下，我们于 2005 年 12 月上旬正式召开了开题报告会。课题组就近期即将开展的几项重要活动作了安排，并就后两个阶段的研究计划作了部署。学校主要领导表示大力支持本课题的研究，要求力争如期结题。

在课题研究的第一阶段，我们想方设法收集和学习与本课题研究有关的文献资料。

（1）理论文献：《普通高中历史课程标准（实验）》（中华人民共和国教育部制定，人民教育出版社 2003 年 4 月版），目前已经人手一册；省教科所制定的《广东省普通高中新课程历史教学指导意见（试行）》等。

（2）学术著作：朱汉国、王斯德主编的《普通高中历史课程标准（实验）解读》（江苏教育出版社 2003 年 12 月版）（备注：朱汉国、王斯德两位专家是高中历史课程标准的主要研制者，他们的这本著作对于高中历史新课程改革具有权威性和指导性）。冯长运、李明海主编的《高中历史课程标准教师读本》（华中师范大学出版社 2003 年 10 月版）；《普通高中新课程历史教学研究与资源丛书》（岳麓书社）。

（3）专业类杂志：经过课题组负责人的大力争取和学校有关领导的同意，我们在原先已经订阅了《历史教学》、《中学历史教学参考》、《中学历史教学》、《历史学习》等历史教学类杂志的基础上，2008 年又增订了《历史教学问题》、《中学政史地》、《高考・政史地》等有关历史教学尤其是历史新课程改革的杂志。

本课题研究第二阶段的核心工作是开展至少一次关于高中历史新课程改革的问卷调查，设计高中历史新课程课堂教学评价表，以及组织高中历史新课程的公开教学。

经过课题组成员的集思广益，我们设计了调查问卷，并进行了研究和反思总结（调查报告另附），在此基础上我们确定开展课堂教学实验的方式与策略。

四、研究成果

（一）推动了教师教育教学观念的转变

1. 转变教师观

在课题研究中，我们深刻认识到，教学的根本在于学生的学，教师必须为学生的学习服务，以促进学生的学习和发展为中心。因此，教师的角色亦被赋予新的内涵：教师的职责现在是越来越少地传递知识，而越来越多地激励思考；教师越来越成为一位顾问，一位交换意见的参加者，一位帮助发现矛盾论点而不是拿出现成真理的人。教师必须用更多的时间和精力去从事那些有效果的和有创造性的活动，相互影响、讨论、激励、了解、鼓舞。因而，我校高中历史教师的角色也随之向以下方面变化：由单纯的历史知识的传递者转变为高中学生学习的组织者、促进者和信息源；由高中历史教学的“权威”转变为高中历史教学的参与者，学生学习的合作者；由强制式的教学管理者转变为高中学生成长的引导者。

2. 转变教学观

新课标要求改变旧有的单一、被动的教学方式，建立和形成能够充分发挥学生主体性的多样化的教学方式，以促进学生的创造性和个性的完善发展。随着对高中历史课程改革的深入研究，高中历史教师的教学也发生以下转变：①从片面的历史知识传播转变为更关注三维（知识与能力、过程与方法、情感与价值观）的发展；②从偏重教师的“教”转变为重学生的“学”，特别是高中历史学法和学习策略的指导；③从单一的讲解、单向的提问转变为师生多向互动，让学生参与社会实践，自主探究，合作学习和阅读自学，多给学生独立思考的时间与空间；④从重结果转变为重过程，关注学生主动参与的过程；⑤从单一的“灌输式”教学模式转变为灵活多样的教学模式，使学生的个性特长得到发展，重视学生差异性发展。

3. 转变学生观

新课程站在中华民族复兴和素质教育的高度，提出了“一切为了每一位学生的发展”这一核心理念，不再将学生当作被动地接受知识的“容器”，教师权威下的“奴仆”，而是将学生视作教学的主动探索者、参与者，与教师平等的合作者，将他们视作学校教育教学关注的中心和重要的教学资源。他们是独立存在的人，是正在成长中的人，是终究将独立生活的人。以学生为本，就需要我们尊重他们的正常需要，关注他们全面成长。我们在课题实验中对此始终给予足够的重视，确实转变以教师为中心、为主轴的传统教育教学模式，一切以学生的自主学习和个性发展为中心，以学生为主体，教师为指导，促进学生全面发展。课堂教学实验中，我们注重“两手抓”，即一手抓课堂教学，努力提高课堂教学质量，帮助学生扎实打好知识基础，一手抓综合实践活动的开展，培养学生创新实践能力。

（二）提升了教师专业理念

专业理念是教师专业发展之魂，是支撑教师专业可持续发展的动力，它指引着教师专业发展的方向。在课题研究中，我们深刻领会《普通高中历史课程标准》的精神，摒弃传统观念中与高中历史新课标不相符的观念，结合自己的教育教学经验，从课标意识、课程资源观、教学观、学生观等方面重新构建自己的专业理念体系。

1. 增强课标意识

增强课标意识就是要确立以《普通高中历史课程标准》为教学依据的思想。在课题研究中，我们在《普通高中历史课程标准》的指导下钻研教材是怎样体现课标理念，贯彻课标目标和内容的；认真思考《普通高中历史课程标准》对教学、学习评价、课程资源的利用和开发等方面的建议并结合学校和自身实际，创造性地加以贯彻。我们将《普通高中历史课程标准》精神贯彻落实，特别是将知识与能力、过程与方法、情感态度与价值观三维目标落实到备课、课堂教学、课后作业、教学反思等教学过程的每一个环节中去。

2. 转变课程观、教材观、课程资源观

新课程改革实施后，国家明确规定，试行国家课程、地方课程和学校课程三级课程制度，课程管理也由国家统管制逐步走向国家、地方和学校的分权决策制。这就意味着教师不必过分强调教材的权威性，不必完全忠实于教材，只是将教材作为一种材料和资源，一种帮助学生学习的工具。在课题研究中，我们注意整合高中历史课程体系，使课程结构向多元整合模式转变。根据新的课程标准要求，实现学生由被动学习向自主学习、合作学习、探究学习、研究学习等方向转变。从大历史观的角度对教材内容进行整合，采用“发现式”、“探究式”、“研讨式”教学方式改革课堂教学，在这个过程中，我们总结出了“一二一”教学模式、“五步法”复习模式。在课堂上，以有利于学生的发展为本，在落实基础知识的前提下，创设一些类似于学术研究的情景，通过学生自主、独立地发现问题、试验、操作、调查、信息搜集与处理、表达与交流等探索活动，获得知识、技能，发展情感与态度，培养学生的探索精神和创新能力，形成健全的人格。

我们结合本校的实际情况，充分挖掘本地历史课程资源，加快了校本课程的开发，在开设高中历史必修课程的基础上，根据学生的学习兴趣，开设学科选修课程、校本课程以及综合实践活动。结合时政和地方特色编订校本课程，如《现代国际关系中的中国》、《新课标高中总复习〈导与练〉》、《橘乡春秋》、《化州孔庙》，以及历史小故事启迪大智慧的《上下五千年》精选典故等。针对校本课本课程和研究，教师们开设了一些有特色的专题讲座，如李庆芳老师的“千古一帝秦始皇”，黄传韬老师的“传统文化的流失与重建”，李清老师的“中国近代民族资本主义发展简史”，林德佳老师的“近代化中的李鸿章”，陈燕老师的“中朝关系的历史、现状与前景”，董晓英老师的“中俄关系的发展脉搏与展望”等等，深受学生欢迎。提供了一系列的综合实践活动课让学生自主探究，如“冼夫人研究”、“远古神话研究”、“台湾问题的由来”、“如何看待五四精神”等。由学生动手，举办了“改革开放三十周年纪念活动图片展”以及组织电影观看活动等。

（三）提高教师专业能力

专业能力是教师专业发展水平的具体表现，是教师运用专业知识、专业理念在育人过程中所表现出来的教育教学能力的总和。面对高中历史新课程，在课题研究中，我们在提高教学基本技能的同时，也注意提高反思能力、课程能力和科研能力。

1. 提高历史教学反思能力

教学反思被认为是“教师专业发展和自我成长的核心因素”。美国心理学家波斯纳认为：没有反思的经验是狭隘的经验，至多只能是肤浅的知识；提出了教师成长的公式：成长 = 经验 + 反思。我国著名心理学家林崇德也提出：优秀教师 = 教学过程 + 反思。教学反思是教师对自己的教学实践活动有目的地进行审视，作出理性思考，并用来指导以后的教学。反思性教学源于教师自身的教学实践，贴近教师的专业生活，能不断更新教学观念，改善教学行为，提高教师教学的自主性和目的性，对教师的教学水平和专业地位的提升大有帮助。

在课题研究中，我们把教师的教学反思放在教学前、教学中、教学后三个阶段进行。在教学前，以《高中历史新课程标准》为指南，借助以往的教学经验，对教案进行反思。比如，对《高中历史新课程标准》所定的本节课的目标理解得如何？学生对本节课会有哪些疑难点？对教材的理解和处理是否符合高中历史新课程标准和学生实际？本节课的三维目标应如何实现？教学过程中各环节的处理是否妥当？在教学中，应对教学过程中发生的问题及时发现，自动反思，迅速调控，主要表现为对课程中生成性教学资源的适当处理和运用。教学中的反思表现为教学中的机智、教育智慧。教学后的反思应在某一教学活动告一段落(如上完一节课或一个专题、一个模块等)后,在《高中历史新课程标准》和自己的教学理念指导下去发现、反思、研究整个阶段的教学过程存在的问题,对取得的教学效果及原因,并对有效的经验进行理性的总结和提升。这是前一轮教学活动的终结,也是新一轮反思性教学的前奏。

2. 提高历史教学教研能力

高中历史课程改革产生了新课程、新课标、新教材,这要求高中历史教师和学生要有新教法、新学法、新评价。在课题研究中,我们采用座谈会、研讨会、书信、闲聊等方式,对这六个“新”进行了探讨、研究,并树立了“教师即研究者”的理念,有效地推动了历史教学教研能力的提高。

3. 提高课程能力

高中历史课程资源除了传统的历史教科书外,还包括历史教师、图书馆、历史音像资料、家庭、社会、历史遗存、互联网等课程资源,其内容也大大拓展,对高中历史教师提出了很大的挑战;同时历史课程资源又关系着历史教学质量的高低和历史课程目标的实现。在课题研究中,我们结合自己学校的实际情况,因地制宜地利用和开发历史课程资源。如在提高历史课程资源利用能力方面:(1)充分利用好人力资源,包括利用好教师人力课程资源、高中学生资源和学生家长资源、社会各界人士资源;(2)充分利用好现有的课程资源,包括利用好历史教材、利用好图书资料、利用好音像资料和互联网。在提高课程资源开发能力方面,我们适当地开发历史课程资源。

(四)初步建立多元化评价体系,使评价更有效、更科学

传统的历史教学评价主要是关注教师的教学表现。《历史大纲》规定:“对历史教学的评价,要全面体现教学的目的要求,符合历史教学的特点和规律,注重教师的教学过程和教学效果。”评价重心是教师的教学水平。对学生的评价方式是考试、考查。

在课题研究中,我们探索建立多元化的评价体系,使评价更有效、更科学、更有针对性。我们不但评价教师教学水平及组织能力,更注重对学生学习的评价:评价学生掌握历史知识的程度和运用历史知识的能力,评价学生学习历史知识的

过程和方法及情感态度和价值观的形成。我们探索评价方式多元化，如建立学习档案、撰写历史习作、历史制作、历史调查、考试等多种评价方式。同时，要求评价的多维性，让学生、社会、家庭、学校、教研部门共同参与评价，做到评价的科学性、有效性和多样性的统一。根据学校《基础教育课程改革实验工作方案》制定《化州一中历史学科校本课程实施办法及方案》、《化州一中历史学科新课程学生评价方案》、《化州一中历史学科学分认定方案》，多角度、多方式对学生的学习成长过程进行综合评价，从而改变过去仅以考试成绩评价学生，抑制学生创新思维和能力的做法。

附：课题组成员

课题主持人：彭明光

课题组成员：梁　斌　陈振中　蔡建豪　董晓英　李东杰　邱明军　王学笋　林德佳　陈康金　朱博文　莫文春　李　清　李庆芳　黄传韬　陈宏超　阮伟霞　赖乃铭　董传智

2011年3月10日

广东省教育学会“十一五”规划课题

化学课堂有效教学研究课题报告

化州市第一中学课题组　黄卫泽

一、课题研究的背景

1. 实施素质教育的必然要求

进入21世纪，面对知识经济的迅猛发展，全球经济一体化进程的加快，以及中国加入WTO等不断变化的新形势，素质教育越来越显示出其旺盛的生命力和极端重要性。全面贯彻教育方针，培养德、智、体、美全面发展的高素质人才是素质教育的根本要求，也是振兴民族经济，确保我国在世界高新科技和综合国力竞争中立于不败之地的根本策略。同时，在新形势下，人文精神、人本思想已全面融入了素质教育的内涵，学校教育必须为学生一生的发展和幸福奠定基础，在课堂教学中关注学生身心健康成长，正是素质教育人才观的具体体现。在这种情况下，更新教学观念，改进教学方法，提高课堂教学实效，不能只是教育理论家的口头呼吁，而应成为广大教育工作者身体力行的具体探索和实践。

2. 改变教育现状的迫切需要

随着我国改革开放的不断深入和社会主义市场经济的日益发展、完善，未来社会对人才的要求越来越高，高新科技领域的竞争日趋激烈，家长望子成龙的愿望更为迫切，加之有的教师对素质教育的思想观念尚未透彻理解，于是违背学生身心发展规律，单一、满堂灌、题海战术等“片面追求升学率”现象时有发生，低效、无效的课堂教学对学生生理和心理造成巨大的压力。同时现代高质量、快节奏的社会生活也对课堂教学提出了高效的要求，即用较少的时间和较小强度的劳动来获取最大限度的效益，那种少、慢、差、费的满堂灌、机械重复等低效操作必须退出课堂。因此，提高课堂教学的实效性是改变当前不合理教育现状的刻不容缓的需要。

3. 我校教育改革的发展趋势

化州一中是一所具有九十多年历史的学校，在过去几十年的发展中，学校始终坚持进行教育思想、教材教法、学校管理和现代教育技术等方面的改革，取得了一系列可喜成绩。近几年来教育教学质量在茂名市名列前茅，享有较高的社会声誉。但是，我们制定学校近年的发展规划时，在总结研讨以前的教学工作时，发现应试教育的痕迹仍较明显，新课程的教学理念还没能很好地在课堂教学中体现。教师教得很累，不辞辛劳，往往依靠延长时间补偿教学；学生学得更累，夜以继日，有些学生因为背不动过重的学业负担而产生厌学的念头等。从短期效应看，是出了较好的成绩，但从长远看，有些学生得不到应有的发展，片面地“死读书，读死书”，教学效益不高。针对本校课堂教学现状，如何在有限的时间里提高课堂教学效益呢？在新课程关于有效教学理念和策略的指引下，围绕化州一中近年发展规划和办学目标，进行化学课堂有效教学研究是我校教育改革发展趋势。

二、课题研究的主要目标

1. 以本校高中部为试点，分别进行新课程高中“化学课堂有效教学的准备”、“化学课堂有效教学的实施”和“化学课堂有效教学的评价”研究，完善其内涵，以及探讨适合本校实际的化学课堂有效教学的操作方式。

2. 提炼出化州一中新课程高中化学课堂有效教学的体系，使教师转变教学观念，改善当前高中化学课堂教学的状况，提高高中化学课堂教学的效益，顺利地完成新课程标准下高中化学课堂有效教学的过渡。

三、课题研究依据的主要理论

1. 素质教育理论关于素质分解、素质教育形成和素质发展的认识。

2. 人本主义心理学关于人的需要层次学说和人的智力活动的动力系统的

学说。

3. 系统科学关于系统要素和系统结构关系的学说。

4. 建构主义的学习理论和多元智力理论。

5. 关于化学知识、化学技能学习和化学能力培养规律的理论。

6. 发展性评价的理论。

四、课题研究的基本内容

1. 化学课堂有效教学的理论框架。

2. 各种课型的化学课堂有效教学教法研究。

3. 各种课型的化学课堂有效教学学法研究。

五、课题研究的主要思路

(1)课题的教学思想。突出"精讲精练",哪些精讲,怎样练习效果好;突出"学生活动",让学生调动多种感官进行听、说、读、写、议、算、答;突出"学法指导",教给学生有效的学习方法,使之有效地获取知识。

(2)建立新型的师生关系。"关心"每个学生,"尊重"学生人格,"善待"学生,"信任"学生。

(3)注重课堂教学行为。体现"引导",发挥教师的主导作用;体现"激励",将微笑和激励带进课堂;体现"参与",发挥主体作用;体现"表现",培养学生在课堂上善于表现的良好心理素质;体现"创造",教师敢于在教学方法、手段及艺术形式上进行创新;体现"成功",鼓励和肯定学生的见解,给学生成功的体验。

(4)发挥学生的主体性。把课堂还给学生,让课堂充满生命活力;给学生一个空间,让他们自己去占领;给学生一个时间,让他们自己去安排;给学生一个条件,让他们自己去锻炼;给学生一个困难,让他们自己去解决;给学生一个机遇,让他们自己去把握;给学生一个冲突,让他们自己去讨论;给学生一个权利,让他们自己去选择;给学生一个环境,让他们自己去感受。

六、课题研究的具体做法和途径

(1)本课题将分三个层面展开研究:化学课堂有效教学的准备、化学课堂有效教学的实施和化学课堂有效教学的评价。

①化学课堂有效教学的准备是指教师在课堂教学前所要处理的问题解决行为。一个教师在准备教学时,必须要解决下列问题:教学目标的确定与叙写,教学材料的处理与准备,主要教学行为的选择,教学组织形式的编制以及教学方案的形成等。教案是否有效主要是看后续教学实施行为即课堂教学效益如何。

②化学课堂有效教学的实施是指教师为实施教学方案而发生在课堂内的一系列行为,它可以分为主要教学行为、辅助教学行为与课堂管理行为。

③化学课堂有效教学的评价主要指对课堂教学活动过程与结果作出的一系列的价值判断行为。评价指标围绕本校教学过程中存在的问题设计,着眼于学生在课堂中的表现。课堂评价可通过两条途径来实施:专家、同行的评价和学生、家长的评价。

(2)由骨干教师承担课题的研究工作,实施行动研究,在理论与实践的反复研究操作中,探索出符合本校实际的化学课堂有效教学策略。

(3)定期交流内容:①本课题的实用性在哪些地方表现出来?②某一节课、某一个知识点你采用了何种教学策略?取得了什么成果?有效性体现在什么地方?③进行案例分析,一堂有效课或无效课给你的启示是什么?④汇集"课堂观察量化表"和"课堂评价表"信息,探究化学课堂有效教学的策略。⑤开展优质课评选活动,进行课堂实录点评。⑥撰写课题研究报告和小论文,进行公开点评。⑦推出精彩亮点,如一个好问题、巧妙的教学设计等。

七、化学课堂有效教学案例的设计

经过多年的研究与实验,我们认识到,新课程标准下的化学课堂有效教学从教学理念、教学内容呈现方式、教学组织形式等方面都发生了性质上的变化,这就需要教师打破原有的教学模式,在教学理念上发生根本性转变:教师从知识的传授者变为学生学习活动的支持者、引导者、合作者,从"关注书"更多地转向"关注人",改变灌输式、填鸭式的教学方式,指导学生自主探究,促进学生全面发展。这就需要教师通过一系列教学活动的精心设计,变"带着知识走向学生"(授人以鱼)为"带着学生走向知识"(授人以渔),真实地让学生学会探究,学会学习。

1. 化学课堂有效教学不是形式与方法，而是着眼于学生的发展。

当前，新课程理念下的化学课堂教学展示出现了一些误区，大多只是从化学课堂教学的组织形式或教学方法上体现，如课堂教学过程中十分热衷于小组讨论、问题互动、合作探究、实验探究，似乎不这样做就体现不出学生的主体性，体现不出新理念。在各类关于新课程的教学研究文章中，大量地出现皮亚杰、加德纳、维果茨基、加涅等教育心理学家的名字，或现代主义、建构主义、多元智能理论等理论分析，课堂教学设计的理念或教学过程的分析也纷纷地往上套，似乎没有这些就不是新课程。

其实，《基础教育课程改革纲要（试行）》中明确指出，课程标准反映国家对学生学习结果的统一的基本要求，是对学习结果的限定，即对知识、能力、态度价值观等在内的全面而基本的考查，而非教学内容与教学过程的确定与指导。因此，新课程标准下的教学不能只是这些外化的课堂教学的形式与方法，课程标准的着眼点在于教学目标中的学生观的体现："为了每一个学生的发展"和学生学习方式的改变。而在具体的化学教学实践中，由于学生的多样性、教师的多样性及课程资源的多样性，基于化学课程标准下的化学教学必然多样性，因此可以说，新课程标准下的化学课堂教学即使是同一教学内容，也没有统一的好课的标准。

实例一："氯气物理性质"教学情景创设

以往每次讲氯气，当让学生"闻氯气"时，学生总会以一种恐惧的心态来面对，只有个别胆大的同学自愿上讲台来闻氯气。针对这种情况，课堂上利用多媒体创设了以下情景：

（1）展示2005年3月29日，京沪高速淮安段发生交通事故，一辆运输液态氯气的槽罐车因爆胎翻倒在地，槽罐车上氯气快速泄漏的事件。

（2）展示一农民伯伯因氯气中毒而倒在田埂旁。

（3）提出核心问题：农民伯伯中毒而亡的主要原因是什么？（小组讨论）

小组讨论出的原因有很多，如吸入大量氯气、身体素质不好、没有及时逃避、不知如何逃生等，对于这些答案我认为并非主要原因，"主要原因"应该是：他不知道这是氯气泄漏，所以无法作出正确的逃生动作。读者看到此处，也许明白了笔者的意图，我是把掌握氯气的物理性质当作一种生存的能力来驱动学生，让他们"乐于"去完成学习任务，让他们去"体验探究的艰辛"。

(4)假设你是那位农民伯伯,你会如何做以避免中毒?(讨论)

讨论的结果非常有意义,学生针对氯气泄漏时的逃生提出了多种方案。首先根据气味和颜色作出"是氯气"的判断,然后依据氯气的性质作出正确的选择:用湿毛巾堵嘴、往高处跑、沿风向跑或沿风向垂直方向跑,快速脱离氯气泄漏区域等。

【教后反思】

这段内容在很多老师(包括以前的我)的眼里是被忽视或轻视的,其原因主要是内容简单,学生自学便可掌握。如果你把视角移出课本,转向学生的终身发展,或移向生活生产中不断出现的氯气泄漏事件,你也许就会产生共鸣:对于大部分学生(毕业后不从事化学工作)来说,"氯气的性质"这节内容最有意义的只有它。高考不是最终目标,终身发展才是教学的终极目标。

所以,基于课程标准下的课堂教学不能只是教学方法或形式的体现,更不能是课程标准与教学内容简单的一一对应的体现,而是对教师教学行为背后的理念的关注与体现。

2. 化学课堂有效教学的宗旨是提高学生的科学素养,而不单是化学学科的基础知识与方法。

新课标下的化学课堂教学与原大纲下的化学课堂教学的最大区别,就是如何才能做到为了每一个学生发展,如何培养学生的科学素养。

新课程标准下,化学教学要从以学科为中心的观点转向以"培养与发展学生的科学素养"为中心的观点,化学课堂教学必须正确理解科学素养构成要素间的关系并在教学中落实。在构成科学素养的要素中,可以认为知识是基础,能力与方法是核心,意识和品质是表现。在具体的化学教学中,教师对化学基础知识与基本技能较为容易把握,因为原先大纲中就有详细的学科内容的规划,并有相应的掌握层次,而作为体现化学知识发展过程的化学科学方法,以及相应的情感态度和价值观,却感到难以在课堂教学中实现。但让学生在知识的发生、发展过程中去运用科学方法、掌握科学方法,去体验而认同以至内化相应的情感态度价值观,这是科学素养的必备要素,可以说这是新课程下课堂教学的核心体现,因此,新课程标准下的化学教学必须寻找新的视角和切入点组织教学,要从学生已有的经验出发,让他们在熟悉的生活情景中感受化学的重要性,了解化学与日常生活、生产、科技及社会的密切关系,逐步学会用科学方法去分析和解决与化学有关的一些简单的实际问题,并让学生有更多的机会主动地体验探究过程,在知识的形成、发展、联系及应用过程中养成科学品质与科学意识,具备适应现代生活及未来社会所必需的化学知识、技能、方法和态度,具备适应未来生存和发展所必备的科学素养,成为一个有科学素养的人。

案例二:酸雨与二氧化硫

(一)课题提出

在生活中我们经常会看到:防盗窗很快就生锈了,公园中的石头雕塑很多图案越来越看不清……为什么?(提前一个星期布置任务,让学生收集有关资料,找出原因,上课时上讲台演讲。)

(二)课堂教学

(1)学生演讲,6 个小组代表上台发言

①酸雨的危害性

学生 1:考察化州铁路大桥钢铁腐锈情况,并展示剥落下来的铁锈片……

学生 2:展示拍摄的破损了的高州塔的照片,并分析白塔周围的环境,如附近的几个大烟囱……

学生 3:展示生锈的防盗窗……

②酸雨的成因分析

学生 4:大气中的 NO_X……

学生 5:大气中的 SO_X……

③酸雨的概念

学生 6:当空气中硫的氧化物和氮的氧化物随雨水降下,使雨水的 pH 小于 5.6 就成为酸雨。

(2)学习新知识,研究 SO_2 的性质

教师重点指导学习元素化合物知识的方法,并让学生通过实验去经历、去感受,获得直接的知识,使学生不但领悟知识,而且掌握学习方法和研究方法。

①展示 SO_2 气体,推知 SO_2 的物理性质。

②从 SO_2 非金属氧化物分析它应具备哪些性质并实验:a. SO_2 溶于水;b. 在 SO_2 溶液中加入石蕊,观察现象。

③SO_2 的特性——漂白性。实验:将 SO_2 通入品红溶液中并加热,观察现象。为什么?比较氯水、SO_2 漂白性的差异。

(3)讨论

①如何测定某同学收集的雨水的 pH?它是酸雨吗?

②请设计测定酸雨的方案。

③有雨水样品一份,每隔一段时间测定该雨水样品的 pH,所得的数据如下表:

测定时间	0	1	2	3	4
雨水的 pH 值	4.73	4.62	4.56	4.55	4.55

为什么测定的酸雨的 pH 随时间而变化?

你对②中设计的方案应如何修正(学习科学研究方法)?

(4)提出解决问题的方案

①在英国进行的一个研究结果表明:高烟囱可以有效地降低地球表面的 SO_2 浓度。在20世纪60年代至70年代的10年间,由电厂排放的 SO_2 增加了35%,但由于建筑高烟囱的结果,地面浓度降低了30%之多。请你从环境保护的角度分析这种方法是否可取,简述其理由。

②在火力发电厂燃烧煤的废气中,往往含有 SO_2、O_2、N_2、CO_2 等,为了除去有害气体 SO_2,变废为宝,你作为一名工程师,请设计方案。

学生通过热烈讨论,对不同的方案从科学性、经济性、可操作性等角度进行评价,并得出以下两种方案。

学生方案1——洗气法:用碱液吸收(熟石灰的悬浊液)。

方案2——固定法:在煤中加入 $CaCO_3$(反应如下:$CaCO_3 = CaO + CO_2$,$S + O_2 = SO_2$,$2CaO + 2SO_2 + O_2 = 2CaSO_4$)。

③在某地有两个污染较严重的工业污染源,其中一个污染源为硫酸厂排放的废气,另一个污染源为造纸厂排放的污水(主要成分有 $NaOH$、Na_2CO_3 等),请设计方案,综合治理这两个污染源。如果只有一个硫酸厂,你认为需要加一个什么车间,能综合治理污染问题,变废为宝?

学生经过讨论得出方案:前者可以把硫酸厂排放的废气通入造纸厂的污水

中;后者需要在硫酸厂中增加一个合成 NH_3 的车间。

(5)布置任务

请同学测定家庭附近雨水的 pH 值,如果是酸雨,请提出解决酸雨问题的方案或建议等。

【教后反思】

本节课充分体现了学生的主体性和教师的主导作用,将课内课外有机结合,体现了研究性学习的探究性、开放性、实践性等特点,提出了一种课堂中研究性学习的模式。

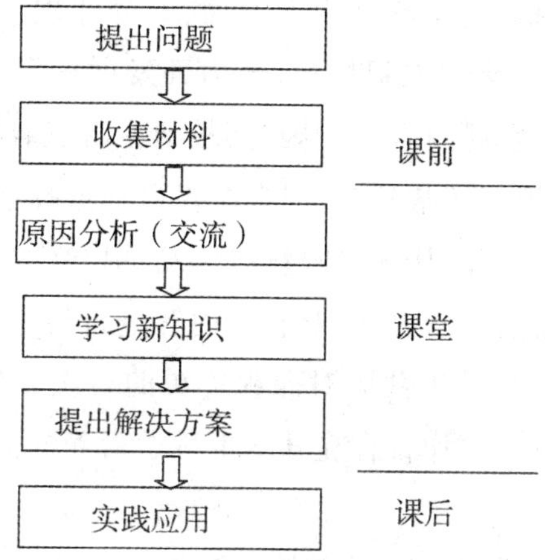

所以,以提升科学素养为宗旨的化学课程,教学中必须体现的不单单是化学知识体系及其构建方法,更多的是要体现科学意识和科学品质,即科学的世界观,科学的态度、精神、价值观,以及对科学的兴趣、情感、动机等内容,因此在化学教学过程中,必须拉近化学知识与学生生活及心灵世界的距离,这样才能提升学生的科学素养,达到“为了每一个学生的发展”的教育目标。

3. 化学课堂有效教学的资源要具有自我开发的意识,而不单是使用教材

化学课堂教学资源,主要指素材性课程资源,即能承载化学基本知识与技能,能体现化学知识的发展过程与方法,能体现化学学习所产生的情感、态度价值观的课程资源。

以往我们的课堂教学资源主要是根据教学大纲编著的统一教材,以及依据教材而衍生的教辅用书,“教”、“学”、“考”都立足于教材,因此教师就不需要去开发

课堂教学资源,只需要研究由国家提供的“课堂教学资源”即可,所以对课堂教学的评价是“立足教材,不超纲”,由此出现了“教教材、学教材、考教材”,课堂教学资源的单一现象。

在新课程背景下,教材呈现出“一标多本”的状态,因此,应该认为新课程标准下的化学教材只是专家们对课标的诠释,应该认为教材只能是中学化学教师在组织课堂教学资源时的范本。

新课程背景下的教材提供了很多课程资源开发的途径与方法,例如“查阅”、“调查”、“讨论”、“阅读与交流”、“观看影像”等,资源涉及化学史、生活与医药、生产、环境保护、科学与技术等方面,充分体现了高中化学课程的设计理念:“设置多样化的化学课程模块,努力开发课程资源,拓展学生选择的空间,以适应学生个性发展的需要。”因此,教师在组织教学时,应该在对学生生活世界了解与对知识理解基础上,围绕课程目标选择或开发化学教学需要运用的课程资源。我们可以从选用的教材出发,引导学生关注课外学习的各种资源;可以根据学生的生活实际,对教材内容进行科学的增删、置换、重构、组合。这样,通过教师与学生共同对课程资源的再次开发,就能使课程资源更具有科学性与时代性,更加符合提升学生科学素养的需要,真正做到“用教材”。

案例三:“氯水的性质与成分”实验情景创设

取一片干燥的蓝色石蕊试纸,在其中心位置滴一滴新制的氯水,仔细观察试纸的颜色变化,并解释其原因。

现象:中心位置湿润并显白色,向外一层红色,最外一层只被湿润(蓝色)。

学生对实验现象进行了分析与讨论,结合高一化学中的“纸上层析”知识,有一组学生正确解释了实验现象:水最多,扩散最明显,能达到最外层,H^+ 比 HClO 分子扩散走得更远。HClO 的量很少,在中心位置附近即被全部消耗。学生的阐述让我惊讶。

【教后反思】

虽然并非所有小组的学生都能如此清晰地描述整个过程,但实验本身带来的强烈的信息刺激一定会让学生产生更多的体验。微观事物从认识角度上来看是虚无的,我们的感官无法直接获得刺激,但只要我们愿意,我们可以用各种方法从不同的角度让微观事物现形。

当然,选择或开发新的化学教育课程资源,必须注意课程资源的基础性,即要能体现化学的核心知识内容与基本的化学研究方法;必须注意资源的时代性,即要关注当代背景下的化学科学内容,及其科技发展与社会发展过程中与化学有关的社会问题。

4. 化学课堂有效教学更应关注课程目标的达成,而非囿于化学知识体系的构建。

“传统课程编制中的既定性、凝固性和闭锁性,致使课堂教学比较注重经验信息的传递,将毫无遗漏地把教材内容传授给学生视为教学的根本目的。”在大纲指导下的化学教学,我们的教学目标是“使学生……”,“使”即是认为化学知识对于学生是被动地接受,是老师授予学生。我们的教学观认为化学知识是外在于学生的,而外在的知识并不是容易被学生掌握的,因此我们在教学时对新的化学知识进行精细的信息加工,突出重点、难点,强调化学知识间的逻辑关系,把知识全部传授给学生,哪个教师能把知识讲授得最清楚、最明白,就是最好的老师。

新课程下的化学课堂教学应明确:“教学不是优秀教师展示其娴熟的授课技巧的一种表演活动,而是每个学生实现其正常的人生发展的一种心路历程。”因此,在新课程标准指导下的化学课堂教学,不但要在课堂教学中培养学生良好的思维品质,更需要培养学生的思维方向——去思考怎样的问题,怎样的问题值得思考,能为人类社会解决什么等等。笔者认为,这种建立在情感、态度和价值观基础上的思维的“情意性”,是新课程背景下的思维品质不可缺少的重要组成部分,它体现着思维的价值。

课堂教学效率在新课程背景下也要发生变化。新课程背景下,教学效率计算中的“分子”,不能单单是化学基础与化学思维方法的构建,还包括科学素养的达成;“分子”中除了知识与方法以外,还应包含化学学习过程中人生的体验与情感的体验,及其正确价值观的养成。

案例四:“二氧化硫的性质和作用”(教学片段)

【投影】20 世纪 80 年代初期,小镇街头。小摊的摊主将包好的生包子放入蒸笼后,拿出一个小勺,装上少许黄色粉末,然后从柴炉内钳出一枚红热的炭,放在黄色粉末上,将小勺放在蒸笼中央,盖上笼盖。几分钟后,一笼雪白的包子出笼。

请在后面的学习中思考:“黄色粉末”可能是什么物质?小摊的摊主为什么要这么做?

【实验】向试管中通入 5mL 二氧化硫水溶液,滴加品红溶液,振荡,然后加热试管,观察加热前后溶液颜色的变化。

【讨论】由现象推出的结论:二氧化硫能漂白某些有色物质,它能与某些有色物质反应生成不稳定的无色物质。加热时,这些无色物质又会分解,恢复原来的颜色。

【教师】你知道黄色粉末的奥妙了吗?

【学生】硫。

【教师】因为在当时的市场上,面粉都是“标粉”,洁白程度不够,摊主让硫燃烧产生的二氧化硫对面粉进行漂白,让蒸出的包子更白。

【投影】二氧化硫能与有机色素结合成不稳定的无色物质而具有漂白性,可以用来漂白纸浆、毛、丝、草编制品等。

【应用】试一试你的眼力:如果你与妈妈一起到市场上购买银耳,请仔细观察这四种银耳样品,讨论之后,挑选出你认准的一种银耳。(A 经过染色,B 和 C 正常,D 经过漂白)

【学生】特别关注:最后的结果是大多数学生挑中了经过染色的银耳。

【教师】通过上述案例,你觉得应该怎样正确认识事物(SO_2)?

【讨论】看事情要从两个方面来分析。

积极面:可以漂白草帽等麦秸制品,制取硫酸,其他工业原料等等。

消极面:可以污染环境,使人咳嗽,腐蚀金属等等。

结论:事物是一分为二的,就看人们怎么去用。二氧化硫既可以用来制作精美的工艺品,又可以被用来欺骗别人。只有利用事物的积极面,才能给社会、人民带来好处,才能产生好的效益。

【教后反思】

上述教学过程实现了使学生形成用化学知识解决实际社会问题的意识,培养了学生的环境意识和社会责任感,体现了促进社会可持续发展的科学观。

总之,基于新课程标准下的化学课堂有效教学关键在于改变教育观念,着眼点在于改变学生的学习方式以及教师的教学方式,新课程标准下的化学课堂有效教学目标要体现“为了每一个学生的发展”。化学课堂有效教学不但要构建化学学科知识与技能的化学学科素养,而且要提高“关注人类面临的与化学相关的社会问题,培养学生的社会责任感、参与意识和决策能力”的科学素养。

八、化学课堂有效教学研究过程的评价记录

课题组充分认识到评价体系对实施“课堂有效教学”的重要作用,非常重视构建科学的评价体系。积极倡导评价目标多元化和评价方式多元化,坚持终结性评价和过程性评价相结合,学生自评互评与他人评价相结合,努力将评价贯穿于化学学习的全过程。

课题组在实施过程中评价的方式主要有纸笔测试、化学实验评价和学习过程性评价。

1. 化学课堂有效教学实验评价表设计方案

评价教师________日期________班级________学生姓名________

实验名称____________________

(1)实验前学生表现记录

观察项目	学生活动表现记录	教师评价			
实验目的	有(无)	优秀	良	一般	差
探究实验设计方案	有(无)	优秀	良	一般	差
如何完成设计方案	设计方案是否完整可行 同学自我探索、查询 资料、请教老师等	优秀	良	一般	差

(2)实验中学生表现观测

1. 识别化学药品和仪器	优秀	良	一般	差
2. 化学实验基本操作(化学试剂的取用等)	优秀	良	一般	差
3. 认真观察实验现象,并作出合理的解释	优秀	良	一般	差
4. 记录数据,分析数据	优秀	良	一般	差
5. 顺利地完成化学实验	优秀	良	一般	差
6. 对实验方案进行评价和优化	优秀	良	一般	差
7. 实验中注意环境保护和实验安全	优秀	良	一般	差
8. 完成实验后处理工作	优秀	良	一般	差

注:在实验考评实际操作中,一名化学教师考评60名学生是不可能随堂完成的,因此我们先在班级中培训助手骨干,每6名同学中选拔出一名同学进行课前培训,以提高学生的实验操作技能。在实验过程中,这些同学可以协助老师完成评价工作。

2. 化学课堂有效教学学习过程性评价方案

学生学习,除了评价其在课堂中的表现,在平时学习活动中的表现性评价也是一项重要的指标。学习过程性评价可分为学生自评、小组互评以及教师评价。这样不仅需要重视教师的评价,更应重视学生的自评和学生间的互评。这样就改变了传统学生评价中教师说了算的局面,做到了以学生为自我评价中心,体现了新课程“以学生的发展为本”的理念。学生自评互评由于受到学生自身条件的限制,还需要教师的评价作为补充,尤其是学生间的互评,要在教师的指导下才能有效进行,才能确保评价的公正合理。

附:学生评价表、小组互评表、教师评价表、优秀课例评价表

化学课堂有效教学学习过程性评价表(学生自评表)

姓名:________班级:________学籍号:________模块名称:________

评价方式	一级指标	二级指标	具体表述
定性评价	知识与技能	学习态度	
		学习习惯	
		学习方法	
		作业完成	
	过程与方法	活动参与	
		尊重他人	
		正确表达	
		主动意识	
	情感、态度与价值观	自我调整	
		学习品质	
		合作交流	
		进取意识	
	特长展示	课堂笔记	
		阶段测试	
		课外拓展	
		获奖证书	
		其他材料	

化学课堂有效教学小组评价表

班级:_______学生姓名:_______模块名称:_______组长:_______小组成员:_______

评价方式	评价项目	评价标准	评价成绩	
			自评分	小组评分
定量评价(60分)	自我评价(15分)	自述客观、诚恳,能深入反思自己的学习情况,条理清晰,内容充实,展示材料丰富		
	知识与技能(15分)	课堂笔记详略得当,条理清晰,便于复习,上课讨论积极,能认真完成学校布置的作业		
	过程与方法(15分)	学习积极主动,努力寻找与自己适应的学习方法,灵活运用所学的内容,乐于与人协助,有探究精神		
	情感、态度与价值观(15分)	对学习有强烈、持续的热情,具有积极进取的人生态度、坚强的意志和团结合作的精神,形成对国家、民族的历史使命感和责任感		
评分合计				
定性评价	给该同学的建议(包括优点和不足)			
平均得分			组长签名	

化学课堂有效教学教师评价表

班级:_______学生姓名:_______教师姓名:_______填表时间:_______

项目 \ 等级	A(5分)	B(4分)	C(3分)	D(2分)	E(1分)
出勤情况					
学习态度					
学习兴趣					
学习方法					
合作意识					
学习能力					

续表

<table>
<tr><td>等级
项目</td><td>A(5 分)</td><td>B(4 分)</td><td>C(3 分)</td><td colspan="2">D(2 分)</td><td colspan="2">E(1 分)</td></tr>
<tr><td>意志品质</td><td></td><td></td><td></td><td colspan="2"></td><td colspan="2"></td></tr>
<tr><td>创新思维</td><td></td><td></td><td></td><td colspan="2"></td><td colspan="2"></td></tr>
<tr><td>教师评分</td><td></td><td>学生评分</td><td></td><td>总分</td><td></td><td>等第</td><td></td></tr>
<tr><td>教学学时</td><td colspan="2"></td><td colspan="3">学分认定测试成绩</td><td colspan="2"></td></tr>
</table>

教师寄语：

注：学生的学期成绩分配以总分为 100 分计，期中测试(30 分)，期末测试(30 分)，平时单元测试(10 分)，化学实验评价(10 分)，学习过程性评价(20 分)。

化学学科模块修习学分成绩评定登记表

<table>
<tr><td>学科</td><td colspan="2"></td><td colspan="2">年级班级</td><td colspan="2"></td><td>任课教师</td><td></td></tr>
<tr><td>模块名称</td><td colspan="8"></td></tr>
<tr><td>模块类别</td><td></td><td>应修习
学时</td><td colspan="4"></td><td>模块
学分</td><td></td></tr>
<tr><td>姓名</td><td>修习课
时记录</td><td>学习过
程评价</td><td colspan="2">模块结
业考试
（考查）</td><td colspan="2">综合
评价</td><td>获得
学分</td><td></td></tr>
<tr><td></td><td></td><td></td><td></td><td></td><td></td><td></td><td></td><td></td></tr>
<tr><td></td><td></td><td></td><td></td><td></td><td></td><td></td><td></td><td></td></tr>
<tr><td></td><td></td><td></td><td></td><td></td><td></td><td></td><td></td><td></td></tr>
<tr><td></td><td></td><td></td><td></td><td></td><td></td><td></td><td></td><td></td></tr>
</table>

化学课堂有效教学优秀课例评价表

执教者		班级		时间	
课题					

评价项目	评价内容	量化评价标准		项目得分
一、教学目标评价（10分）	1. 目标明确，符合学生实际。目标的设置不可过高或过低。	5		
	2.“三维目标”全面、具体、适度，有可操作性，并能使知识标、技能标、情感标有机相融，和谐统一。	5		
二、教学内容评价（10分）	1. 教师能准确把握所教学科内容的重点、难点，教授内容正确。	4		
	2. 教学内容紧密联系学生的生活实际，激发学生去积极思维。	4		
	3. 教师能从教学实际出发，转变教材观念，对教材进行科学有效的整合，以促进学生的学习，不唯教材，创新使用教材。	2		

续表

执教者		班级		时间	
课题					

评价项目	评价内容	量化评价标准		项目得分
三、教师行为评价(25分)	1. 课堂上教师作为学生学习的组织者,是否能够有效地组织学生进行学习;作为学生学习的指导者,是否对学生的学习指导有方法、到位,培养了学生良好的学习习惯;是否创造了生动有趣的教学情境来诱发学生学习的主动性;作为学生学习的引导者,是否成为学生和课本之间的桥梁纽带,在教学活动中发挥了自己的聪明才智和应有的作用;作为学生学习的合作者,是否能和学生一起学习、探究、倾听、交流。	8		
	2. 教师能以学生为主体,重视知识的形成过程,重视学生学习方法的培养,重视学生的自学能力、实践能力、创新能力的发展。	5		
	3. 课堂上能营造宽松、民主、平等的学习氛围,教态自然亲切,对学生学习的评价恰当、具体、有激励性。	2		
	4. 能够根据教材的重点、难点精心设计问题,所提出的问题能针对不同层次的学生,问题的提出恰到好处,能启发学生思考,促进学生知识的构建,并能给学生留有充分思考的时间,同时注重学生的“问题”意识,引导学生主动提出问题。	4		
	5. 根据教学内容和学生实际,恰当地选择教学手段,合理运用教学媒体。	3		
	6. 课堂上,教师的讲解语言准确简练,示范操作规范,板书合理适用,教学有一定的风格和艺术性。	3		

续表

执教者		班级		时间	
课题					

评价项目	评价内容	量化评价标准		项目得分
四、学生行为评价(35分)	1. 看学生的学习状况。学生学习的主动性是否被激起,能积极地以多种感官参与到学习活动之中,精神振奋,有强烈的求知欲望。	8		
	2. 看学生的参与状态。学生参与学习活动的数量、广度和深度是衡量主体地位发挥的主要标志,学生要全员参与,有效参与。	5		
	3. 看学生的学习方式。是否由被动学习变为主动学习,是否由个体学习到主动合作学习,是否由接受性学习变为探究性学习。	6		
	4. 看学生在自主、合作、探究学习上的表现。学生在学习过程中,是否全身心地投入,是否发现问题,提出问题,积极解决问题,是否敢于质疑,善于合作,主动探究并有实效,是否围绕某一问题彼此间能交流、讨论、倾听,提出有效建议。	8		
	5. 看学生学习的体验与收获。学生在学习过程中,90%以上的学生能够相互交流知识和体会,交流情感,由自悟——觉悟——感悟——醒悟,在获取丰富知识的同时形成了一定的学习能力。	8		
五、教学效果评价(15分)	1. 看教学目标达成度如何。教师是否高度关注学生的知识与能力、过程与方法、情感态度价值观的全面发展。	4		
	2. 看教学效果的满意度。学生在教师的指导下,积极主动参与,90%以上的学生掌握了有效的学习方法,获得了知识,发展了能力,有积极的情感体验。	7		
	3. 看课堂训练题设计。检测效果好。	4		

续表

<table>
<tr><td>执教者</td><td></td><td>班级</td><td></td><td>时间</td><td colspan="3"></td></tr>
<tr><td>课题</td><td colspan="7"></td></tr>
<tr><td>评价项目</td><td colspan="4">评价内容</td><td colspan="2">量化评价标准</td><td>项目得分</td></tr>
<tr><td>六、教学特色评价（5分）</td><td colspan="4">教师在教学方式、方法上，知识的生成点上，教学机智与智慧上的闪光点，有不同寻常之处。</td><td>5</td><td></td><td></td></tr>
<tr><td>总分</td><td colspan="2"></td><td>评课人</td><td colspan="4"></td></tr>
</table>

九、研究取得的主要成果和存在的问题

经过三年多的课题研究和实践，课题研究取得了一些成果，主要体现在以下方面：

1. 教师角色和教学行为的转变

实施课题研究以来，我最大的收获就是自己的角色转换了。我由原来的主讲者变成了组织者、合作者。课堂气氛活跃了，学生的个性得到张扬，学生的特长得到发挥，学生的才能得到展示。

教师已成为学生最真诚的合作者，最谦虚的倾听者，最具慧眼的“伯乐”。教师的角色开始由“居高临下的权威者”向“平等中的首席”悄然转变，开始由传授者向促进者悄然转变，开始由管理者向引导者悄然转变。这种悄然的转变还体现在：教师由以往的单兵作战向紧密合作过渡，由画地为牢向资源共享过渡，由囿于教材向开发课程资源过渡。教学方法开始呈现出多样化趋势，教师们不再拒绝一个问题的多种解法，也不再拒绝超乎常规的奇思妙想，多样的教学方式使学生对学习产生了浓厚的兴趣与期待。课堂上，我与学生一起做实验，共同探究问题，教与学活动在师生的互动合作中变得生动有趣，激活了学生的思维，凝聚了集体的智慧，提高了学习的效率。教师与学生的合作学习，是一种启发，一种帮助，也是一种人文关怀，它构筑起民主的课堂氛围。课堂上，老师用微笑安抚学生回答问题时的紧张情绪,用竖起的拇指赞扬学生的点滴进步。

2. 学生学习方式的转变

实施课题研究以来,学生开始尝试自主合作与主动探究所带来的愉悦和成功感。学生的学习行为开始由被动转向主动,接受式学习不再独唱主旋律,探究式学习、体验性学习和实践性学习开始介入,与接受性学习交相呼应,相辅相成。课堂上老师可以提问学生,学生当然也可以考一考自己的老师,老师蹲下来和学生说话,师生共同研究探索,共同读书学习。

3. 课堂教学充满活力

实施课题研究使课堂氛围变活了,知识点难度降低了,教学涉猎的面拓宽了,教师对学生用情了,学生们感到有趣了,师生间的关系平等了,学生越来越自信了,学习态度趋于主动了,学生之间学会合作了,与众不同的见解越来越多了,共性与个性得到协同发展了。

在教学中我深深感到:当我们把课堂还给学生,把讲台还给学生,把书本还给学生时,课堂便会出现敏锐的思维,闪现智慧的火花,迸出创造的灵感。

4. 调动学生的多种感官,实现教学的多维互动

教育家杜威说过,如果让孩子们在教室里静静地坐着,拿着书,观念永远到不了孩子们的心灵中。让学生乐学,在玩中学,在游戏中学,在活动中学,体验、感悟课程。感悟不是分析,不是告诉,更多的是体验。

在课堂上,我尽可能多给学生创设动手操作的机会,为发挥学生的想象力和创造力提供空间,并且在操作的过程中引导学生思考。如部分演示实验让学生动手做,部分作业题目让学生命题,部分训练让学生自己组织,部分规律让学生自己归纳。

5. 促进了教师的成长

实施化学课堂有效教学研究以来,学生从各种渠道获得的知识越来越多,对老师的要求也就有了很大的提高,教师必须不断地充电,特别是在课题研究的过程中,我们通过一节节的课题研究课,总结出了一些化学课堂有效教学的指导策略,课题组老师硕果累累。

(1)课题组组长黄卫泽老师近年来取得的成果

编写出版教辅图书 8 册,其中主编 2 册,副主编 3 册,编委 3 册,省级发表(或

获奖)教学论文5篇。

①《大思路·新高考·化学》(主编),珠海出版社出版。

②《高中化学巧学活题巧解大全》(主编),西安出版社出版。

③《高中理化生实验巧学大全》(副主编),西安出版社出版。

④《学材与评价·化学必修1》(副主编),南方出版社出版。

⑤《学材与评价·化学必修2》(副主编),南方出版社出版。

⑥《学材与评价·物质结构与性质》(编委),南方出版社出版。

⑦《学材与评价·有机化学基础》(编委),南方出版社出版。

⑧《学材与评价·文理科基础》(编委),南方出版社出版。

⑨《新课程背景下培养学生科学素养的实践与思考》2010年4月在广东省新课程化学优质教学课题成果评选中获一等奖。

⑩《高三化学讲评课的有效教学初探》2008年5月在广东省新课程优质教学联合课题成果交流大会上交流宣读,并获二等奖。

⑪《化学课堂有效教学的实践与思考》在2008年广东省化学新课程优秀教学论文评选中获二等奖,并在广东省化学新课程教学成果交流大会上交流宣读。

(2)课题组成员近年来取得的成果

①颜华杰老师:《如何恰当地在化学课堂上应用多媒体技术》2008年5月在广东省化学新课程优质教学联合课题成果交流大会上交流宣读,并获三等奖;课例《化学反应速率与化学平衡复习》2008年6月在化州市中学优秀课例评选中获一等奖。

②刘沛来老师:《让先进的科学技术服务于化学实验教学》在2008年广东省化学新课程优秀教学论文评选中获二等奖,并在广东省化学新课程教学成果交流大会上交流宣读。

③黄亚娇老师:《实施新课标提高课堂效率》2007年5月在化州市中学化学科论文评选中获二等奖;《计算机多媒体技术与高中化学教学整合初探》2009年5月在化州市中学化学科论文评选中获一等奖;课例《氨》2008年5月在化州市中学优秀课例评选中获一等奖。

④李传杰老师:《物质的分类》2007年5月获广东省新课程中学化学优质课

评选二等奖。

6. 促进了学生素质的全面发展

实施化学课堂有效教学研究以来,变化最大的是学生。

首先,参与学习意识明显增强。学生成为主动参与、平等对话、交流合作的一个有机组成部分。

“我认为”、“我觉得”、“我的看法是”、“我的建议是”等,成为课堂上学生使用频率最高的口头语,一双双高举挥动的手臂成了课堂中一道亮丽的风景线。师生之间、学生之间热烈讨论、激烈辩论的场景,成了课堂中最生动的画面。

其次,学生学习的热情更加高涨。化学课堂有效教学通过学习方式和教学方式的转变,使学生学在其中,乐在其中,学习积极性空前高涨。现在的学生更爱学习了,更爱学校了,学习不再是一个被动完成教师学习任务的枯燥过程,而成了一个孩子们亲身体验、自我发现、充满乐趣的过程。

再次,创新意识和实践能力逐步增强。突出表现为学生问题意识逐步形成,敢于对老师和书本大胆提出质疑,敢于向老师提出新问题,敢于亲自动手操作,通过感受、体验获得知识。

第四,学生发展的后劲足了,潜力大了。由于化学课堂有效教学注意学生非智力因素的开发,摆脱了传统的“应试教育”的桎梏,让学生从繁重而单调的训练中解放出来,学生的发展不再是“涸泽而渔”,而是在学习和求知的海洋中“游刃有余”,真正全方面发展。这样的发展观使得学生在今后的发展中仍有很大的潜力。

近年来,我校高考和各类竞赛所取得的成绩就是很好的例证。近三年,我校高考上名牌大学、上重点线、本科线、化学单科平均分均排在茂名市重点中学先进行列。其中2008年高考化学单科成绩130分以上的有3人,比2007年增加了3人,120分以上人数大幅度增加。化学班姚智菁同学以总分649分的优异成绩获茂名市化学类总分状元,被北京大学8年制临床医学本硕博连读专业录取,成为化学班第一位被北京大学录取的同学。在2009年高考中,化学类总分640分以上的有4人,比2008年增加了3人。化学(1)班李坤茂同学化学单科139分(茂名市最高分为141分),获化州市化学单科状元,130分以上13人,比2008年增加了10人。刘昌易同学化学类总分为647分(茂名市总分最高分为650分),获化州市化学类总分状元。在2009年首届高中新课程下广东省普通高中学生学业水平考试中,我校三科成绩均达 A 等的有 1178 人,占 49%,三科成绩均达 C 等以上的有 2244 人,占 94%,在茂名市重点中学中处于领先的地位。参加全国高中化学竞赛成绩显著,其中郭冠铭同学 2007 年获全国二等奖,李观燕、戚启忠同学 2007 年获省三等奖,戴灼华、王建勇同学 2008 年获全国三等奖,李坤茂同学 2008 年获省三等奖。开展研究性学习成绩显著,其中李剑生同学主持的《关于氢气在氯气中燃烧的实验研究》、梁乃夫同学主持的《引入数学方法证明化学规律的研究》、宁杰源同学主持的《关于健康饮水的研究》三个课题 2009 年 6 月在广东省中学生研究性学习优秀成果评选中获三等奖。

7. 问题与困惑

课题研究虽然较顺利进行,也取得了一定的成绩,但存在的问题也不少。

(1)学生的思维发展了,表现欲强了,但学习不扎实,跳跃性大。在学生个性得到发展的同时需要进一步夯实双基教学。

(2)存在课堂教学形式化倾向。自主、合作、探究的学习方式流于形式,在大班额的情况下,小组合作学习有一定的难度,制约了师生交流互动。

目前,我校化学课堂有效教学研究课题已完成预期任务,且获得了一些成果。课题研究的时间是有限的,但追求教学的有效性是无限的,今后本课题研究还要进一步深化,研究成果还要进一步总结,通过本课题的研究彰显教学的无穷魅力,提升教师的职业修养,提高课堂教学效率,推动学校的可持续发展。

茂名市教育科学"十二五"规划课题

系统学习法在高三语文教学中的运用与研究课题实施方案

课题主持人:黄华雄

一、课题提出的背景意义

目前,我国正在深化教育改革,在其向着纵深方向发展的过程中,语文课程与教学正发生深刻的变化,在取得可喜成绩的同时,语文教育仍存在一些问题。旨在塑造完美人格,促进学生个性健康发展的语文教学,在高中阶段,却容易让学生对语文产生一种厌倦甚至畏惧的心理,因而大部分学生的语文水平不高。

《国家中长期教育改革和发展规划纲要(2010~2020年)》明确提出:要"注重学思结合,帮助学生学会学习;注重知行统一,坚持教育教学与生产劳动、社会实践相结合;坚持能力为重,着力提高学生的学习能力、实践能力、创新能力;坚持全面发展,促进德育、智育、体育、美育有机融合,提高学生综合素质,使学生成为德智体美全面发展的社会主义建设者和接班人"。系统论能给学生提供系统的学习方法,对学生学习能力的提高和全面发展有着重要的指导意义。

第一,研究表明,人群的3%左右具备智力的最优层次,智力最低的也只占3%左右,中间层次占90%左右,智力差别不大,都应该具备学习水平。究其原因,小学、初中大部分学习任务主要靠记忆可以完成学习,而高中的学习内容量大且散,不少学生缺少系统的知识学习概念。

第二,系统学习法是有效的学习方法,但也是最强调主动与自觉的方法。这一特点正符合我国课改提出的转变教学的理念，把课堂、学习还给学生，最大程度地调动学生的学习主动性和积极性。教学工作者应充分发掘学生的非智力因素，重视情商开发，挖掘学生自身习得和创新的潜能，培养学生良好的意志品质和学习品质，这正是系统学习法的本质特征。

高三正处于系统复习阶段，系统化的学习理念能够大幅度提高学生的学习效率，达到事半功倍的效果。因此，系统学习法对高三学生更具有现实指导的迫切性。随着近年来高考越来越灵活，系统学习法的"以不变应万变"越来越呈现出魅力。

第三，用系统学习法指导学生学习语文，符合素质教育的目标，能促进学生塑造完美的人格和积极的情怀。将系统学习法应用于语文，就得贴近生活，让学生在家庭、社会、社区、学校以及个人的生活天地里学习语文，鼓励学生在生活中寻找美，体悟人生真谛。

二、课题的核心概念及其界定

系统论是20世纪40年代由奥地利科学家贝塔朗菲提出的一门新兴科学。系统论认为，系统内各个要素之间是相互作用相互依赖的，按一定的方式组合在一起，并与外界环境发生联系产生相应的功能。它讲究整体性原则、综合性原则、动态性原则和最优化原则。系统学习法是指从系统论的基本观点出发，把所学课程和其他课程当成一个系统看待，运用整体性原则建构学科知识框架，运用有序性原则完善学科认知结构，运用开放性原则将各学科知识体系进行有效整合，建构起完整的符合素质教育要求的知识体系的学习方法。用系统论观照语文学习，就产生了语文系统学习法；用系统论观照语文教学，就产生了语文系统教学法。而语文教学本身也是一个系统，语文教学系统是由教学内容、教师、学生、教学目的、教学过程等要素构成的。语文系统教学法，以语文教学规律为依据，把语文各知识点联合成一个有结构有层次的整体，各知识点形成规范的"备、导、教、考、改"教学过程，注重引导学生构建"得知识、用知识"的学习体系，实现语文学习系统的整体功能最大化。

三、与本课题有关的国内外研究现状

1. 国内外研究现状

目前对高中语文"系统性"教学的研究有一定的研究成果，一般都是集中对高中语文某一个知识点的系统学习法进行探讨，而且只是小范围内研究，还不够全面，没有形成一个完整的系统。因此，本课题研究旨在弥补这一空白，在“系统学习法在高三语文教学中的运用”这个课题下，细分为“基础知识”、“阅读理解”、“诗歌鉴赏”以及“作文写作”等多个子课题，力求丰富语文教学研究成果，提升语文教学效果，最大限度提高学生自主学习的效果。

本课题研究符合当下教育的需要，符合目前新课程标准的实施需要，符合新课程标准理念的发展和要求。课题更加注重在语文教学中培养学生的系统学习法能力，从而进行创新能力的培养，进而提高学生的语文综合素质。

2. 主要理论依据及观点

①《语文课程标准》指出：“义务教育阶段的语文课程，必须面向全体学生，使学生获得基本的语文素养。”“工具性与人文性的统一，是语文课程的基本特点。”②布鲁纳认为：“知识结构就是某一学科领域的基本观念，它不仅包括掌握一般原理，还包括学习的态度和方法。懂得基本原理可使得学科更容易理解；有利于记忆，适于迁移；能够缩小知识间的初、高级水平层次的间隙。”③实用主义教育思想指出：“教育要以学生为本位，教师在整个教育教学过程中应处于指导者、协助者的地位。”④巴班斯基认为：“教师有目的地选定一种建立教学过程的最佳方案，保证在规定时间内解决教养和教育学生的任务，并取得尽可能最大的效果。”⑤《系统学习完全工具》：“按系统思维的方式，编排成图库，全面地立体地展现知识点之间的内在联系，帮助学生在日常复习学习过程中理清概念。”

四、研究的目标、内容（或子课题设计）与研究重点

1. 研究目标

在现代教育教学理论指导下，探讨系统学习法在高三语文教学中的应用背景、理论基础、策略、方法、实施、评价等问题，为高三一线教师及高三学子提供系统学习法理论方法与实践依据，从而促使师生有效建构科学、全面、可行性较强的系统性知识系统，开发教学思维，变通方法，带动高三教与学质量及效率的提高，促进优质教育，为培养全面发展的创新型人才打好基础，这是本课题研究的总体目标。为此，我们围绕下列子目标开展课题的研究：

①在理论层面上，进一步理解及阐释系统学习法的理论基础及应用意义。

②在实践基础上，通过调查系统学习法在高三语文教学中的应用情况，了解及分析系统学习法在高三语文教学中的实践依据及意义。

③在教学层面，结合人本主义学习理论、建构主义学习理论、创新教育理论等相关学习理论，具体阐释系统学习法在高三语文的基础知识教学、古文阅读、诗歌鉴赏教学、现代文阅读、议论文的论证分析、议论文审题、议论文篇章结构、制定语文高考复习计划中多个方面的应用策略及作出应用例释。

④通过研究与实践，带动学与教质量和效率的提高，促进优质教育，为培养全面发展的创新型人才打好基础。

2. 研究内容

①系统学习法的概念界定和理论基础

②语文教学中的系统学习法理论分析

③调查及分析系统学习法在高三语文教学中的应用情况

④系统学习法在高三语文教学中的应用策略与例释，如：

子课题："系统学习法在高三语文基础知识教学中的应用策略与例释"

子课题："系统学习法在高三语文古诗文阅读教学中的应用策略与例释"

子课题："系统学习法在高三语文现代文阅读教学中的应用策略与例释"

子课题："系统学习法在高三语文作文教学中的应用策略与例释"

⑤运用过程中存在的问题分析

⑥系统学习法在高三语文教学中的优化策略

3. 研究重点

论述系统学习法在高三语文教学中的应用策略与例释。结合人本主义学习理论、建构主义学习理论、创新教育理论等相关学习理论，具体阐释系统学习法在高三语文各专题学习中的使用，制定语文高考复习计划中多个方面的应用策略及应用例释，为高三一线教师提供关于系统学习法应用理论及实践的有利建议，让学生在独立自主探究性的学习及小组合作学习、实际操练、交流展示、差异评价等活动中提高系统学习法的应用能力，从而带动高三教与学质量及效率的提高，促进优质教育，为培养全面发展的创新型人才打好基础。

(1)方法

研究方法主要有行动研究法、探究法、问卷调查法、数据分析法、对比研究法。

研究思路:以《高考语文考试大纲》为纲,以语文系统知识“音、字、词、句、段、篇、章”为本,在建构主义理论指导下构建“语文知识树”,探究系统学习法在高三语文教学中的运用,重点探究“系统学习法在高三语文教学中的应用策略与例释”。

(2)组织

参与课题的精英团队:此精英团队由两名中高老师、两名中一老师和四名中二老师组成。他们都是年富力强的精英教师,工作上积极认真,配合默契,思想上要求积极进步,事业心强,有奉献精神,忠诚于党的教育事业,具有极强的教育教学科研能力。

主要负责人:黄华雄老师,中学语文高级教师,化州一中语文科组长,主持过国家级课题“高效阅读”和“作文学评”相对应子课题的研究工作,曾参加各种省、市级教学研究会和各种高三联考分析会,对高三学生真正的学习情况把握准确到位。

课题核心成员:黎译鸿老师,中学高级老师,有多年高三教学经验,有丰富的课题研究经验。2006 至 2008 年,参与全国教育科学规划课题下属子课题——“新课程标准下高中语文有效互动教学研究”的研究;2009 年,参与中国教育学会实验课题“高效阅读”研究,并独立申请子课题“新课标下的现代文高效阅读能力培养”进行研究;2010 年,参与茂名市教育科学“十一五”规划课题研究,设立课题“中学语文教学模式改革与学科教学思想创新研究”,研究成果突出。

课题参与者代表:李晓玲老师,中学二级老师。2009 年大学在读时,参与过华南师范大学体科院副院长黄宽柔教授主持的国家精品课程“健美操”的开发,参与过华南师范大学行政学院谢爱萍副教授主持的国家精品课程“思想品德与法律修养”的课程开发,独立主持过科研课题“CMS 系统在教学管理中的运用研究”,探究能力突出。

(3)分工

黄华雄　中学高级教师　课题主持人,统筹课题进程

黎译鸿　中学高级教师　主要负责系统学习法的概念界定和理论基础

何思远　中学一级教师　主要负责语文教学中的系统学习法理论分析

梁小波　中学一级教师　主要负责调查及分析系统学习法在高三语文教学

中的应用情况

李晓玲　中学二级教师　主要负责系统学习法在高三语文基础知识教学中的应用策略与例释

陈倩艺　中学二级教师　主要负责系统学习法在高三语文古诗文阅读教学中的应用策略与例释

杨海燕　中学二级教师　主要负责系统学习法在高三语文现代文阅读教学中的应用策略与例释

李晓婷　中学二级教师　主要负责系统学习法在高三语文作文教学中的应用策略与例释

(4)进度

	序号	研究阶段(起止时间)	阶段成果名称	成果形式
主要阶段性成果	1	2013.10－2014.05	系统学习法的概念界定和理论基础	文献综述
	2	2014.06－2014.09	调查及分析系统学习法在高三语文教学中的应用情况	调查报告
	3	2014.09－2014.12	系统学习法在高三语文教学中的应用策略与例释	子课题论文
	4	2015.01－2015.03	系统学习法在高三语文教学中的应用策略与例释	子课题论文
	5	2015.04－2015.10	系统学习法在高三语文教学中的优化策略	子课题论文

茂名市教育科学“十一五”规划课题

生本教育理论在生物教学实践中的研究工作报告

课题主持人:吴敬华

摘　要:生本教育是以学生的发展为主线,以学生为中心,是为学生好学而设计的教育。生物新课程标准的理念和生本教育的理念基本一致。通过开展生本教育在生物教学实践中的研究,树立以学生发展为本的理念,构建生本教育下的生物课程观,探索新的生物教学方式和学习方式。先做后学,先会后教,先学后教,以学定教,创设合作自主的学习氛围。加强学法指导,从而使学生从要我学变为我要学,使学生从苦学转变到乐学,有利于学生创造性和个性的发展。

关键词:生本教育　生物教学　研究　生物新课程标准

一、背景

我国传统的教育方式被一些专家称为师本教育。它以传承授受之法为主线,以教师为中心,以为教师好教而设计的教育。它强调师道尊严,从而忽视了学生的地位和潜能。相对于师本教育而言,生本教育是以学生的发展为主线,以学生为中心,是为学生好学而设计的教育。它高度尊重学生,在把学生看作教育对象的同时,也把学生看作最重要的教育资源。

近两年来,生物课程发生了很大变化,新课程标准的实施将全面展开。生物新课程标准明确提出:“要提高学生生物科学的素养,面向全体学生,倡导探究性学习,注重与现实生活的联系。”新课程标准的实施,核心是转变教师的教学行为和学生的学习方式。我们觉得,生本教育的理念和新课程标准的理念是一致的,故提出本课题。

二、课题研究的目标

通过本课题的研究,探索出一些适合中学生特点,有利于学生发展,有利于落实新课程标准的生物教学方式和学习方式。

三、研究过程

1. 成立课题组

由科组长吴敬华主持课题研究,陈统山副校长任顾问,骨干教师杨梅晓、董志健参与研究,经集体讨论后,写出实施方案。

2. 开展培训

由主持人组织大家学习《教育走向生本》一书,杨梅晓上网搜集生本教育的有关成果和大家一起讨论。学习讨论后,结合生物科的教学实际,进行对照、交流,从原有的教学模式和学习方式找差距,纠正偏差,确定对策。

3. 研究步骤

2003 年 9 月至 2005 年 6 月为探索研究阶段,课题组教师每两周集中交流体会和做法,各展其长,互相整合。每月举行一次科组内公开课,每学期举行一次全校性公开课。课前课题组成员集体讨论,集体备课,课后进行集体评研,反思、总结、创新、提高。2005 年 7 月起为总结和推广阶段。

4. 研究方法

行动研究与实验研究相结合,观察与跟踪调查相结合,查找文献资料,数学统计分析等方法。

四、研究内容

1. 树立以学生发展为本的理念

学生是教育的本体,是教育过程的终端,教师是为了学生主动发展、全面发展和终身发展服务。

教育的价值观是:为了每个学生的发展,既关注学生学到知识的多少,又关注学生在学习生物的过程中是否快乐、幸福。营造一个学生心理安全的氛围,给每个学生提供创造及成功的机会。

教育的行为观是:全面依靠学生,学生是教育对象,更是重要的教育资源,学生的潜能无限。

教育的伦理观是:高度尊重学生,认真发现、理解学生的思想火花。教学不仅是一个特殊的认识过程,又是师生情感共融的过程。生本教育的师生关系是民主、平等、和谐、合作、互相尊重的关系。教师尊重学生的自然,激发和保护学生学习的热情,发展学生的天性,使学生在学习过程中感到快乐,感到幸福,使学生受到的外部压力与他自身的内部动力一致。

2. 构建生本教育下的生物课程观

郭思乐教授认为:生本教育就是为学生好学而设计的教育,把教转化为学,先学后教,以学定教,可以教少学多,不教而教。

教师根据生物教学大纲和考试说明的具体要求,结合社会、自然以及学生的生活实际,恰当地创设情境,激发学生思维,促进学生亲身感悟知识。学生对知识的感悟,教师是不能代替的。学生自身感悟程度高,学习效率就高,学习成功的把握就大。因此,教给学生的基础知识,教师尽可能少讲,腾出时间让学生实验、实践、思考、讨论,使学生在活动中主动获得知识,感悟知识,提升自己,发展自己。例如,吴敬华老师在上新课时,根据教学大纲和考试大纲的要求,结合课文内容和学生的生活实际,用幽默风趣的语言提出若干有趣的问题,然后让学生看书思考、讨论,尝试解决老师的问题或者提出若干新的问题。学生看书讨论时,教师在教室轻轻地走动,了解讨论的情况。学生讨论之后,教师抽查学生,了解他们学习的情况,并根据他们的回答作出相应的判断,对于学生的学习表示肯定或鼓励。对于学生没有清楚的问题教师进一步讲解,或者回答学生提出的其他问题,然后让学生做课本练习或布置其他补充练习。做完后,学生互相检查,教师抽查评讲。

3. 探索新的生物教学方式和学习方式

(2)先做后学,先会后教,尽量满足学生动手操作的欲望

生物科,实验多,很多知识都是通过实验得出来的。学生对实验有强烈的动手操作的欲望。通过实验、探究等途径,就有可能使学生自觉感性地、综合地把握

研究对象的内部和外部的联系,掌握对象的本质,也可能使学生产生质疑,增强学生创新思维的需要。为了让学生在实验课时有足够的时间动手操作和思考,在上实验课时,教师事先并不将实验结果告诉学生,也不让学生看课本的结果,在布置学生预习的同时,教师将实验步骤及操作要领用图解或文字的形式写在黑板上,让学生在实验前用几分钟时间看黑板,熟悉各个步骤及操作要领。对于某些较难的关键步骤,必须要示范学生才能做好的,教师才会作示范,对于学生一看就会的教师不作示范。在动手做实验时,教师在实验室巡视,了解学生的实验情况,并及时解答或处理学生实验中遇到的新问题、新情况。当学生实验完毕后,教师让学生将自己记录的结果和供参考的标准结果进行对照,然后讨论不一致的情况或者实验中遇到的其他问题,尽可能做到先做后学,先会后教,让学生从活动中学习及实践,让学生从实践中总结规律及成果。

除实验课以外,有时候新课也可以先做后学,先会后教。例如:杨梅晓老师在教学 DNA 分子的结构时,布置学生根据课本实验的要求自己动手制作 DNA 双螺旋结构模型,然后让学生带着自制的模型在课堂上讲解 DNA 分子的结构,老师和其他同学对该同学的讲解提出质疑和补充,然后让学生做课本相关练习,这样学生轻松地掌握了 DNA 分子结构的特点。

(2)先学后教,以学定教,分组讨论,满足学生探索知识的欲望

学生学习的核心部分应该是感悟。感悟不仅是学习的重要过程,而且是重要的结果,所有的学习最终归结为感悟。让学生先预习,尝试练习,查找资料,讨论探究,就有可能使学生感性地、综合地把握对象的内部和外部联系,掌握对象的本质,也可能使学生产生疑惑,从而产生质疑,增强学生创新思维的需要,在教师的启发和帮助下,学生对知识感悟才深刻,才易于知识的内化。让学生成为学习上真正的主人,充分放飞学生的思维,尽最大可能发挥学生这个最大学习资源的作用,可以教少学多,事半功倍。例如,董志健老师在教学“生物多样性及其保护”一节时,课前布置学生预习,查找资料。将全班同学分成三大组,分别负责课本中的三个大问题(生物多样性面临的威胁、生物多样性面临威胁的原因、生物多样性的保护)。上课时,老师板书要点,概括教学大纲的要求。每组学生选一个代表就自己所在组负责的问题发言,和其他组同学一起分享自己组的学习心得,其他组的同学根据该组的发言提出问题,由该组同学进行回

答。假如该组同学答不出来,则由老师答或者以后进一步研究。接着老师根据学生的发言或提问作进一步归纳总结。在整个课堂教学中,学生在汇报自己的学习成果时,形式多样,有的用数据表格,有的用漫画,有的甚至用歌曲。学生查找的资料和提出的问题,已大大超出课本的范畴和老师的意料,这充分体现了先学后教、教少学多是可以做到的。

(3)创设合作自主的学习氛围

在课堂教学中,老师采取小组讨论、竞赛等活动,各组之间互相提出问题,互相解决问题。学生个人能解决的问题就让学生解决,学生解决不了的问题就合作解决,学生合作解决不了的问题,师生合作解决。老师起着启发、引导、帮助的作用。学生的学习自主、主动,思维互启,活跃,创新灵感增强。

开展学习竞赛,参考做法如下:

规则

自由提问,抢答。提出一个问题或者答对一题,均可得分,答案突出者可酌情加分。

得分最多组为优胜组。

步骤

分组布置预习。上课前,老师将本节课的教学目标告诉学生,学生根据教学目标预习课文或查找有关资料。

明确规则。给时间准备,同组内讨论交换意见。

由各组提出问题,老师将问题板书出来。

老师根据学生所提出问题的重要性,挑选出一些有价值的问题,或者根据考点补充一些学生没有提到的重要问题作为竞赛题目。

各组抢答,老师评判。

老师计算竞赛成绩,评出本节课优胜组和优秀学生。

老师小结本节要点(用小黑板或多媒体平台展示)。

4. 加强学法指导

老师教给学生的知识是有限的,而学生自学到的知识是无限的,正是“授人以鱼,不如授人以渔”。因此,我们加强学法研究、指导,帮助学生掌握科学的学习方法,培养学生自主学习。

确定学习目标,科学安排时间。

指导学生学会学习。

组织课外学生学习互助组,如“一帮一”等。

应考方法指导:树立学生自信心,遇到难题时要有克服困难的坚定意志。

形成良好的非智力因素的指导:包括学习需要、动机、兴趣、毅力等,提高学生的情商。

五、结果分析

开展“生本教育在生物教学实践中的研究”两年多来,对学生的影响如下:

(1)学生从要我学变为我要学

实践表明,实施生本教育的学生普遍要求老师继续举行生本教学,要求老师多布置任务。

(2)学生从苦学转变到乐学

传统的师本教育老师讲得多,学生睡觉也多。由于生本教育为学生好学而设计,尊重了学生自然,学生在学习上自主,就以极大的热情去主动学,不管是获取知识多少,他们都会乐趣无穷。有了乐趣,情商较高,创新意识较强,思维特别活跃,学习效率高。

(3)有利于学生创造性和个性发展

师本教育是为了老师好教而设计,强调接受知识,视学生为容器,忽视学生自主学习能力的培养;重理论,轻实践;重视记忆,忽视创新。生本教育不是老师把结论告诉学生,而是运用源流式教学法,让学生在原有的基础知识上去探究、去品味、去感悟,学生的创造性得到发挥,个性得到发展。生本教育尊重了学生,尊重了学习天性,创设了自由空间,学生创新灵感较强,生命自身提升。实践前后,我校高二、初二学生参加各级生物竞赛获奖情况对比见表1。

表1

<table>
<tr><td colspan="2">年级</td><td colspan="6">高中二年级</td><td colspan="3">初中二年级</td></tr>
<tr><td colspan="2">获奖级别</td><td colspan="3">国家级</td><td colspan="3">省级</td><td colspan="3">省级</td></tr>
<tr><td colspan="2">获奖等次</td><td>一等</td><td>二等</td><td>三等</td><td>一等</td><td>二等</td><td>三等</td><td>一等</td><td>二等</td><td>三等</td></tr>
<tr><td rowspan="3">获奖人数</td><td>2002 – 2003 学年（实验前）</td><td>0</td><td>0</td><td>0</td><td>0</td><td>0</td><td>0</td><td>0</td><td>0</td><td>0</td></tr>
<tr><td>2003 – 2004 学年</td><td>0</td><td>0</td><td>1</td><td>1</td><td>1</td><td>2</td><td>0</td><td>0</td><td>0</td></tr>
<tr><td>2004 – 2005 学年</td><td>0</td><td>0</td><td>2</td><td>6</td><td>11</td><td>15</td><td>16</td><td>20</td><td>0</td></tr>
</table>

开展“生本教育在生物教学实践中的研究”两年多来，教师取得的主要阶段性成果见表2。

表2

序号	完成时间	阶段成果名称	成果形式	获奖情况	承担人
1	2004年2月	植物激素的调节	教学设计	茂名市一等奖	吴敬华
2	2004年4月	人类遗传病与优生	课例	学校一等奖	吴敬华
3	2004年8月	生物课堂教学中培养学生思维的实践	论文	茂名市一等奖	吴敬华
4	2005年6月	生物课使学生快乐的策略	论文	广东省二等奖	吴敬华
5	2004年7月	生物教学中学生学习兴趣的培养	论文	化州市一等奖	杨梅晓
6	2005年6月	课堂教学改革的根本在于自主化	论文	广东省二等奖	董志健

六、讨论

生本理念下的教育回归了生命本体，把教育和人的生命发展联系起来，尊重了学生的天性,学生就会以极大的热情投入到学习中去。实践证明,生本教育理念下的学生,普遍达到我要学的境界。生本教育树立了"谁的事,谁来做"的理念,学生学习积极性高,勤奋、反复学习知识,对知识熟悉,理解知识层次深、感悟大,因而学习成绩普遍得到提高。生本教育下的先做后学、先学后教、小立课程、大下功夫、合作讨论等教学方式,使学生学习自主性强,主动获取知识多,学生的个性和创造性得到发展,从而培养了更多的尖子生。

参考文献:

郭思乐. 教育走向生本. 北京:人民教育出版社,2001.

高中语文有效互动教学研究

课题负责人:梁小波

课题研究成员:黎译鸿　李　明　李宇恒　陈良佩

张贤昌　王　贤　黄经高　陈　茜

王晓丽　王赵军　吴文明　刘休明

彭泰宣　陈华胜　莫燕道

一、背景及意义

新课程强调“以人为本”的教学理念,重视创新精神和实践能力的培养,语文也不例外。基于语文丰富的文化内涵和人文精神,提出了语文教学方式的变革,更强调自主、合作、探究的教学模式,在实践和体验中激发学生的学习积极性和创造性。

结合我校国家级课题——新课程标准下高中学科课堂有效教学研究,我们认为新课程标准下高中学科课堂是人文、和谐、生态的课堂,师生、生生有效互动,彰显了生命的活力,焕发师生生命激情,激发师生生命潜能。它以爱心为基础,强调课堂中教师是学生学习的合作者、引导者和参与者,教学过程是师生交往、共同发展的互动过程。

也正因为语文较高的素质要求,语文教学不应仅仅局限在课堂,教师还应重视课外延伸与课后评价,重视知识的积累和创新,因而老师应引导学生走上乐学、自学的道路。

二、核心概念界定

有效教学是为了提高教师的工作效益、强化过程评价和目标管理的一种现代教学理念,是指通过一段时间的教学后,教师帮助学生完成了学习任务,获得了预期的进步和发展,实现了教学目标和学生的个性发展与全面发展。主要包含三个基本要素:(1)有效果。教学活动结果要与预期的教学总目标相一致,体现教学的目标达成性。(2)有效率。师生双方为实现教育目标而投入的时间、精力及各种教育资源,教育目标得以实现,包括学生知识、技能得到增长,身心素质得以进步、成熟,个性成长、创造力获得培养,以及教师素质和教学能力有了提高。(3)有效益。教学目标要与特定的社会和个人的教育需求相吻合,且吻合的程度较高。

三、课题的理论基础

1. 有效教学理论

有效教学(Effective Teaching)理念源于20世纪上半叶西方的教学科学化运动,是"教学是科学还是艺术"之争的直接产物,受到美国实用主义哲学和行为主义心理学的影响,强调教学效能核定,否定教学是教师一种个性化的、没有"公共的方法"的行为,一种"凭良心行事"的约定俗成的行为。美国教授加里·鲍里奇基于25年的课堂教学研究著成《有效教学方法》,采用谈心式的方法描述一些有效的教学实例,融教育学、心理学、社会学等学理于教学实践,为世界范围内教学实践的有效改进提供了宝贵的理论解释和指导。

2. 素质教育理论

传统教学以知识和技能立意,以本为本,以纲为纲,强调教学的传授和灌输特点,忽略人在课堂教学中的主观感受和长效发展。素质教育理论强调以人为本,在尊重人的主体能动性的基础上倡导教学的策略性和科学性,对传统的知识观、学生观、教学观重新作出解释。保留传统教学方式中适合素质教育发展的部分,摒弃那些死板的、机械的、低效的、陈旧的教学方法,力求把每天的每一次教育教学行为都调整到最佳效率状态,从而有效减轻当前学生过重的课业负担,是素质教育的基本任务。

3. 建构主义理论

在建构主义教学模式下，教师应该是教学环境的设计者，知识的管理者，学生学习的组织者、指导者和促进者，课程的开发者。强调学习过程应以学生为中心，注重互动的学习方式，师生是建构知识过程的合作者，从这些新的视角出发，开发新的教学方法。

四、预期研究价值

1. 理论价值

(1)积极探讨新课程实施过程中互动有效教学的新策略，包括“分层策略”、“训练策略”、“评价策略”等，丰富有效教学理论的内涵。

(2)从实践层面上研究互动有效教学的理念，为教育理论指导教育实践提供有价值的案例。

2. 实践价值

(1)转变教育观念。教学观念的更新是教学行为转变的前提。本课题研究有利于帮助教师正确认识新课程，正确认识教学，切实转变教育思想，树立以人为本的观念，适应时代发展的要求，着力培养学生的创新精神和实践能力，促进学生全面发展。

(2)改善课堂环境。通过有效教学努力创设轻松、愉快的课堂生活环境，引导学生改变传统学习方式，主动参与知识探究，主动合作，在知识的获得过程中造就良好积极的情感体验，使课堂学习能充分满足师生的生活需要，实现师生共同发展。

(3)改善评价方式。通过形式多样的教学评价方式，充分体现评价尊重性、激励性、参与性的原则。

(4)提高教学质量。本课题研究将学习的自主性和科学性作为激活学生学习的内在机制的因素，一方面激发学生学习的内在动力，另一方面提高教师的教学和研究水平，从而提高教学质量，提升学校整体办学水平。

五、研究内容

针对现行语文课堂教学中有效性缺失的问题，通过对语文课堂有效教学策略的研究与运用,优化教师教学手段,提高教师工作效益,达到全面提升学校教育教学质量的目的。

1. 确立教学目标的有效性

确立教学目标的有效性,是指教学目标确立要遵循有效教学的价值取向,即目标确立应当是开放的,不应该是封闭的;应当是全面的,而不是单一的;目标的确立应尊重学生的学习需要,满足学生的学习兴趣;目标的确立要符合发展学生人文素养的要求,即在课程教学目标中渗透人文精神;目标的确立还要考虑教师自身在课堂教学中教学个性发展方向,使学生在学习语文知识的同时,在思想、道德、心理诸方面也都获得健康的发展,完善人格,发展个性,成为积极进取、敢于开拓、勇于挑战的跨世纪人才。

2. 教学知识处理的有效性

所谓教学知识处理的有效性,是指课堂教学知识选择与安排要为实现教学目标服务。首先是选择有效的教学知识量。原因有三:第一,学生的知识增长取决于有效知识量;第二,学生的智能发展取决于有效知识量;第三,学生思想提升取决于有效知识量。其次是教学知识安排的有效性。要注意三个方面:一是要根据知识的类型进行相应的教学安排。二是课程教学的内容根据学生需要和自身特点进行相应的知识补充,补充知识要遵循“适用、必要、科学、精巧”等原则,做到“需中求好,好中选精”。三是注重知识的社会适用性。学生始终是社会的个体,最后还是要融入社会、适应社会,乃至改造社会,因而课堂教学要承载将社会价值与规范传递给学生的任务。

3. 教学方式与方法运用的有效性

(1)教学交往的有效性

教学交往的有效性是指师生与生生之间通过有效的交流,促使课堂教学目标有效达成,使学生获得更多的有效知识量。师生交往的有效性从心理学考查,要注意学生的无意注意与有意注意,通过讲解重点与难点去强化注意、克服困难、排除干扰。从教育社会学角度考查,课堂教学师生交往的有效性与教师教学交往风格有关。不同的教学交往风格具有不同的功能,教师应根据不同的教学交往环境、学生个性特征,运用相应的教学交往风格,以提高教学交往的有效性。

(2)课堂管理有效性

课堂管理的有效管理,在合理吸收课堂管理技巧的科学因素外,还要加强课堂管理的人文思考。注意课堂管理的人文性,关注师生共同和谐发展的课堂管理策略,成为中小学校加强课堂管理的新价值取向,目的在于促进学生有效吸收科学文化知识的同时,使师生的人格得以健全发展。教师进行课堂管理的人文思考主要有:课堂内的分层管理教学思想;创设课堂中的各种学习型组织;合理运用管理的心理效应;营造"文化生态"型师生关系;合理调节学生亚文化的影响因素等。

(3)课堂提问的有效性

第一,注意提问的针对性与辐射面。问题的难易程度要适应学生的个别差异。第二,注意为学生提供思维的时间与空间,不要逼迫学生立即作出反应,或急于把答案告诉学生。第三,注意反馈的积极态势。教师应始终保护学生回答问题的自尊心与自信心。第四,注意鼓励学生思维的创新性。

(4)教学媒体运用的有效性

成功而有效地运用教学媒体进行课程教学,应该进行周详的设计,遵循一定的运用步骤。主要有以下几个方面:分析学生背景;拟定教学目标;准备教学媒体;使用教学媒体;激发学生反应;评量教学效果。

(5)教学时间安排的有效性

第一,要合理安排课堂教学的时间密度,即单位时间内的教学活动的紧张度。第二,把握好课堂教学节奏。主要考虑好教学要求的高度、教学内容的难度、教学进程的速度。第三,对教学时序的优化。教学时序是指按时间顺序安排教学活动的程序,最佳的教学时序应当符合科学知识的逻辑序列和学生学习心理序列。第四,捕捉好教学时机。把握教学时机,通常与教师的教学机智联系在一起。

4. 教学评价的有效性

有效教学评价系统要解决好三个问题:谁来评价,评价什么,怎样评价。有效教学评价人员方面,要充分调动学生、教师、同事、教学管理人员及行政的参与。评价内容主要包括教师教学个性发展和学生的进步与发展两方面。教师教学个性发展的评价内容主要从教师的精神品格、教师的教学个性构成、教师的教学成绩三方面进行;学生的进步与发展主要包括学生的学习态度、社会适应能力、时间观念、学习能力、学业成绩几方面的内容。评价的方法主要有深入课堂进行观察，安排适当的课堂教学测试及发测量表进行测评。有效教学评价应注意的几个方面：

第一，有效教学评价应综合运用理论方法、科学方法和艺术方法。

第二，有效教学评价要求弘扬师生在有效教学评价中的创造性，关注师生的人文需要，即注重师生的自我内在性评价。

六、研究方法设计

1. 调查研究法：通过问卷调查、座谈等形式了解教师、学生对课堂教学的评价并总结课堂教学的效果。

2. 行动研究法：通过对课题的研究和反思，发现、分析在研究过程中存在的问题，采取改进措施，拟定改进计划。

3. 观察法：在本课题研究中，运用科学的观察方法对教学中出现的普遍性问题进行研究。

4. 文献资料法：查找高中有效课堂教学课的理论支撑，查阅历年学生成长资料，寻找本课题实施的理论依据以及可供借鉴的优秀经验，启迪课题组成员的思想，开阔研究思路。

5. 经验总结法：对高中课堂教学研究进行回溯性研究，将感性认识上升为理性认识，由“局部”经验发掘其普遍意义，探索有效课堂教学的规律。

七、研究内容

1. 文献专题研究小组。搜集、研究优秀课堂教学实录，探寻建立民主、平等、和谐的师生关系、生生关系，并实现其有效互动的途径和方法，为操作层面的研究作指导。

2. 情景创设研究小组。由黎译鸿、黄经高、陈良佩老师负责，探寻建立民主、平等、和谐的师生关系、生生关系，并实现其有效互动的途径和方法。

3. 多样、优质评价方式研究小组。由张贤昌、王贤、李宇恒老师负责，探寻形式多样、团结协作的评价方式，建立民主、平等、和谐的师生关系、生生关系，并实现其有效互动的途径和方法。

4. 语文实践活动研究小组。由梁小波、王晓丽老师负责,探寻建立民主、平等、和谐的师生关系、生生关系,并实现其有效互动的途径和方法。

5. 多媒体合理开发研究小组。由陈茜、王赵军、李文明老师负责,探寻建立民主、平等、和谐的师生关系、生生关系,并实现其有效互动的途径和方法。

6. 基础知识有效积累研究小组。由刘休明、李明、彭泰宣老师负责,探寻基础知识积累与民主、平等、和谐的师生关系、生生关系,并实现其有效互动的途径和方法。

7. 作文互动提高研究小组。由陈华胜、莫燕道老师负责,探寻建立民主、平等、和谐的师生关系、生生关系,并实现其有效互动的途径和方法。

八、实施方案

(一)准备阶段(2007 年 11 月—2008 年 8 月)

1. 调查高中语文课堂教学现状,形成调查报告。

2. 举行开题会。统一思想,提高认识,增强教研教师的责任感。使每一位教师认识到有效互动研究的必要性、重要性,认识到探索有效互动的语文课堂是教师自身成长的需要,更是学校发展的需要。

3. 搭建课题组,培训教师。加强理论学习,进行课题论证。提升教师素养。组织教师搜集先进教学理论材料,认真学习,汲取有效理论营养。

4. 制定课题研究方案。对课题组成员进行分工,明确各自的任务。

5. 组织同一研究领域的老师深入研究、讨论,实现由理论到实践的深入探讨。

6. 充分发挥骨干教师学科带头人的作用,要求他们针对自己的研究方向拟写质量较高的教学设计,要求每个研究小组拟写教学设计不少于 6 份。

(二)实施阶段(2008 年 9 月—2009 年 2 月)

实施阶段前期时间(2008 年 9 月—12 月)。

1. 充分研读教材

基本要求:要求全体教师理解教材、吃透教材、活用教材。教师对照课程标准,通读所任学科教材内容,从整体上把握教材知识体系、脉络结构和各部分之间的联系,把握课程整体目标和阶段目标。在此基础上,针对本小组的研究方向对教材进行灵活的加工处理,写出高质量的教材分析。在文献专题研究小组、情景创设研究小组、多样优质评价方式研究小组、语文实践活动研究小组、多媒体合理开发研究小组、基础知识有效积累研究小组、作文互动提高研究小组合作的基础上，根据教材制定教学计划，实现互相学习，资源共享。

主要措施：组织教师深入学习学科教材，研读课程标准，通过骨干示范、同事合作、个人研读等形式，采取培养典型、过程考核、教材教法培训等措施，落实本阶段工作要求。

2. 优化教学设计

基本要求：一是要吃透教材，寻找新旧知识的关联和生长点，注意以旧引新，系统把握教材内容，精心处理重点，难点。二是要吃透学生，根据学生的实际确定学习方式。三是根据有效互动教学的基本要求规范备课环节。教学过程的基本环节：①创设情景；②探究新知；③总结评价；④作业拓展。每一节课要做到目标明确、重点突出、线索清晰、方法得当、内容精当，形成有个性、有创意的教学设计。

主要措施：落实备课检查、指导、考核制度，建立集体备课机制（集体备课、实践示范、集体评课、课后反思、资源共享），开展优秀教学设计展览和评比，全面提高教师备课质量。

工作目标：实现绝大多数教研教师能够创造性地进行有效备课。

3. 优化教学评价方式

基本要求：要求教师精心设计作业，减少学生重复、机械、无效的作业。教师创新教学评价方式，精心设计具有针对性、层次性、选择性、实践性和开放性的作业，激发学生参与教学评价的积极性，发挥师生心灵交流的激励性作用，让学生在不断的进步中增加对语文学习的热情。

主要措施：加强课前、课中、课后三个环节教师布置和批改作业情况的检查和讲评，组织作业设计研讨，开展教师现场作业设计竞赛，让教学评价方式更多样、更优质。

实施阶段中后期时间（2008 年 12 月—2009 年 2 月）。

1. 实现语文教学的有效互动教学，提高课堂效率。组织公开课、示范课、课堂教学比赛、经验交流会、专题培训班等，制定课堂教学评估标准，及时发现典型，树立典型，引导广大教师。

2. 不断巩固学习成果,不断深化有效互动教学模式,使广大教师学习掌握先进的教学方法,保证语文教学的“优质高效”。

3. 针对研究过程中出现的情况,及时调整。

(三)总结阶段(2009年3月—2010年7月)

1. 总结经验,加强交流。①学校及时总结学习推广活动中的成功经验,以专题讲座、研讨会、学习简报等形式予以交流推广,供教师学习借鉴。②通过组织“高中语文有效互动教学”示范课,推广优秀教师的课堂教学经验。

2. 深入研究,不断完善。在实验取得阶段性成果的基础上,学校及时总结实验中存在的问题,进一步制定措施,深入开展研究,特别就“有效互动教学”课堂细节问题加强研究,把实验引向深入,取得更大的成绩。

3. 提炼成果。收集整理课题资料,撰写论文、工作报告、研究报告。

4. 结题。

九、研究保障

顾问组:王伟儒、彭伟强、彭明光、陈兵刊

领导组:朱叶青、陈良锦

课题组:

负责人:梁小波

主　研:黎译鸿、黄经高、陈良佩、张贤昌、王贤、李宇恒、王晓丽、陈茜、王赵军、吴文明、刘休明、李明、彭泰宣、陈华胜、莫燕道

参　研:语文教研组其他教师

十、研究成果

形成了“新课标下高中语文有效互动教学研究”教学案例、反思文章共42篇,论文28篇。初步解决了高中语文有效互动教学概念和原则的认识问题。初步形成了以下成果:

1. 形成了《化州一中高中语文老师课堂教学行为和高中学生语文学习行为现状调研报告》,解决了化州一中高中语文教师有效互动教学行为变革迫切性和必要性的认识问题,为语文学科有效教学研究提供了客观依据。

2. 梁小波老师在 2008 年 1 月 16 日的“化州市高中新课程骨干教师培训班”上担任主讲，其题为“新课标下高中语文教育新理念与教学建议”的讲话，初步提出了语文学科教学理念改革和教学行为变革的理论与实践整合问题，对于转变教师传统的教学方式和学生传统的学习方式，改革课堂教学结构，创新语文学科有效互动教学行为有重要指导意义，为推动本课题的深入研究起到了促进作用。

3. 培养适应现代教育的师资队伍

在课题研究的实施过程中，教师对有效互动教学理论进行了深入学习与研究，教育观念不断更新，课堂教学手段日趋丰富。通过本课题研究，课题组教师的教学理念、教学行为发生了根本性转变。在研究过程中，他们勇于创新，敢于尝试，勤于反思，善于总结，业务水平和教科研能力不断提升。在实践探索与深入研究的过程中，课题组成员发表、获奖、交流论文二十几篇；积极参加校级、县级市、地级市研究课，获得领导和同行的肯定。我们的研究在化州市高中语文有效互动教育中起到了辐射影响的作用，全面促进了教师的发展，培养了一批高素质的教师，多位成员被评为校级、市级优秀教师或市级优秀作文辅导教师。

三年多来，我校参与课题研究的教师作文竞赛获奖和反思文章撰写、论文获奖（校级以上）情况统计如下：

表 1　成果统计表

年度	作文竞赛获奖学生文章（篇）	教学反思文章（篇）	获奖教学论文（篇）
2007—2008	3	6	3
2008—2009	15	16	9
2009—2010	82	20	16

表2 部分研究成果汇总

成果名称	作者姓名	成果形式	完成时间	出版单位发表刊物名称、刊号	获奖或转载引用情况
《新课标下语文课程设计的思考》	梁小波	论文	2007年	茂名市教育局教研室	2007年茂名市中学语文学科 优秀论文评选一等奖
《新课标下语文活动课的实践与思考》	梁小波	论文	2009年3月	化州市第一中学	校2008—2009年度语文科论文评选一等奖
《如何在多媒体教学中展示语文教师的教学个性》	王晓丽	论文	2009年2月	化州市教育局教研室	“广东电教30年”电化教学和实验教学论文评选一等奖
《让学生沐浴在母语的阳光下走向辉煌》	莫燕道	论文	2007年	化州市教育局教研室	2007年中学语文科 论文评选一等奖
《采撷仿写一页,绽放艺术之花——浅谈考场作文巧妙地仿写名段名篇》	黎译鸿	论文	2010年2月	茂名市教育局教研室	2009年茂名地区 优秀论文二等奖
《如何让新课标下的语文课堂充满灵性》	黎译鸿	论文	2007年12月	化州市教育局教研室	2007年化州市中学语文科 论文评选一等奖
《试谈高中语文教学的“言意统一”》	黄经高	论文	2010年3月	化州市教育局教研室	2010年化州市中学语文科 论文评选一等奖
《浅谈议论性散文的写作策略》	黄经高	论文	2010年4月	化州市教育局教研室	2010年化州市中学语文科 论文评选二等奖
《谈高中现代文阅读教学中的有效性教学》	张贤昌	论文	2010年4月	茂名市教育局教研室	2010年茂名市中学语文学科 优秀教学论文二等奖
《给学生一个理智批评》	张贤昌	论文	2010年5月	化州市教育局教研室	2010年化州市中学教育科 论文评选二等奖
《谈选修课教学存在的主要问题与可借鉴成果》	张贤昌	论文	2010年2月	茂名市教育局教研室	2009年茂名地区优秀 论文一等奖

表3

成果名称	作者姓名	成果形式	完成时间	参评单位	获奖情况
《试论研究性学习与语文教学的融合》	李明	论文	2007年12月	化州市教育局教研室	2007年化州市中学语文科 论文评选一等奖
《扎稳脚跟，拾级而上——谈创造性阅读能力的培养》	陈华胜	论文	2009年9月	化州市教育局教研室	2009年化州市中学语文科 论文评选二等奖
《思维培养为重，技法传授为轻——“议论散文五步法”的运用及启示》	陈华胜	论文	2010年5月	化州市教育局教研室	2010年化州市中学语文科 论文评选一等奖
《如何帮助学生克服语文背诵障碍》	莫燕道	论文	2009年8月	化州市第一中学	2007年化州一中 优秀论文评比一等奖
《荷塘月色》	吴文明	课例	2007年	化州市第一中学	2007年化州一中 优秀课例评比一等奖
《我的母亲》	吴文明	课例	2009年	化州市第一中学	2009年化州一中 优秀课例评比一等奖
《作文感知训练——全方位感知物》	王贤	课例	2010年	化州市教育局教研室	化州市2010年中学 优秀课例评选一等奖
《感知“秋”》	陈茜	课例	2010年	化州市教育局教研室	化州市2010年中学 优秀课例评选一等奖
《文言虚词》	刘休明	课例	2010年	化州市教育局教研室	化州市2010年中学 优秀课例评选一等奖
《理解文中重要句子的含意》	梁小波	课例	2008年	化州市教育局教研室	化州市2008年中学优秀课例评选一等奖
《作文思维之分离与概括》	梁小波	课例	2010年	化州市第一中学	2009—2010学年度第二学期 优秀课例评选特等奖

续表

成果名称	作者姓名	成果形式	完成时间	参评单位	获奖情况
《作文感知训练——橘红》	梁小波	课例	2010年	化州市教育局教研室	化州市2010年中学优秀课例评选一等奖
《感知事》	梁小波	课例	2010年	化州市教育局教研室	化州市2010年中学优秀课例评选一等奖
《开卷有益》	王晓丽	课例	2008年	化州市教育局教研室	化州市2008年中学优秀课例评选一等奖

表4

获奖教师	参评内容	获奖时间	评审单位	获奖情况
梁小波	教研教学工作	2009年7月	化州市教育局教研室	评为化州市“教坛新秀”
黎译鸿	教研教学工作	2010年8月	化州市人民政府	评为化州市2010年“优秀教师”
王晓丽	竞赛辅导工作	2009年12月	《语言文字报》报社	评为2009年全国中小学生“诵读中华经典，传承华夏文明”知识大赛“优秀辅导老师”
王赵军	竞赛辅导工作	2010年11月	中共化州市委宣传部与化州市教育局	评为2010年化州市“雄大御花苑杯”中学生作文大赛“优秀指导老师”
陈华胜	竞赛辅导工作	2010年11月	中共化州市委宣传部与化州市教育局	评为2010年化州市“雄大御花苑杯”中学生作文大赛“优秀指导老师”
刘休明	竞赛辅导工作	2010年11月	中共化州市委宣传部与化州市教育局	评为2010年化州市“雄大御花苑杯”中学生作文大赛“优秀指导老师”

续表

获奖教师	参评内容	获奖时间	评审单位	获奖情况
张贤昌	竞赛辅导工作	2010 年 11 月	中共化州市委宣传部与化州市教育局	评为 2010 年化州市“雄大御花苑杯”中学生作文大赛“优秀指导老师”
莫燕道	竞赛辅导工作	2010 年 11 月	中共化州市委宣传部与化州市教育局	评为 2010 年化州市“雄大御花苑杯”中学生作文大赛“优秀指导老师”
陈茜	竞赛辅导工作	2010 年 11 月	中共化州市委宣传部与化州市教育局	评为 2010 年化州市“雄大御花苑杯”中学生作文大赛“优秀指导老师”
黎译鸿	竞赛辅导工作	2010 年 11 月	中共化州市委宣传部与化州市教育局	评为 2010 年化州市“雄大御花苑杯”中学生作文大赛“优秀指导老师”
梁小波	竞赛辅导工作	2010 年 11 月	中共化州市委宣传部与化州市教育局	评为 2010 年化州市“雄大御花苑杯”中学生作文大赛“优秀指导老师”

4. 教学理论的有效性

我课题组全体教研教师开始关注课堂，放眼课外，注重细节研究，以案例研究和反思性教学为载体进行课题研究，初步提出了“工作学习化是语文有效互动教学研究具体方式”的观念，以及教师课堂教学行为变革必须体现语文学科的工具性与人文性统一的观点。我们认同杨九俊先生关于有效课堂特征的概括：主动的参与，明确的目标，挑战性问题，深刻的情感体验，适当的方式，有意义的知识建构，清晰的反馈，学生有迁移创造的欲望和能力。明确了高中语文课须正确处理好的七大问题：知识和能力的目标是否简明扼要？选择的切入口能否激发学生思考？教学行为是不是有效教学行为？教学过程关键内容是否经得起重锤敲打？教学过程是否有师生、生生思维的碰撞？课堂收束和拓展是否得当？上的是不是语文课而不是别的课?

5. 教学行为的有效互动性

语文教学是学生、教师和文本之间互动的过程,有效的互动需要师生、生生基于平等的立场,通过言谈、倾听或感悟而进行多向的交流。因此,互动的对话平台能否成功搭建是我们首先要思考的问题。我们教研组通过实验、反思总结,认为有效的互动平台应该遵循以下原则:

第一,教学民主。离开了个体平等,对话教学会被异化成一种教训与被教训、灌输与被灌输、征服与被征服之间的关系。

第二,师生必须都介入文本。任何对话都是基于文本展开的,文本系统原本处于静止、非在场的沉默状态,只有师生双方都介入文本,使话语复活,变成动态的、在场的言说,师生与文本的距离消失,对话平台才算搭建成功。

第三,要找到有效的话题。师生在问答中能够形成基本共识。众所周知,对话教学中话题确立的好坏直接影响学生的积极性,进而影响话题能否广泛而深入地开展下去。教师设计的话题必须让每个同学有话可说,而不是部分同学的专场。

第四,通过互动对话,实现对知识的掌握和超越。这是对话的最高层次。譬如关于文本阅读,尽管师生与文本问答对话的话题会有所不同,但创造、超越性阅读是每个时代的师生共同追求的目标。经典文本常读常新,是因为读者不断地读出新意,产生不同于前人的阅读效果。“诗无达诂”,阅读也是如此。蒋成禹先生强调:“阅读教学的问答对话结构,要求每一个学生,不论是领头雁、后进者还是居中者,都应当在教师指导下,以自己的认知结构为起点,依托个体的阅读体验,独立地与文本展开对话,并在对话中认识自己的长处与短处。”要求虽高,道理却很实在。

6. 多媒体教学的有效性

通过对如何利用网络资源和多媒体、实现教学手段的现代化问题的探讨,我们认为,网络资源和多媒体不仅是教学演示的工具,师生之间、学生之间互动交流的媒体,也应当成为学生在学习过程中生成资源环境和构建新的知识的得力助手。

7. 教学评价的有效性

根据新课程标准的精神,课题组在新课程评价上关注学生的全面发展,不仅关注学生的知识和技能的获得情况，更关注学生学习的过程、方法，以及相应的情感态度和价值观等方面（即情意领域）的发展。新课程课堂教学评价以关注学生在课堂教学中的表现为主要内容，即关注学生是怎么学的，包括学生在课堂中师生互动、自主学习、同伴合作中的行为表现、参与热情、情感体验和探究、思考的过程等等。评价的内容从过去过分注重学生的学业成绩（即过去的习得）转向注重学生多方面发展的潜能。评价的作用不在于区分学生的优劣和简单地判断答案的对错，而在于面向学生现在的学习和未来的发展作出有效的评价，用发展的眼光来看学生。达到教师的教学过程与学生的学习效果有机结合，注意课堂教学过程中的差异性评价、激励性评价与针对性评价。

十一、存在的问题及反思

1. 个别教师的观念还跟不上，课堂教学还存在着“穿新鞋，走老路”的现象。

2. 大班制的现象比较严重，给课堂上学生开展活动、探究、交流和评价改革造成影响。

3. 配套的教具少，教辅资料很少，给老师的教学造成一定的困难。

主要参考文献：

1. 唐晓杰．课堂教学与学习成效评价．桂林：广西教育出版社，2000.

2. ［美］里得利，沃尔瑟，著．自主课堂．北京：中国轻工业出版社，2008.

3. 温立三．语文课程改革十大聚焦．教学月刊·中学文科版，2001(11).

4. 文可义．设置综合实践活动课程的背景和根本目的．广西教育学院学报，2000(4).

5. 吴益，主编．高中语文新课程理念与实施．海口：海南出版社，2004.

6. 于漪．课堂教学三个维度的落实与交融．中学语文教学，2004(1).

7. 谭键文．加强语文活动提高阅读能力．语文月刊，2005(5).

广东省教育学会"十一五"规划课题

信息技术与高中新课程化学教学的整合研究课题研究报告

课题负责人:莫南道

摘　要:以计算机技术和网络技术为核心的信息技术的出现,迅速改变了整个社会各个行业的面貌,以信息技术为依托,各个行业的生产效率大大提高。信息化是当今世界经济和社会发展的大趋势,信息技术已成为拓展人类能力的创造性工具。为了适应这个发展趋势,我国已经确定在中小学普及信息技术教育,同时要加强信息技术与其他课程的整合。"课程整合"的教学模式是我国面向21世纪基础教育教学改革的新视点,与传统的学科教学有一定的交叉性、继承性、综合性,并具有相对独立特点的教学类型。它的研究与实施为学生主体性、创造性的发挥创设了良好的基础,能极大地提高教师的工作效率和课堂的教学效果,使学校教育朝着自主的、有特色的课程教学方向发展。

本课题结合新课程改革的契机,对信息技术与化学新课程整合的必要性、整合的具体措施进行论证和研究,并期望在实际研究中形成一些真正有利于教学的信息技术成果。

关键词:信息技术　新课程　化学

一、问题的提出

我校是地处粤西的一所县级市重点中学,省一级、国家示范性高中初审通过学校。学校现有110多个教学班,近10000名学生,550多名教职工。相比珠江三角洲等发达地区,政府对学校的投入欠缺,教学设施相对落后,教室内多媒体平台覆盖率仅为三分之一。但政府逐年增加投入,多媒体平台的构建速度不断加快。随着经济的发展,信息技术突飞猛进,国家号召要大力推广教育信息技术,提高课堂教学效率,提升课堂教学效果。2004 年,国家教育部率先在广东推广新课程,试用新教材,所以对信息技术与课程的整合提出了新要求,新高度。为了顺应时代发展的潮流,更好地提高新课程、新课标框架下的化学课堂教学效率,开展信息技术与新课程化学课堂教学整合的研究很有必要。

二、研究假设、研究内容及条件

1. 研究假设

本课题研究的是:信息技术与高中化学课程整合能提升教学的效率;信息技术与高中课程的整合能节省老师的备课时间;要很好地实现信息技术的整合,应该形成一套能提升教师信息技术素养的培训机制。

2. 研究内容

本课题主要包括以下三个方面的内容:

●信息技术在化学课堂上效果的体现(理论论证)

信息技术与高中新课程化学教学整合研究的必要性和可行性调查

信息技术与高中新课程化学教学整合过程中与旧课程的不同点研究

●信息技术在化学课堂上与教学方式的整合(具体措施)

化学教师在新课程下的信息技术素养调查分析,化学教师应具备哪些基本的信息技术素养

如何提高不发达地区的化学老师的信息技术素养

具体到某些内容的整合实例分析

信息技术时代如何提升教师的备课效率

信息技术时代备课模式的变革和创新

●信息技术在化学课堂上与教学内容的整合(具体内容)

信息技术与化学课程整合的具体内容构建

3. 研究条件

本课题组各成员熟悉高中化学教学,熟悉新课程标准理念,有严谨的研究精神和相当丰富的多媒体教学经验,大部分成员参加过国家级课题“化学实验最优

化教学研究与实践”的研究,具有一定的科研课题研究经验。课题组成员年轻,对新兴的信息技术和网络技术感兴趣,研究的热情高。

目前,学校已经装备10个微机房,8个语音室,每个教室都装有多媒体教学平台,一个电子阅览室,两个学术报告厅,有大量教育教学资源和接有因特网的教室装备了微机终端、液晶投影和视频展台,自制和购置了大量光盘、投影片、录音带、录像带等教学软件,复印机、传真机、激光打印机等现代办公设备齐全。

三、研究方法

研究时间:2006 年 7 月至 2009 年 7 月

研究对象

第一阶段:高二理(3)、理(4)班

第二阶段:高一备课组和高二备课组,高一和高二级学生

第三阶段:青年教师和老教师

研究方法

1. 实施的途径

(1)调查问卷(对象包括老师和学生);

(2)化学课堂教学电子教案;

(3)化学课堂教学观摩;

(4)化学课堂教学的课件制作;

(5)化学基础知识检索光盘的制作;

(6)撰写教育教学论文等(主要是有关整合方面的论文)。

2. 研究方法

本课题以教育实验法和行动研究法为主,辅之以文献法和调研法等方法。在教学实践中围绕明确的实验目的,通过对实验过程的控制,科学地收集有关信息和数据,并对实验数据加以统计分析,总结提炼,形成实验结果,再经过讨论,得出规律。

3. 实验步骤

积极实施—稳步推进—及时总结—达成共识—上升理论—由点到面—渐次铺开—服务教学。

四、课题实验阶段

1. 阶段一

(1)组建课题研究小组。

(2)查阅资料,调查现行信息技术教育与学科整合的缺陷(有哪些误区和不足,避免重复劳动),分析信息技术与化学课堂教学的关系。

(3)组织论证,申报立项。

(4)召开课题组成员会议,建立科研目标,明确课题研究目的与分工。

(5)各课题老师制定初案,撰写课题实验方案(按照分工写)。

2. 阶段二

通过观摩课、示范课等多种课堂教学形式和调查问卷形式,分析信息技术与化学教学效果的关系。

(1)初步探索信息技术与学科整合的机理,实验、探讨和研究信息技术与课程整合的模式。

(2)根据初案制作和应用电子教案,制作和不断完善课件积件。

(3)做好日常实验研究资料的积累和整理,开展定期与不定期的专题实验研讨,交流体会。

(4)进行课题实验,完成《如何利用信息技术提高化学教师的备课效率》、《信息技术与化学新课程整合的综述》、《谈如何提高中学化学教师的信息技术素养》等实验报告和总结,取得中期成果。

(5)整理知识点,为制作化学基础知识检索光盘作准备。

(6)开展评价活动,进行实验的完善、验证等工作,形成课程整合的教学模式及操作规范模式。

(7)总结实践经验,加快最终成果的进度,为完成最终成果作准备。

3. 阶段三

(1)将课件积件、科研论文、电子教案、电子知识点网络化。

(2)总结成功案例、课例,制作光盘。

(3)制成可检索的多媒体光盘(包括课件积件)。

五、实验效果

教学效果和教学效率

1. 第一阶段(2006 年 9 月—2007 年 9 月)

利用多媒体辅助教学和不利用多媒体辅助教学的班级成绩对比如下表。

表一 实验班高二(理 3)前后成绩对比

	平均分	及格率	优秀率	对教师满意率	备注
实验班前	105.4	80%	42%	80%	2006—2007 第一学期
实验班后	112.3	95%	64%	98%	2006—2007 第二学期

表二 理(3)实验班与理(4)对照班成绩对比

	平均分	及格率	优秀率	对教师满意率	备注
理 3	112.3	95%	64%	98%	2006—2007 第二学期
理 4	106.4	79%	41%	84%	

2. 第二阶段(2007 年 9 月—2008 年 9 月)

利用计算机辅助教学和开展新型备课模式的备课组(高二)与利用传统教学方式和备课方法的备课组(高一)对比如下表。

表三 高一备课组与高二备课组各项指标对比

指标	高一备课组	高二备课组
学生对教师满意率的平均值	75.4%	92.4%
对化学感兴趣的学生占总人数的比例	35.6%	65.4%
感觉化学课堂轻松的学生占总人数的比例	53.4%	86.9%
感觉能从化学课堂学到东西的学生占总人数的比例	46.0%	87.5%
教师对备课的自我感觉	疲倦	轻松
教师备一节课所需的平均时间	30 分钟	18 分钟

续表

指标	高一备课组	高二备课组
教师1份命题的平均时间	3个小时	1个小时
教师授课的轻松程度	难	轻松

3. 第三阶段(2008年9月—2009年7月)

表四　青年教师与老教师各项指标对比

指标	青年教师	老教师
使用多媒体授课的比例	100%	54.2%
学生对教师满意率的平均值	85.4%	75.1%
学生对化学课堂热爱程度	稍好	——
平均教学成绩	稍好	——
备课的轻松程度	感觉轻松	乏味

从以上各项指标对比可见,利用多媒体辅助教学和备课,学生学习化学的兴趣提高,对化学课堂的热爱程度提高,成绩提高,教师的备课负担下降。

教学资源

在教学研究过程中,课题组成员制作了大量的多媒体课件和电子学案、练习、试卷,课题组成员的信息搜索能力、信息整理和应用等信息技术素养得到提高。

1. 人教版必修1、必修2、选修4、选修5课本的授课课件和复习课课件。

2. 必修1、必修2分章分节的对应选择题练习电子文本,必修1、必修2、选修5、选修4对应的作业的电子文本。

3. 化学视频库。

教师信息技术素养

在研究过程中,分析了中学化学教师应具有哪些基本的信息素养,现状是:年龄层次不同,信息技术素养差异大;指导理论缺乏,成长方向迷失;资源整合能力弱,效率低。探讨了如何提升中学化学教师的信息技术素养,涉及标准的制定和培养模式的制定。下表是本课题结合实际制定的中学化学教师的信息素养标准。

表五 化学教师信息技术素养评价表

技能和素养	专家型教师	青年教师	中年教师	老龄教师
通过互联网获取信息(使用搜索引擎,下载)	√	√	√	√
发送电子邮件(含附件发送)	√	√	√	√
PowerPoint 文档的打开、简单输入、保存、演示和关闭	√	√	√	√
Word 文档的打开、简单输入、保存和关闭	√	√	√	√
Excel 的打开、简单输入、简单排序、保存和关闭	√	√	√	√
PowerPoint 中插入图片、音频、Flash 动画、视频等各种格式文件	√	√	√	
Word 中插入图片、表格、公式、方程式的输入	√	√	√	
利用 ISIS Draw 绘制有机分子结构式	√	√	√	
利用 Word 进行卷面的排版、打印	√	√	√	
利用 Excel 进行成绩统计和数据分析(高级排序、筛选、rank 函数的使用)和打印	√	√	√	
进行实验视频的录制和剪辑	√	√		
利用 Flash 制作简单动画	√	√		
利用 Photoshop 处理图片	√	√		
利用 Flash 制作复杂动画	√			
利用 Authorware 制作交互型课件	√			
使用专业的化学软件 ChemDraw、ChemWindow、ChemSketch 绘制各种化学图形	√			
能开展信息技术与化学高层次整合的教学研究	√			
构建网络课程,利用网络发布化学教学信息	√			

教研论文获奖情况

教师在行动研究中整理了一些经验和方法,写出了阶段性总结。有 2 人次获国家级论文奖项,8 人次获省以上奖项,其中课题负责人王伟儒主任被评为广东省教研积极分子。

表六　教师论文获奖情况统计

姓名	名称	评奖等级	获奖时间	评奖单位
王伟儒	论文《实践新课程标准有效组织》	国家一等奖	2007 年 7 月	中国中小学幼儿教师奖励基金会
王伟儒	论文《关于多媒体运用在化学课堂教学的若干思考》	省二等奖	2008 年 1 月	广东化学教学专业委员会
莫南道	论文《谈如何利用信息技术提升化学教师的备课效率》	省二等奖	2008 年 1 月	广东化学教学专业委员会
颜华杰	《浅谈多媒体和化学教学》	省三等奖	2008 年 7 月	广东化学教学专业委员会
莫南道	《利用 Flash ActionScript 开发化学仪器模拟组装的相关技术》	省二等奖	2009 年 1 月	广东化学教学专业委员会
王伟儒	《谈谈中学化学教师信息技术素养的培养》	省二等奖	2009 年 1 月	广东化学教学专业委员会
工伟儒	优秀教研积极分子		2008 年 1 月	广东化学教学专业委员会

六、研究结论

从以上研究成果可以看出，本课题的研究是较成功的，基本实现了开始提出的各项预期目标，并得出以下几点结论：

1. 在各阶段的研究中，我们通过调查问卷和各项指标对比，论证了利用信息技术辅助化学课堂教学的可行性、优越性和实效性。利用信息技术开展课堂教学有如下效果：能提升课堂的教学效率；提升学生对化学科的学习兴趣；有利于学生化学成绩的提高;提高教师的备课效率,降低教师的备课负担。

2. 我们重点分析了信息技术时代下教师的信息技术素养现状,发现中青年教师的信息技术素养水平各不相同,指出了造成这种现状的原因所在。在此基础上,研究表明学校应针对不同的教师有不同的培训机制,整合各个年龄段教师的优势。如:青年教师在具体的整合技术上有优势,中年教师在整合的理论分析、整合度的把握上有优势,老教师在整合内容的规划和审阅上有优势。

3. 本课题研究也表明,信息技术与化学的整合应以提升课堂教学效率,降低教师的工作负担,提升学生的化学成绩和对化学的兴趣为中心。

4. 在信息技术时代,传统的备课模式显得效率低下,不协调,在研究过程中提出了新型的备课方案:备课通知通过学校的信息平台发送到备课组成员手机,备课的电子资料通过网络平台或公共邮箱平台传送,集体备课时围绕课件和电子学案展开讨论,再由各成员根据班级实际取舍,课件和电子学案的构建分任务。这样备课组成员的备课负担下降,效率提高,课堂教学内容和教学方式经过集体讨论,凝结了集体的智慧,必定提升教学效率。

2009 年 7 月

茂名市教育科学“十一五”规划课题

促进对话、互动的高中历史课堂教学研究课题结题报告

课题负责人:邱明军

摘　要:追求对话、互动的高中历史课堂教学是人的自主、自由、自觉发展的教育,是回归教育本义、完美统一人的个性化和社会化的教育,是遵循师生身心发展规律和教育发展规律的教育,是彰显青春文化的教育。现代教育的根本症结在于放逐或遮蔽了对教育本体的追问,因而向本真的教育回归是现代教育的重要使命。本课题试图通过研究和实践,探索出一条符合素质教育实际并切实有效的本真教育之路。本课题研究进一步丰富素质教育理论,具有一定的理论价值。课题研究方向和内容来自于校本的教育教学实践,课题坚持理论联系实际的原则,边实践、边研究、边探索,研究结果具有针对性,符合我国的教育实际,为素质教育提供借鉴,实现了学校的稳步发展,具有一定的实践价值、探索价值。促进对话、互动的高中历史课堂教学研究,对于学校的发展、教师的发展、学生的发展具有极高的价值。

关键词:互动　对话　历史课堂

一、课题提出的背景与所要解决的主要问题

1. 课题提出的背景

目前,我国正在深化教育改革,积极推进素质教育,素质教育的重点是培养学生的创新精神与实践能力,但现行教育中存在的弊端阻碍着学生能力的

发展。

①在教学方面，长期以来由于受到传统教育思想的影响，加之功利性极强的“应试教育”的影响，“重结果，轻过程”的现象普遍存在，更谈不上引导学生对知识产生的过程及知识本身进行反思，往往只是以知识传授为中心，于是“知其然而不知其所以然”，只能是机械的记忆与简单的模仿，这种现状极不适应当前时代对人才培养的要求，严重地阻碍着学生创新精神的培养。

②在教育活动方面，以往的教育活动只注重活动的表面形式，未能引导学生正确对话、互动，课堂教学效率极差。

③高中学生具备了对话、互动、理性思考问题的基础，思辨能力逐步增强，习惯用批判的、审慎的目光去看待周围的事物，使得在高中阶段对学生进行对话、互动，培养理性思考能力成为可能。

2. 选题意义和研究价值

从高中学生的成长过程来说，追求对话、互动就是养成理性、坚持真理、健康成长，就是释放潜能、提高能力；从师生共同活动来说，追求对话、互动是双方平等的交流、视野的融合、心灵的对话、思想的交换、真朴人性的碰撞、科学价值观的共鸣；从管理者角度来说，追求对话、互动就是遵循规律、科学决策、精细管理、求真务实、以人为本；从学校角度来说，追求对话、互动是和谐的环境、竞争的体制、民主的氛围、青春的文化、合作的精神。

综上所述，追求对话、互动的高中历史课堂教学是人的自主、自由、自觉发展的教育，是回归教育本义、完美统一人的个性化和社会化的教育，是遵循师生身心发展规律和教育发展规律的教育，是彰显青春文化的教育。现代教育的根本症结在于放逐或遮蔽了对教育本体的追问，因而向本真的教育回归是现代教育的重要使命。本课题试图通过研究和实践，探索出一条符合素质教育实际并切实有效的本真教育之路。本课题研究进一步丰富素质教育理论，具有一定的理论价值；课题的研究方向和内容来自校本的教育教学实践，课题坚持理论联系实际的原则，边实践、边研究、边探索，研究结果具有针对性，符合我国的教育实际，为素质教育提供借鉴，实现了学校的稳步发展，具有一定的实践价值、探索价值；促进对话、互动的高中历史课堂教学研究，对于学校的发展、教师的发展、学生的发展具有极高的价值。

3. 研究目标

通过实践与理论研究，更新教育观念，提高对素质教育的认识、思考，全面改进教育、教学实践，指导我校全面实施素质教育，提升学校育人水平，提高教育质量，彰显学校文化。

4. 研究内容

(1)我校对话、互动的高中历史课堂教学现状研究

①我校对话、互动的高中历史课堂教学现状的调查；②我校对话、互动的高中历史课堂教学经验总结；③对话、互动的高中历史课堂教学文献研究。

(2)对话、互动的高中历史课堂教学实践研究

①对话、互动的高中历史课堂教学的实践探索；

②我校对话、互动的高中历史课堂教学的理性思考。

(3)本真教育实践中的案例研究

①课堂教学案例研究；②文化活动案例；③学生发展案例。

5. 研究假设

(1)通过报刊检索、网络检索等途径，搜集整理国内外关于本真教育的文献资料，更新教育、教学、管理、评价的观念，使其符合学生实际，符合教育教学规律目标。如果能重视学生的自主活动与交往，积极构建以青春文化为载体的学生活动与交往平台，正确引导，精心组织，注重实效，科学评价，就能使学生的内在潜能得以发挥与挖掘；如果能够创设一个有利于培养学生健康个性的情境，在教学中强调师生的民主、平等、友善与合作，把教学过程视为学生个性发展与完善的过程，这样就有利于个体主体性的发展。

(2)加强管理文化和组织文化建设，坚持“以人为本”的管理思想，逐步建设适应素质教育要求的科学管理制度，以及尊重人、信任人、激励人、发展人的学校人文生态环境，从制度的刚性管理与人文的柔性管理结合上，建设新的学校管理文化；进一步明确学校办学目标、办学理念、发展定位、实施策略、规章制度，加强校风、教风和学风建设，加强我校精神的传承与创新，不断丰富“超越”的内涵；采取措施加强教师文化建设，进一步更新教育观、教学观、学生观、课程观、质量观，提高师德、师能、师智，铸造师魂，改进教学方法，提高教学质量，形成独具魅力的教学风格，从而帮助学生明确学习目标，端正学

习态度,建设具有青春文化气质的教师队伍,体现我校精神风貌,能对学生产生深远影响。

6. 创新之处

(1)从人的发展、社会的需求和教育的本义出发,根据我校发展实际确定研究主题,体现了教育理论研究的发展与教育实践思路的创新。

(2)将对话、互动教学与新课程的实施、学校管理改革相结合,有较强的操作性、实践性和指导性,有较强的现实意义和深远的历史意义,体现了研究目的的创新。

(3)将本真教育与青春文化建设相结合,突出了中学生心理、生理特征与本真教育实践的相关性,研究特定年龄段思想文化的建设,体现研究对象的视角的创新。

7. 研究方法

(1)调查法:根据本真教育的要求,对我校的一些教育现象进行考察,重点调查我校全体教师和学生在素质教育实施中的现状,收集各种事实资料并分析处理,为课程的研究实施提供依据。

(2)行动研究法:将研究制定的实施方案贯彻落实到具体的教育教学工作中去,有计划、有步骤地在教育教学工作中开展。

(3)经验总结法:对整个实验过程进行主观回顾、反省、总结,通过分析和思考,将对课题的实验措施、产生的实验现象和实验成果之间的关系的感性认识上升到理性认识的高度。

8. 技术路线

(1)充分利用相关理论、我校的实践素材及相关的研究成果;

(2)充分借助课题规划部门、科研部门、专家的智慧;

(3)充分调动教师、学生参与研究的积极性。

9. 实施步骤

(1)准备阶段(2008 年 11 月前)。完成课题研究方案的制定、申报工作,确定课题组成员及分工,进行理论资料的准备。调查分析,收集资料,起草课题实施方案及实施执行计划,对方案进行论证。

(2)研究阶段(2008 年 12 月至 2010 年 7 月)。根据实施执行计划进行研究，收集第一手资料，并进行整理分析，撰写阶段性研究报告等。

(3)总结阶段(2010年8月至2010年12月)。对本课题研究的过程及资料进行系统分析，形成实验报告和课题总结报告，为做好推广工作和开展进一步研究奠定基础。

二、完成项目的可行性

(1)研究设备齐全。我校作为一所全国性示范高中，近几年来，学校在教育教学硬件和软件上投入了大量的经费，办学条件得到了明显改善。

(2)经验积累丰富，人才条件优越。近几年来，我校在上级教科研部门的领导下，进行了一系列的课题实验与研究，积累了大量的研究经验，同时培养了一支科研能力强的教师队伍。研究者的学术背景、研究经验、组织结构为本课题研究提供了智力保证。课题组成员多为一线历史教师，这些学校里的教学骨干有着较高的教学研究水平和丰富的教学管理经验，同时在各类课题研究中积累了丰富的经验，保证了课题得以顺利实施。到目前为止，课题组成员已成功开展了省级、市级、县级课题的研究工作，在各级各类论文、著作、录像课、资源、案例比赛中均获得优秀的成绩。

三、研究的保障措施

(1)加大领导力度。学校成立研究工作领导小组，全面负责研究工作，组织相关人员围绕本课题积极开展前期准备工作。

(2)充分发挥专家组的学术引领作用。对学生进行对话、互动的课堂教学研究，我校已具有一定的基础，在教育教学方面受到学校领导与教师的重视。同时充分发挥专家组的把关作用、指导作用和辅导作用，与市教科研专家保持联系，请他们对课题研究进行把关，并从理论上给予具体指导。

(3)加大教师培训力度，提高参与研究的教师的素质。

(4)为使课题研究真正落到实处，取得实效，学校将制定课题运作管理制度，课题组活动每月不少于一次，各学科子课题组活动与业务学习相结合，每周一次。教科室负责对课题研究工作进行协调、监督。学校将设立专项研究资金，竭力保证研究工作的投入，确保课题研究的顺利进行。

本课题研究方案经过市教科室有关领导和专家的论证,并在专家建议的基础上进行了修改和完善。

四、实施阶段

1. 阶段一

(1)组建课题研究小组。

(2)查阅资料,调查现行历史教学的缺陷(有哪些误区和不足,避免重复劳动),分析对话、互动与历史课堂教学的关系。

(3)组织论证,申报立项。

(4)召开课题组成员会议,建立科研现任目标,明确课题研究目的与分工。

(5)各课题老师制定初案,撰写课题实验方案(按照分工写)。

2. 阶段二

通过观摩课、示范课等多种课堂教学形式和调查问卷形式,分析互动、对话与历史教学效果的关系。

(1)初步探索对话、互动与历史课程整合模式;

(2)根据初案制作和应用电子教案,制作和不断完善课件;

(3)做好日常实验研究资料的积累和整理,开展定期与不定期的专题实践研讨,交流体会;

(4)整理知识点,为制作历史基础知识检索光盘作准备;

(5)开展评价活动,进行实验的完善、验证等工作,形成课程整合的教学模式及操作规范模式;

(6)总结实践经验,加快完成最终成果的进度,为完成最终成果作准备。

3. 阶段三

(1)将课件积件、科研论文、电子教案、电子知识点网络化;

(2)总结成功案例、课例,制作光盘;

(3)制成可检索的多媒体光盘(包括课件)。

五、实施效果

1. 积极开展校本课程研究

历史学科以前在我校是名副其实的“副科”，选读历史学科的只有几十人，而现在高一选考历史科人数逐年增加，从2007届的30多人增加到2008届200多人，2009届300多人，成为粤西地区乃至全省为数不多的选考历史科人数与选考政治科相当的重点中学。在高考中，历史科类重点人数从2007届的4人增加到2008届23人，2009届可望达50人。历史科也有了重点班，也有了700分，也有了尖子，历史科再也不是“杂科”，不是只能待在角落。通过努力，我们找到了历史的大舞台。根据学生的个性需要和地方特色，积极开发历史校本课程，开展历史研究性学习活动。我们开发了“橘乡春秋”、“化州孔庙”等深受学生欢迎的校本课程，提供给学生的自主研究课题有“冼夫人研究”、“化州陈鉴”、“化州跳棚舞”等。校本课程的开发和学生研究性学习活动的开展，有力地提高了历史教师利用课程资源的能力，提高了学生运用所学知识分析问题、解决问题的能力，培养了学生的实践能力和创新精神。《长河》发表的学生习作，充分证明了学生研究性学习成果达到了一定的水准。

2. 参编了一些历史高考辅导资料

如《高中历史专题复习与训练》；彭明光主任主编的《新课标高中总复习(导与练)》，由陕西人民教育出版社出版。

3. 一批高质量的论文发表或获奖，一批高质量的课例获得各级奖励(详见表1和表2)

表1

姓名	题目	发表刊物
彭明光	《新课标高中总复习〈导与练〉》	陕西人民教育出版社出版
	《初高中历史教学方法比较》	《湛江师范学院学报》
	《新课程下如何提高历史课堂教学魅力》	《广东省化州市第一中学教师论文集》

续表

姓名	题目	发表刊物
蔡建豪	《在历史学科中培养学生创新能力》	《名师优秀论文集》
	《中学历史结构教学浅议》	《中学历史教学》
	《运用多种教学媒体发掘历史教育在终身教育中的潜能的实验研究报告》	《化雨集》
李清	《浅谈中国近现代向西方学习的历史》	《探索成功之路》
	《电化教学在中学历史教学中的作用》	《名师优秀论文集》
陈宏超	《在高中历史教学中进行探究式教学的初探》	《化雨集》
王学笋	《实施分组教学,提高教学质量》	《广东省化州市第一中学教师论文集》
黄冠富	《历史教学必须遵循历史课的特点》	《广东省化州市第一中学教师论文集》
黄传韬	《利用网络技术,提高中学历史课的教学质量》	《广东省化州市第一中学教师论文集》
陈康金	《在新课标下构建“自主、合作、探究学习”的历史课堂教学模式》	《广东省化州市第一中学教师论文集》

表2

姓名	题目	成果鉴定部门	获奖情况
彭明光	《谈如何提高中学生自学历史能力》	化州市教育局教研室	一等奖
	《“工农武装割据”的形成》	化州市教育局教研室	一等奖
	《浅谈历史课堂的提问艺术》	化州市教育局教研室	二等奖
	《谈谈中学生进网吧的利与弊》	化州市第一中学	一等奖
董晓英	《如何培养学生对历史的兴趣和自主学习能力》	《中国教育报》	一等奖
	《在新课程中如何提高历史课堂教学效率》	化州市教育局教研室	一等奖
	《效率是做好工作的灵魂》	化州市教育局教研室	一等奖
陈宏超	《充分发挥历史教学的社会功能加强对学生进行爱国主义教育》	化州市教育局教研室	一等奖

续表

姓名	题目	成果鉴定部门	获奖情况
莫文春	《历史课堂教学中的“四要”》	化州市教育局教研室	一等奖
	《新课标下的中学历史理论教学》	化州市教育局教研室	一等奖
	《新课标下如何构建历史课堂》	化州市教育局教研室	一等奖
朱博文	《提高历史课堂的生动性》	化州市教育局教研室	一等奖
张春强	《构建自主学习历史课堂教学模式》	化州市教育局教研室	一等奖
林德佳	《让学生成为课堂学习的主人》	化州市教育局教研室	一等奖
	《在新课程中如何提高历史课堂教学效率》	化州市教育局教研室	一等奖

六、研究结论

从以上研究成果可以看出，本课题研究是较成功的，基本实现了开始提出的各项预期目标，并可从中得出以下几点结论：

1. 在各阶段的研究中，我们通过调查问卷和各项指标对比，论证了利用对话、互动辅助历史课堂教学的可行性、优越性和实效性。利用对话、互动开展课堂教学有如下效果：能提升课堂的教学效率；提升学生对历史学科的学习兴趣；有利于学生历史成绩的提高；提高教师的备课效率，降低教师的备课负担。

2. 我们重点分析了新时代下教师的素养现状，发现中青年教师的素养水平各不相同，指出了造成这种现状的原因所在。在此基础上，研究表明学校应针对不同的教师有不同的培训机制，整合各个年龄段教师的优势。如：青年教师在具体的整合技术上有优势，中年教师在整合的理论分析、整合度的把握上有优势，老教师在整合内容的规划和审阅上有优势。

3. 本课题研究也表明，历史教学应以提升课堂教学效率，降低教师的工作负担，提升学生的历史成绩和对历史的兴趣为中心。

茂名市教育科学"十一五"规划课题

物理教学中培养学生创新能力的研究
课题结题报告

课题主持人:谢飞宇

一、选题的背景及意义

"创新是一个民族的灵魂,是一个国家兴旺发达的不竭动力。"创新是一个民族、一个社会富有生机和活力的前提条件,也是一个社会文明发展水准的标志,是一个国家综合国力的重要组成部分。国内外有关培养学生创新能力的研究方兴未艾。在我国,新课标正在全国各地实施,新课程改革正如火如荼地在全国各地展开,倡导培养学生创新能力的探究式教学,因此本课题很切合课程改革的需要。通过对新课标下培养学生创新能力的研究,更好地实施新课标,提高学生的科学素养,培养学生的创新精神和实践能力,转变教师的教学思想,加强理论素养,改变传统的教学方法,提高教学质量,促进创新型教师群体的形成。

二、课题研究内容、基本思路和方法

研究内容:本课题从高中三个年级入手,以现行教材为基本内容,开展多种多样的新课标下创新能力培养的教学实践,在现行教材和一定教学理论基础上,构建一套新课标下培养学生创新能力的课堂教学的方法体系。

研究的基本思想:选择不同的教学内容,采用灵活多样的教学手段进行创新能力培养的研究。

研究方法:(1)文献法。查阅关于“新课程标准”、“创新精神与实践能力”、“科学探究”、“研究性学习”等资料,从中提炼出新课标下创新能力培养所包含的内容,从而使整个研究的概念体系建立在一个可靠的基础上。(2)实验法。本研究通过必要的测量来验证学生的创新意识、创新思维、创新能力的发展水平及其变化,对进行新课标下创新能力培养的班级,在实验前后对学生的物理探究能力、创新能力等进行测试,然后进行效果分析。这有助于创新精神和实践能力的培养步入科学化、规范化的轨道。(3)调查法。对同一年级的学生进行跟踪调查,调查学生对物理知识的理解、应用、创新等方面的能力。(4)归纳法。对查找到的资料、文献及本校学生的学习情况进行分析、整理,提出实施新课标下创新能力培养的若干教学策略,形成研究报告。

三、关于创新能力的培养

(一)关于创新教育

创新教育是通过创新的教育、教学活动来培养学生的创新能力,进而实现新的发现发明、新的思想和理念、新的学说与技术以及新的方法的教育。或者说,创新教育是根据创新原理,以培养学生具有一定的创新意识、创新思维、创新能力以及创新个性为主要目标的教育理论和方法,使学生一方面牢固、系统地掌握学科知识,同时发展他们的创新能力。

创新教育的第一方面内容是创新意识的培养,也就是推崇创新、追求创新、以创新为荣的观念和意识。只有在强烈的创新意识引导下,人们才可能产生强烈的创新动机,树立创新目标,充分发挥创新潜力和聪明才智,解放学习和创新激情。在20世纪五六十年代,许多领域的科学家都把寻找自己的“哥德巴赫猜想”作为攻坚的目标,我国著名数学家陈景润当时也把这一被喻为“数学桂冠的明珠”——“哥德巴赫猜想”问题作为自己努力的目标。正是在这样强烈的创新意识的鼓舞和推动下,他投入了常人难以想象的精力和热情,取得了丰硕的成果。创新是产生于激情驱动下的自觉思维,创新思维是由于热爱、追求、奋斗和奉献所产生的精神境界的高度集中,沉浸于那种环境里所产生的自觉思维。

创新教育第二方面的内容是创新思维的培养。它是指发明或发现一种新的方式用以处理某种事情或某种事物的思维过程，它要求重新组织观念，以便产生某种新的产品。这种创新性思维能保证学生解决对他们来说是新的问题，能深刻地、高水平地掌握知识，并能把这些知识广泛迁移到学习新知识的过程中，使学习活动顺利进行。可以说，创新性思维是整个创新活动的智能结构的关键，是创新能力的核心，创新教育与教学必须着力培养这种可贵的思维品质。

创新教育第三方面内容是创新技能的培养。它反映创新主体行为技巧的动作能力是在创新智能的控制和约束下形成的，属于创新性活动的工作机构。创新性技能主要包括新信息加工能力、一般的工作能力、动手能力或操作能力以及熟练掌握和运用创新技法的能力、创新成果的表达能力和表现能力及物化能力等。创新技能同样居于创新教育的核心地位，尤其在我国目前的学校教育中，更要加强以实验基本技能为中心的科学能力和科学方法的训练。

创新教育第四方面的内容是创新情感和创新人格的培养。创新过程并不仅仅是纯粹的智力活动过程，它还需要以创新情感为动力，如远大的理想、坚定的信念、诚挚的热情以及强烈的创新激情等因素。在智力和创新情感双重因素的作用下，人们的创新能力才可能获得综合效应的能量。除创新情感外，个性在创新力的形成和创新活动中也有着重要的作用，个性特点的差异一定程度上也决定着新成就的不同。创新个性一般来说主要包括勇敢、富有幽默感、独立性强、有恒心以及一丝不苟等良好的人格特征。可以说，教育对象具有优越的创新情感和良好的个性特征是形成和发挥创新能力的底蕴。

（二）中学物理教学中学生创新能力培养的具体目标

根据创新教学的要求，结合物理学科的特点，我们把在中学物理教学中进行创新教学的重点定位在培养学生的创新能力上，首先确定培养学生创新能力的具体目标。我们认为，学生创新能力的目标主要表现为以下几个方面：

1. 进行类科学探索研究的能力

科学探究是一项重要的创新活动，科学教育中学生类科学探究能力则是一项重要的创新能力。类科学探索能力具体表现为：

（1）发现问题、提出问题的能力（运用对称、类比、统一、特殊化、一般化等方法提出问题）；

（2）能运用理论思维导致悖论，分析产生悖论的原因，并能提出猜想（运用已学的理论结合归纳、推广、类比、等效、直觉等方法提出新的猜想)；

(3)能运用实验和逻辑方法验证猜想,完善新的理论；

(4)能运用科学思维方法(分析、比较、抽象、概括、归纳等)从理论上分析、处理实验现象和数据,建立模型,得出概念,发现规律。

2. 进行知识和方法的拓展创新能力

任何物理理论和方法都有适用条件,把原有的知识、方法进行推广,在推广中揭示它们的局限性和适用范围,并通过拓展给出适用范围更广、概括水平更高的新的知识和新的方法。在物理教学中,应把拓展创新能力视为一项重要的能力。拓展创新能力表现为:

(1)揭示原有知识的局限性及适用条件,对原有知识进行拓展创新,能用概括水平更高的知识概括原有知识。

(2)针对新问题,能改变传统思维方式(静态思维、正向思维、抽象思维、逻辑思维等),运用新的思维方式(逆向思维、动态思维、形象思维、直觉思维等)分析处理新问题。

(3)不满足现有的解题方法,能从简洁、经济、美学等角度,深层次地提出解决问题的方法。

(4)能在解答具体问题时发现矛盾,揭示原有解题方法的局限性和适用条件,提出适用范围广、概括水平高的解题方法。

3. 实验设计与创新能力

进行物理实验设计创新是一项很重要的创新能力。中学物理教学中,学生物理实验设计创新能力表现为:

(1)能运用实验的理论和实验思想方法(控制思想、多次间直测量思想、放大的思想、补偿思想、比较思想、转化思想等)设计新的实验。

(2)能揭示原有实验的不足之处,运用新的实验方法对原有实验进行创新设计、改进。

(3)能运用新的实验数据处理方法(图像、线性化、外推等方法)对实验数据进行合理的、创新的处理,给出实验结果。

(4)能运用误差分析方法分析实验误差的原因,并能提出减小实验误差的新措施和方法。

(5)能把已学的实验方法和技术移植到新的实际问题,进行移植应用创新。

(三)中学物理教学中创新教学模式的构建

中学物理教学中,学生创新的内容主要是知识创新、方法创新和技术创新。中学物理教学中,学生创新的特征是求真创新(即得出相对正确、一般性的知识和方法),臻美创新(即得出比较简洁、精妙、美的方法和技术),综合创新(即不同学科的知识和方法相互渗透、相互综合得出本学科中没有的成果),移植应用创新(即把其他学科中有用的观念、方法、知识、技术迁移到本学科得出新的有价值的成果)。针对中学物理教学中创新的内容和特征来构建创新教学的模式是很重要的。构建物理创新教学模式的目的是探索物理创新教学的规律,使教师能有目的、有步骤、可操作地进行物理创新教学,从而提高教学效果,高质量地完成教学任务。

1. 知识创新教学模式的构建

科学探究中的知识创新与科学教育中学生知识创新过程虽然在目标上、难度上、时间上是不相同的,但是在认识上和思维上是相似的。在中学物理教学中构建知识创新教学模式应该遵循科学知识创新的一般认知程式,同时又要考虑到中学物理教学的特殊性,模拟科学知识创新的认知流程,创设类科学研究的教学情景,揭示知识产生、形成、发展、创新的过程,引导学生经历类科学探索的创新过程。知识创新教学模式流程如下图所示:

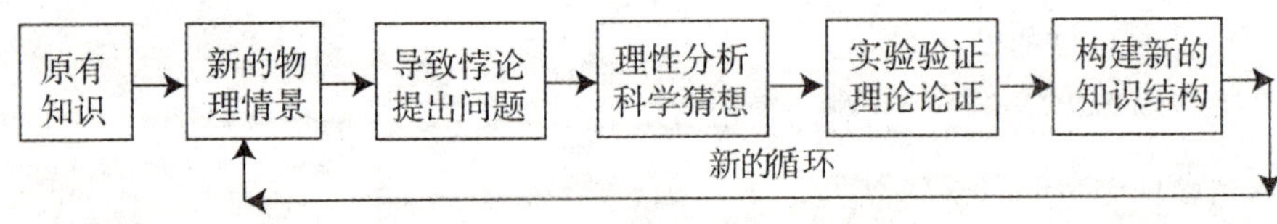

在知识创新教学模式中,以类科学探索创新为主线,以原有知识为基础,以新的物理情景为切入点,以导致悖论、提出问题为动力,以理性分析、科学猜想为核心,以实验验证、理论论证为判断,以构建新的知识结构、培养学生类科学探索创新能力为目标。在模式中,新的物理情景包括新的自然和生活现象、物理实验现象以及有关理论性问题,所创设的新的物理情景应能揭示学生原有知识的局限性,渗透新的知识;导致悖论提出新的问题后,能极大地激发学生的探索创新动机;理性分析、科学猜想要运用有关的科学方法(例如特殊化猜想、一般化猜想、因

果猜想、类比猜想等)。

2. 方法创新教学模式的构建

方法教学是物理教学的一项很重要的内容。传统教学中教师常把方法当成知识直接传授给学生,然后让学生直接运用记住的方法解答物理问题、进行物理实验,这种做法缺乏方法的形成、探索、创新过程,学生常把方法当作知识加以记忆,没有深刻理解方法的内涵,不能正确、灵活运用方法解答物理问题,没有体现方法的迁移价值,没有通过方法探索创新来培养学生的创新能力。因而,在中学物理教学中进行方法创新教学,对于学生牢固掌握方法、培养学生创新能力是很重要的。建构中学物理教学方法创新教学模式时,教师应根据学生认知中原有方法的特点,遵循人们探索解答物理问题的认识规律和思维方法,模拟人们探索方法、解答问题的研究情景,引导学生进行探究,展现方法形成、发展、创新的过程。方法创新教学模式流程如下图所示:

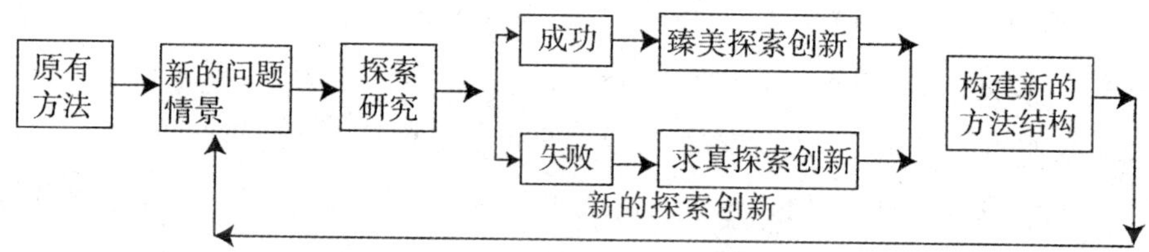

在方法创新教学模式中,以学生认知中原有方法为创新基础,以新的问题情景为切入点,以探索研究为动力,以臻美探索创新和求真探索创新为核心,以构建新的方法结构、培养学生创新思维能力为目标。模式中,学生原有方法包括解题方法、思维方法、实验方法;所创设的问题情景包括具体的理论问题和实验问题,新的问题情景应能揭示原有方法的局限性,同时隐含新的方法;当学生探索研究成功时,教师应引导学生进行臻美创新(寻求更简洁、完整的方法),当学生探索失败时,教师应引导学生进行求真探索(修正原有方法,提出新的正确的方法)。

3. 技术创新教学模式的构建

中学物理技术创新教学主要表现为学生运用物理知识及有关实验设计方法和技术进行应用性设计(例如运用分压电路及转化思想设计质量仪,运用力学和电学知识结合变换方法设计力电转换器等)。中学物理技术创新教学模式的流程图如下图所示。模式中以原有学生设计认知为基础,以新的应用设计课题为切入点,以理论设计为指导,以实验调试为判断,以求真创新和臻美创新为核心,以构建新的应用设计结构、培养学生应用设计能力为目标。模式中,应用设计课题的创设很重要,课题应能揭示学生原有设计认知的局限性和不足之处,同时渗透新的设计方法,学生的理论设计在实验调试时失败或不完美,能激发学生的探索创新动机,通过进一步设计,从失败到成功。

臻美探索培养学生的应用设计创新能力。

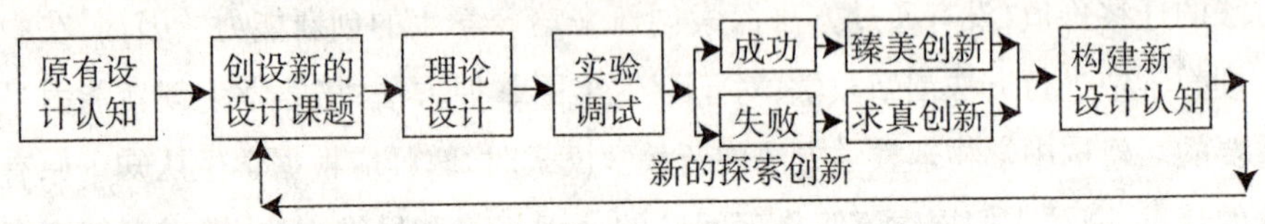

(四)中学物理教学中培养学生创新能力的途径

1. 创设平等、轻松的学习环境,引导学生积极思考,提出疑问。

一直以来,受"师道尊严"、"一日为师,终身为父"和老师"传道、授业、解惑"影响,教师和学生的关系是一种凌驾于学生之上的上下级关系,领导和被领导的关系,教师常常以神圣不可动摇的"圣人"面孔出现在学生面前,使学生在学习过程中处于一种相对被动地位,形成一种无形的压力,学生的学习主人翁精神并没有真正体现出来。老师在平时的生活和教学过程中,应与学生建立一种平等和谐的朋友式的师生关系。学生作为学习的主体,有自己的人格,自己的尊严,希望在教学活动中能与老师平等对话、互相尊重,而不是处于劣势地位。老师在课堂上要做民主平等的长者,做学生的引路人,这样在课堂上就很容易形成一种轻松、愉快、和谐的学习氛围。

学生有着强烈的好奇心和求知欲,在学习中提出富有启发性的问题,让学生去揭示问题的本质,寻求解决问题的方法。鼓励学生在课堂上充分发表自己的意见和一些"奇谈怪论",鼓励学生对司空见惯的现象多问几个为什么。课堂中围绕一些与主题相关的"奇谈怪论"进行引申讨论,学生就会一步步地去思考探索,分析自己或某些同学的观点是否正确,这样不但能活跃课堂气氛,而且让学生在轻松的学习过程中不断地发挥自己的学习主动性,充分发挥自己的想象力。

鼓励学生质疑,质疑精神是创新教育的最关键的一环,有质疑才能有创新,发现问题、提出问题往往比解决问题更重要。在保护学生好奇心的基础上,鼓励学生在学习过程中以学者的姿态、以怀疑的态度去学习,去挖掘知识的疑点。鼓励学生不唯上,不唯师,敢于挑战权威,不盲目顺从,不迷信书本,不迷信权威,物理学发展史上有很多这样的事例,如伽利略不迷信于亚里士多德,布鲁诺不惧怕教皇的淫威,惠更斯不迷信牛顿的学术权威等。在学习过程中,鼓励学生大胆提出自己的不同意见,从不同的途径、不同角度去分析问题,发散自己的思维,大胆求异。通过多种渠道收集资料,利用现代科技资讯从网上获取资料,在网上与人探讨获取新知。

2. 发挥学生的主体作用,让学生"动"起来,让课堂"活"起来。

有学者指出:"只有把传授知识和培养能力统一起来,课堂教学才能真正走上素质教育之路,应在教知识的同时给人以智慧。最有魅力的教学就是让学生发现问题,让学生的思维与知识产生共鸣。"那么,在教学过程中如何发挥学生的主体作用,让学生积极参与到教学的全过程呢?在物理教学中,提倡让学生动脑(物理概念的形成)、动手(分组实验、演示实验和自制小实验)、动口(发表意见,提出疑问),以学生的思维活动和认知过程为主体,把以往的传授知识过程转变为学习交流和学生自主探索的过程。在上课过程中着重创设问题情境,引导学生提出疑问,鼓励学生对一个问题提出不同的观点,让他们发表完自己的观点后,再根据现有的知识水平去探讨解决。如我在"布朗运动"一节的教学中,物理中对扩散现象的分析结论是分子在做无规则的运动,有些同学会提出:扩散现象中我们看到的是分子运动还是布朗运动?如何证明它是什么运动?有同学提出:让它充分稀释后,放在显微镜下观察会看到什么现象?课后我让学生在显微镜下做了这个实验。这些现象说明什么问题?有学生提出:"我们有时在较暗的房间里观察到射入屋内的阳光中飞舞的尘埃是布朗运动吗?"让学生充分思考后,引导学生从运动形式上、运动产生的特点上去分析现象的本质,这样学生对布朗运动的概念的形成和反映的问题都会有很深刻的认识。学生们发言踊跃,意见不一,争论不休,主体参与意识相当强烈。课前老师花心思研究教法,研究学生,研究如何创设问题情境,想办法让学生积极参与教学活动。引导学生对所学知识进行深入思考,在学习中发现问题,提出问题的解决方案。引导学生主动学习、主动求知,对知识持有怀疑的态度,从而不断地提高学生的创新意识和创新能力。

3. 在新课教学中,运用科学探究式教学模式设计实施知识创新教学,培养学生类科学研究能力。

新课教学中大多数是新知识的教学,这些新知识主要是科学研究中的一些新概念、新规律、新模型。在这些新知识教学中,运用科学探究式教学模式来实施知识创新教学。科学探究式教学模式的特点是:教师根据学生的认知水平及所学中学物理新知识的特点,综合运用探究式教学理论、科学研究方法论和现代化教学手段,科学地、符合学生认识发展规律地创设以科学探究为主线的类科学研究的教学情景。科学探究式教学中,以知识创新教学模式的认知流程为主线,以教师的启发指导、提供信息(知识背景和方法背景材料)为导航,以学生自我探索为主体,通过教师与学生双方互动式交流,使学生经历类科学探索研究,获取新知识,培养类科学探索创新能力。

培养学生创新才能的探究式学习中,就蕴含着学生的直接体验和亲身实践活动。探究式学习的操作步骤:

(1)明确问题。通过设置情景,引导学生结合原有的经验关注有关问题。学生要思考:我们要解决什么问题?为什么要探讨这个或这些问题?我们对问题已经有了哪些了解?

(2)确定探究方向。从多种多样的问题中辨别并提炼出主要问题,对问题作出预测或假设。思考:我们能作出什么样的预测或假设?我们应该怎样解释它?应该以什么为中心展开探究?

(3)组织探究。设计、制定探究方案,明确个人任务,准备探究工具。思考:我们打算怎样进行探究?需要哪些信息?怎样获得这些信息?怎样才能最大限度地发挥人力、物力的作用?

(4)通过各种途径、形式搜集资料。思考:我们能用哪些信息?这些信息与研究的问题有什么联系?怎样从中发现别的信息?将以何种形式使用这些信息?

(5)整理资料。对资料进行筛选、归类、统计、分析、比较。思考:怎样对获得的信息进行分类?这些信息哪些是有用的,哪些是无用的?应根据什么标准对信息进行筛选和分类?信息彼此间有什么联系?

(6)得出结论。学生要表达自己在探究中形成的见解,并且与他人进行交流。思考:我们得出了什么结论?这些结论与我们的预测和假设有哪些异同?哪些证据证明了我们的结论?如果结论与预测和假设不吻合,应重新确定探究方向,拟定方案,进行探究。在这个过程中,通过实际操作和思维加工,获得了对事物的多方面的认识,同时形成了多方面的能力和技能。

4. 在习题教学中,教师可设计以知识和方法拓展探究为特征的探究式教学,进行知识和方法的拓展创新教学。

这种探究式教学的特点是:以探究式教学理论为指导,以知识、方法创新教学模式中的认知流程为主线,以教师的启发指导、提供信息(知识背景和方法背景材料)为导航,以学生自我探索为主体,通过教师与学生双方互动式交流,使学生经历知识和方法拓展创新过程,使学生在应用原有知识和方法解答新问题时产生悖论,从而揭示这些知识和解题方法的局限性,明确它们的适用范围,并且引导学生总结归纳出更一般化的知识和方法,实现知识的拓展创新和方法的创新,培养学生知识和方法的拓展创新能力。

5. 在实验教学中,运用实验探究式教学方法,设计、实施实验方法和技术的创新教学,培养学生的设计创新能力和移植应用能力。

实验探究式教学的特点是:以探究式教学理论为指导,以技术创新模式中的认知程式为教学主线(教师根据学生认知特点,遵循科技人员的认识规律和思维方法,模拟科技人员进行科技应用设计的探索情景,通过铺设知识和思维台阶浓缩探索时空,展现应用设计探索过程),以教师为教学主导和导航(在教师的导航下,通过师生双方互动式活动引导学生进行类科技探索研究,教师的导航作用是提出设计课题、激发学生探索动机、启发学生思维、提供有关信息、渗透研究方法、帮助学生构建新的认知结构),以学生为教学主体(学生是教学过程中的主要探索者和积极认知者,是构建设计方法的主体,即学生经历类科技设计的各个环节,运用所学的物理理论和科学的设计方法探索设计,体验设计探究过程中的艰难和快乐,最后实现设计创新和移植应用创新)。

四、研究成果

课题组成员经过几年的研究,取得如下成果:

1. 提高了学生学习的兴趣

通过教学实践,明显提高了学生的学习兴趣。问卷调查表明:实验前后,对物理不感兴趣的学生由 12.3% 降到 2%,能主动参与学习的学生由 65% 提高到

92.5%。实验班与对照班相比较,对物理兴趣浓的各占96.3%与76%。2010年实验班学生参加全国中学生物理竞赛,李鸿琨、何冠有、周雄标、李勇志、戴小儒等八位同学获全国奖,黄新、李少华、彭虹桥等三十多位同学获茂名市奖励,明显多于对照班。

2. 提高了差生与学生总体的学习成绩

不少原来物理差的学生,究其原因多数是学习兴趣不足。现在改进了学习方法,增强了学生的学习兴趣,拓展了学生的思维空间,调动了学习积极性和主动性,逐步提高了成绩,克服了两极分化。不少以往“以听为主,力争听懂”的学生,通过这阶段实验,绝大多数有了主动参与的意识,真正发挥了“主体”作用,课堂气氛生动、活泼,成绩有了稳步提高,有的学生甚至成为优等生。

3. 有利于学生的思维发展和能力培养

随着实验的进行,很多学生都愿意充当小学者的角色,走上讲台,谈自己的见解;在解题中不满足于一种解法,争相寻求最优化的解法;主动阅读课外参考书。学生对实际问题有了足够的关注,能够自觉运用所学知识解释身边的问题。

4. 实验班与对照班的学习成绩比较

实验班学生通过教师引导、设问、质疑,课堂反应有较明显差异,每节课结束后,学生仍沉浸在问题的反思中,学习成绩也随之明显出现差异。在实验进行一段时间以后,实验班与对照班的成绩有较大差异。

5. 实验班与对照班的思维能力测试比较

中学教学着重培养学生的创造性思维能力,即用新的思维活动创造新的思维产品,它是聚合思维和发散思维的有机结合。从培养学生能力角度来讲,发散思维尤为重要。若物理教学光侧重于模式训练,会使学生思维僵化,学生将来无法面对21世纪复杂的竞争环境。创新能力培养的教学模式强化了学习过程中对本质规律的探讨,让学生体验规律产生的思维过程。实验班与对照班思维发散能力调查表明,实验班明显高于对照班。实验教学充分尊重学生的思维,同时也提高了教师的课堂应变能力。

6. 实验班与对照班动手能力的比较

测试表明:实验班学生的动手能力明显优于对照班,实验班的学生能够根据需要灵活地控制实验条件,学生的投入精神和科学态度都好于对照班。

7. 实验班学生的创新精神和科学素养与对照班比较有了明显进步

能力测试表明，在处理对学生思维能力和创新意识要求较高的问题时，实验班的学生明显表现出思维开阔，自信心强，见解独到。在科学素养测试中，更显示出实验班学生科学知识面广，关注科学热点问题的特点，说明实验班学生获取知识的渠道更广了，学生自主获取信息的积极性加强了。

8. 总结出教改的新经验

几年来，课题组成员不断总结教学经验，撰写教学论文，获得多项奖励。

课题组成员获奖论文、课例一览表

姓名	论文、课例名称	获奖等级	获奖时间
谢飞宇	论文《物理教学中学生探究能力的培养》	茂名市一等奖	2006 年 8 月
谢飞宇	论文《谈谈如何在习题教学中培养学生良好的思维品质》	茂名市二等奖	2007 年 8 月
谢飞宇	课例《探究外力做功与物体动能变化的关系》	化州市一等奖	2006 年 6 月
黄小军	论文《画圆心找半径是解决带电粒子在磁场中运动问题的金钥匙》	化州市一等奖	2010 年 5 月
黄小军	课例《电磁感应的力学问题》	茂名市一等奖	2011 年 3 月
颜建	论文《物理课堂教学中培养学生创新意识的尝试》	化州市一等奖	2007 年 8 月
颜建	论文《实现创新教育目标的几点思考》	化州市一等奖	2008 年 8 月
谭沛通	论文《“电功率”教学设计》	化州市一等奖	2007 年 8 月
谭沛通	课例《认识磁场》	化州市一等奖	2009 年 10 月
李耀喜	论文《如何开展中学物理课外实验》	化州市一等奖	2007 年 8 月
李耀喜	论文《精选物理习题，落实能力培养，注重思维创新》	化州市一等奖	2009 年 8 月

五、研究体会

通过几年的教改实验，我们认为，要培养学生的创新能力，首先必须转变教育观念，更新教育思想。要从传授、继承已有知识为中心的传统教育，转变为以学习者为中心，着重培养学生创新精神的现代教育。教师要认识到“授人以鱼，不如授人以渔”的道理，努力形成以主动参与、积极探索、主动思考、主动创造为基本学习方式的新型教学过程，为学生将来具有一定的创新能力打下基础。要坚持教育的成功导向和正面鼓励，鼓励冒尖，允许“落后”，不求全责备，让学生的个性得到发展。教师要随时诱导学生独立思考，鼓励学生提出问题，即使提一些“离奇古怪”的问题也无妨。应鼓励学生大胆发言，对老师的某些观点提出质疑。回答不出学生的提问，老师要敢于说让我想一想，查一查，要敢于正视自己的不足，努力模糊师生的角色界线，使学生产生安全感并学会开放。

2011年4月10日

茂名市教育科学“十二五”规划课题

化学教学小组竞争打造高效课堂的研究实施方案

课题主持人:黄　文

一、本课题核心概念的界定、选题背景、选题意义及研究价值

（一）本课题核心概念的界定

小组竞争教学法是课堂集体教学的一种,是指在班级授课的情况下,按一定的标准将学生分成若干学习小组,通过形式多样的激励活动,使小组相互竞争,使之共同参与课堂各项教学活动的教学法。

（二）选题背景

长期以来,在“应试教育”、“灌输式教育”的大背景下,我国中学化学教学不重视对学生学习动力与学习兴趣的开发,单纯强调书本知识和间接经验,忽视直接经验和人文知识对于人格形成的重要作用,部分学生的学习积极性、主动性和自觉性受到严重打压,甚至丧失了学习化学的信心,从而导致中学化学教学质量不理想,学生两极分化严重。

（三）选题意义及研究价值

1. 小组竞争教学法适应“建构式课堂”教学模式,也是打造高效课堂教学的必然要求。它能充分调动学生学习化学的兴趣,把学习知识和培养学生兴趣辩证地统一起来,体现教学的连续性、循环性和阶段性,从而达到高效课堂教学效果,也是为了达到“教是为了不教”的目的。

2. 我国现行的《义务教育化学课程标准》规定：要激发学生学习化学的好奇心，引导学生认识物质世界的变化规律，形成化学的基本观念；引导学生体验科学探究的过程，启迪学生的科学思维，培养学生的实践能力；引导学生认识化学、技术、社会、环境的相互关系，理解科学的本质，提高学生的科学素养。根据中学生的特点，教师必须把课堂主阵地充分利用起来，通过形式多样的激励活动，使各小组相互竞争，并给予鼓励，从而分层次调动全体学生学习化学的积极性，所以我们实行小组竞争教学法。

3. 进行小组竞争教学研究，有利于化学教师提高业务素质，提高化学课堂教学质量，从而更好地为学生服务，为教育服务，为社会主义现代化建设服务。

二、本课题的研究目标、研究内容、研究创新点

(一)本课题研究的总体目标

通过本课题的研究，形成一套能够提高小组竞争教学有效性的方法和策略，并在教学实践中逐步提高小组竞争教学的有效性。

具体目标：

1. 调查分析目前化学课堂教学低效的原因，寻找对策，探索提高化学课堂小组竞争教学有效性的方法和途径，提高化学课堂教学效率。

2. 科学合理地进行小组竞争教学，增强学生的合作意识，培养学生的合作能力，为学生的可持续发展奠定基础。

(二)研究内容

1. 小组竞争教学的理论基础的研究。

2. 学生分组合作的原则和方法的研究。

3. 小组竞争教学方案的设计与实践的研究。

4. 小组竞争教学成效的评价的研究。

(三)研究创新点

1. 与传统教学法相比，小组竞争教学法可以更快地提高中学生化学课堂学习效率。

2. 小组竞争教学法可以提高不同层次的中学生的化学学业成绩。

3. 小组竞争教学法可以充分调动中学生学习化学的兴趣与自主学习能力。

4. 小组竞争教学法能够提升中学生高效课堂合作学习的成就感和幸福感。

三、本课题的研究思路、研究方法、技术路线和实施步骤

(一)本课题的研究思路

小组竞争教学思想与实验的总原则,是发挥课堂教学这一学习主渠道的作用,通过课堂教学改革创新,使学生在掌握大量化学知识的基础上发展能力,养成科学的思考和行为习惯,为提高学生的整体素质奠定坚实的基础。

(二)研究方法

本课题研究的实践性和学生参与性较强,因此主要采取以下研究方法:

1. 文献资料法

整理收集有关小组竞争教学的文献资料,进行相关理论学习,梳理有利于本课题研究的理论资料,应用于研究活动的开展。

2. 调查研究法

在课题研究之初,对教师课堂教学进行前期调查,分析得出课堂教学低效的症结所在,有针对性地制定小组竞争教学研究方案。

3. 交流讨论法

定期召集相关人员进行讨论交流,及时反馈,发现问题及时纠正。

4. 个案研究法

对个别学生的学习效果进行分析,及时发现问题,及时改进研究策略。

5. 经验总结法

在课题研究过程中,对实践中的具体情况及时地进行分析和归纳,找出实际经验中的规律,使之系统化、理论化,从而更好地指导化学课堂教学实践。

(三)技术路线和实施步骤

1. 技术路线

认真总结以往使用新教材的经验教训与心得体会,对中学化学课程标准以及新课程理论进行再学习、再认识;正确把握中学化学教材的框架与思路,以及教材的编写意图;以创新精神和实践能力的培养为重点,建立新的教学方式,促进教法和学法的变革;结合本校学生的实际情况,对教材内容进行合理的、创造性的使用。

2. 实施步骤

第一阶段(课题设计与启动阶段)

2013 年 7 月至 2013 年 12 月,实验的准备阶段,主要任务是申请立项,做好实验有关准备工作。成立课题研究小组,加强理论学习,搞好课题设计,制定具体的研究方案和措施。

第二阶段(课题研究与实验阶段)

2014 年 1 月至 2014 年 6 月,查阅相关的文献资料,了解全国各地相关研究动向及成果,培训课题小组成员,全面开展课题的各项研究。

2014 年 7 月至 2014 年 12 月,按照事先确定的构建高效课堂教学的目的,精心编写教学设计,制作相关课件,进行课堂实践。针对课堂分组教学时出现的问题进行反思,并撰写教学论文和教学心得。

第三阶段(课题总结与推广阶段)

2015 年 1 月至 2015 年 6 月,修改、打印课题报告,组织课题小组成员进行反思,整理教学设计与教学课件,撰写论文、课题研究结题报告或其他材料,迎接验收。

课题完成时间:2015 年 6 月。

四、课题组组织和分工

(一)课题组组织

课题组负责人:1 人。

课题组成员:9 人。

(二)课题组人员分工

课题组负责人黄文,负责“化学教学小组竞争,打造高效课堂”课题研究的全面工作,主要负责撰写开题报告和结题报告,组织课题组成员开展专项讨论,负责该课题全面实施等。

成员陈劲和黄卫泽:负责本课题研究成果的推广宣传以及进一步研究等工作。

成员李福天和李世富:修改完善课题实施计划,收集相关文献资料,归档整理。

成员黄栋华:负责本课题的问卷调查、资料的收集及研究成果的实践与操作。

成员刘良飞和黄小红:负责课件和案例的收集与制作,并做好阶段性记录。

成员梁春梅和林海云:反思总结,撰写相关课题研究系列论文、教学策略等。

五、研究工作进度和预期研究成果

<table>
<tr><td rowspan="7">阶段性成果</td><td>序号</td><td>研究阶段(起止时间)</td><td>阶段成果名称</td><td>成果形式</td></tr>
<tr><td>1</td><td>2013. 7—2013. 12</td><td>化学教学实行小组竞争的可行性研究</td><td>调查报告</td></tr>
<tr><td rowspan="4">2</td><td rowspan="4">2014. 1—2014. 12</td><td>小组竞争教学的理论基础的研究</td><td>论文</td></tr>
<tr><td>学生分组合作的原则和方法的研究</td><td>论文</td></tr>
<tr><td>小组竞争教学方案的设计与实践的研究</td><td>教学案例</td></tr>
<tr><td>小组竞争教学成效的评价的研究</td><td>论文</td></tr>
<tr><td>3</td><td>2015. 1—2015. 6</td><td>化学教学小组竞争打造高效课堂的研究报告</td><td>研究报告</td></tr>
<tr><td rowspan="3">最终成果</td><td>完成时间</td><td>最终成果名称</td><td>成果形式</td><td>预计字数</td></tr>
<tr><td>2014. 12</td><td>化学教学实行小组竞争的有效方法及策略</td><td>论文</td><td>3000</td></tr>
<tr><td>2015. 6</td><td>化学教学小组竞争打造高效课堂的研究报告</td><td>研究报告</td><td>5000</td></tr>
</table>

全国教育科学“十五”规划课题(批准号:FCB030794)

信息技术与中学数学教学整合的探究课题结题报告

化州市第一中学　数学课题组

2005年4月,化州市第一中学承担了全国教育科学“十五”规划课题“信息技术与中学数学教学整合的探究”子课题的研究工作。经过一年多的实践研究,在教育理论和实践上取得了一定的研究成果,有力地推动了我校数学教学改革的深入开展。现将课题实验情况介绍如下。

一、课题研究的提出

随着信息技术的普及和发展,我国教育信息化进程正在加速,普通高级中学的信息技术装备也在不断改善,多媒体软硬件、校园网、互联网、上网终端等正在成为普通高中的基本设施,这将引起教育观念、教育思想、教育内容、教育理论、教育模式更深层次的变革。信息技术在教育领域的应用,已经发展成为现代教育技术的重要组成部分。世界各国都非常重视发展信息化教育。在我国,新一轮高中课程改革正在进行。新的《高中数学课程标准》明确提出“注重信息技术与数学课程的整合”的理念,这也为我们选题提供了方向和指导。

现在,全国中小学计算机研究中心指导着全国中小学开展CAI,解决在开展CAI过程中存在的问题。在中心网站(www. nrcce. com)和中国中小学教育教学网(www. k12. com. cn)有很多关于CAI的文章。另外,每年一届的由国际计算机教育促进学会所属亚太分会主持召开的国际会议——全球华人计算机应用教育大会,为全球华人计算机应用工作者提供了一个良好的平台,以共同交流探讨与信息技术和教育有关的研究进展及发展动态,有力地推动了我国CAI的发展。在新一轮高中新课程改革中,广大教师正采取积极的态度推广使用信息技术,响应新课程中"加强信息技术与课程的整合"的要求,一场以多媒体计算机和网络技术为核心的信息技术与学科教育整合的研究正在日益兴起,成为教育信息技术、基础教育研究的热门课题。

二、课题研究的理论和实践意义

本课题探讨、研究信息技术与中学数学教学的整合问题,是当前信息时代教育领域中数学教学改革的热门课题,是信息时代课程改革、人才培养的需要,是提高教学效率的根本途径。通过实践,优化数学课教学,建立新的教学模式,探讨新形势下如何发挥传统教学和信息技术各自的优势,取长补短,优势互补。给学生提供进行数学实验的环境,引导学生观察、思考、探究、发现、完成建构意义下的教学,培养学生的创新意识,提高分析问题和解决问题的能力,全面提高学生的数学素质,贯彻落实素质教育。故本课题的研究对基础教育改革有重要的理论及实践指导意义。本课题的理论价值可以丰富有中国特色的信息化教学理论,为中学数学教学更好地开展CAI提供一定的理论基础和方法,促使CAI在中学数学教学中更普遍地开展,以提高教学质量,落实素质教育。

三、研究过程

(一)筹备阶段

2005年3月,在向总课题组申报立项还没有批复时,我们就开始了课题研究的筹备工作。首先,我们从网上搜索到大量建构主义理论的文章,组织课题组成员学习,使每个成员都了解、领悟建构主义的理论,为课题的开展提供理论基础。另外,虽然课题组成员都有电脑,但有的成员很少用多媒体上课,甚至有的成员从来都没有用过多媒体上课,因此,我们请我校电教组的老师和课题组中有使用多媒体经验的老师给没有经验的老师进行多媒体制作及应用培训,使每个成员都能制作简单的课件。

（二）制定课题组研究计划，开展课题研究工作

1. 领导重视

课题组组长朱叶青校长对课题研究工作的开展十分重视，多次亲临指导，并敦促学校后勤部尽快在新校区建好六个多媒体教室（因为担负课题研究工作的高中二年级在新校区上课），为研究工作的开展提供了有力的保障，并亲自过问参与实验，特别是结题工作，还参与了结题报告撰写，为撰写报告出谋划策。教研室彭伟强副主任对研究工作也十分重视，多次参加课题培训，为课题的开展作了许多实事，为课题的成功保驾护航。

2. 计划详细

课题启动前，我们结合新课标制定了详细的研究计划，尽量让每一个成员都至少上一节多媒体课，使其在制作多媒体课件和上课中取得一定的经验。具体计划如下：

实验老师	实验课题
彭伟强	函数的性质与图像
梁金福	直线与圆锥曲线的位置关系
李小春	双曲线的性质
陈忠杰	圆的切线
李振科	函数的单调性
黄超钦	解三角形
黄若威	三角函数的图像及性质
陈双敏	椭圆
陈天红	正态分布
李俊雄	双曲线
彭艳华	简单线性规划问题
王月锋	指数函数的性质
陈林翠	点的轨迹
董晓玲	生活中的优化问题
黄贵	抛物线

另外,课题组规定每个组员都要上计划好的课程,必要时还可以上计划外增加的课程,每一节多媒体课都要求各个组员尽量自己制作课件,课件的脚本一般经过集体讨论。每节多媒体课所有组员都要参加听课,在课后要组织课题成员进行讨论。在课后讨论中,要就课件制作过程中和上课过程中遇到的问题或获得的经验进行交流,共同提高。在课后,我们还要对用多媒体上课的班和没有用多媒体上课的班进行问卷调查和测试,了解用多媒体上课对减轻学生学习负担、增加课堂知识容量等方面的影响。

3. 研究方法

在研究过程中,采用了集体研究与个人研究相结合的原则,定期召开交流与研讨会议,组内每月组织一次实验计划实施以及教学实验中出现的问题的研讨。同时,对同一个老师教的一个实验班与一个普通非实验班进行横向对比,在数学实验的落实程度以及对教学效果的影响等方面进行一定的实验和探索。采用以自然条件下的研究为主,人为控制下的研究为辅的原则,突出纵向研究与横向研究相结合,尤其注重教学中的个案研究。

4. 研究过程

在制定了研究计划和确定了研究方法后,课题组就正式开始了研究工作。按照制定的计划,通过备课及集体备课、确定脚本、课件制作、交流讨论、授课、评议讨论等环节,组织了若干节研究课,课后组织课题组成员进行了讨论,并对实验班和非实验班进行了调查和测试。

四、研究成果

自我校承担了全国教育科学“十五”规划课题“信息技术与中学数学教学整合的探究”子课题的研究工作以来,在总课题组长、广东教育学院许兴业教授的指导下,在学校领导的积极支持下,在我校课题组所有老师的相互配合和共同努力下,教学与教改科研都取得长足进展。通过课题实验,极大地促进了学校教师队伍的专业化成长。在课题组老师的带动下,形成全组老师、不分老幼积极学习信息技术、更新教学观念、认真贯彻教改精神的积极态度,教师的整体素质得到很大的提高。期间,课题组的老师撰写了10多篇论文,其中多位老师的论文在我校教研会上宣读。另外,通过课题实验,极大地促进了我校电化教学设备的建设。2004年

9 月,因为教学的需要,我校高一级(现在的高二级)搬进了新校区上课,在条件不成熟的情况下,为了不影响当时高一级的课题研究,学校在新校区装备了六个电教设备室供课题组使用,同时在旧校区对原来的几个旧的多媒体室进行了改造,大大地促进了我校电教设备的建设。

虽然从开始研究这个课题到现在只有短短的一年多时间,但在早几年我校就有许多老师用多媒体上课,并有一定的经验。在研究该课题的一年多时间里,在总课题组的指导下,在我校领导的支持下,我们对多媒体辅助教学有了新的、更深刻的认识,为我校多媒体教育教学改革提供了理论依据。课题的实践提高了教师素质,优化了课堂教学结构,培养了学生的创新精神和创新能力,促进了学生素质的全面提高。主要表现在:

(一)随着计算机的日益普及,多媒体辅助教学已成为现代化教育中的一种有效手段,恰当地使用多媒体教学,能利用图形、图像、文本、声音、动画等多种媒体信息刺激学生的感官,通过形象生动的画面、悦耳动听的音乐等充分展示知识的形成过程,培养学生的思维能力,提高学生的综合素质,从而全面提高教学质量。

1. 运用多媒体创设情境,诱发学生的求知欲,激发学生的学习兴趣。在教学中,用多媒体来创设情境、诱发学生的求知欲是一种有效的手段。教学活动的主体是学生,因此教师设计教学过程和每个教学环节都必须充分考虑学生的心理特点和需要。如果教师善于用色彩鲜明适度的画面吸引学生,点燃学生的好奇之火,激发学生的学习兴趣,将极大程度地提高学生学习的效率。

2. 运用多媒体辅助教学,帮助学生突破重点和难点。计算机技术进入到课堂教学中,给教学带来了新的生机,使数学教学有了质的转变。计算机的介入使得本身抽象的知识变得生动活泼且易懂明了,特别是在几何课、应用题课的表现更加突出。在新教材教学中,大量的形式多样、内容丰富的插图是教材的重要组成部分,但插图是静止的,借助多媒体创设动态情境,以鲜明的色彩、活动的画面把活动过程全面展现出来,那么既可突出重点、突破难点,化抽象为具体,又可促进思维导向由模糊变清晰。

3. 运用多媒体辅助教学,启动学生的思维能力,培养学生的创造性和操作能力。思维的创造性程度是衡量思维能力高低的重要标志。良好的思维能力不是凭空而生的,它依赖于扎实的基础知识和技能,与一个人所受的思维训练密切相关。数学具有高度的抽象性、严密的逻辑性、系统性、应用的广泛性等特点,教师要为学生开拓思维空间,帮助学生破除因循守旧的思想,增加思维的自由度,鼓励学生探索,启发学生发现问题,互相讨论研究问题,解决问题。由于多媒体的引进,使得课堂教学的形式多种多样,而多样的教学形式又常常为学生的创新思维发展提供有利条件。当今是一个信息化时代,教师要培养学生收集信息、处理信息的能力,在课后布置一些借助多媒体解决的问题,在通过多媒体解决这些问题的时候,既拓宽了学生的视野,又培养了他们的创新精神。

4. 运用多媒体,巧设练习,巩固新知。知识的掌握、技能的形成、智力的开发、能力的培养以及良好学风的养成,必须通过一定量的练习才能实现,练习是学生学习过程中的重要环节。在教师的主导作用下,发挥计算机容量大,信息的检索、提供、显示及信息类型的转换方便迅速,信息传播速度快的功能优势,巧妙设计练习,激发学生"乐学乐做"的情感非常重要。因此,在教学中,应广泛借助多媒体为学生提供更多的练习素材,提供更多的练习和表现自己能力与成就的机会。

5. 运用多媒体,使学生获得对数学的审美能力,增进学生对数学美的主观感受能力。我国数学家徐利治认为:"数学教学的目的之一是使学生获得对数学的审美能力,即能增进学生对数学美的主观感受能力。"经过多年的应试教育,绝大多数学生都不能把数学与美联系在一起。通过几何画板的迭代等功能,学生可以在很短的时间内制作出一幅幅优美的图案,学生通过探索设计,既提高了自身的创新能力和审美能力,又感受到数学并不是枯燥无味的,在美的熏陶下,得到情感的共鸣和思维的启迪,从中获得成功的喜悦和美的享受,学生的学习积极性高涨,精神振奋,学习数学的兴趣得到很好的培养。

(二)学校和教师的现代教育技术水平和能力得到提高,促进了教学观念的转变,研究水平和研究能力得到发展,提高了教学质量。

1. 课题组教师在课题实施过程中,是指导者,也是参与者,他们和学生一起操作,一起讨论,积累了不少经验,有效提高了自身运用多媒体的能力,课题组的每一个数学教师都能熟练操作多媒体进行上课、说课、评课活动,提高了自身的素质。通过课题研究,教师树立了正确的人才观和教学观,理解、掌握了多媒体与数学教学整合的理念和方法,从而真正成为新课改的实施者、推动者和创造者。

2. 学会了多媒体的操作,帮助教师说清其他教具所不能说清的问题,解决数学教学中一些较难解决的问题。例如用几何画板展示现象,传播知识,充分发挥电脑的由“静”变“动”、抽象变形象等功能。如在直线概念的教学中,教师很难说清向两方无限延长,学生也没有无限延长的生活经验,觉得很抽象,这时应用几何画板就很直观地解决这个问题了。

除上述成果外,通过研究,更重要的成果与影响表现在以下几个方面:

(一)在信息技术支持下的数学教学方式发生深刻的变化

信息技术可以为学生创造出图文并茂、丰富多彩、人机交互、即时反馈的学习环境。在这样的环境中,学生通过观察、实验、猜测、推理、交流、反思等理性思维构建新知识,使学生的学习方式、外部给学生的刺激具有多样性和综合性,既看得见又听得着,甚至可以动手操作,有利于学生调动多种感官协同作用,对数学知识的获取和保持具有重要意义,是数学教学方式与学习方式转变的具体体现。

1. 利用信息技术使以往教学中难以呈现的课程内容、数学思想更直观地呈现,更容易表达。

例如在“函数的定义”教学中,我们向学生提出问题:

一条线段 MN 上的点组成集合 A(无限集),以这一线段为直径的半圆上的点组成集合 B(无限集),集合 A 与集合 B 哪个集合的元素多?

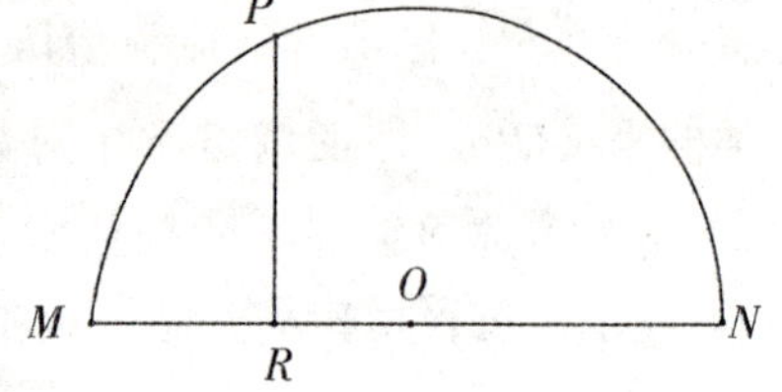

对于以上问题,80%的学生都说集合 B 的元素比集合 A 的元素多。

这时老师否定了这一结论,学生马上跟老师“争论”。(学生凭直观判断,看到的之所以会这样,是因为他们没有掌握比较两个无限集元素多少的方法,当然,中学阶段不必介绍这样的方法,他们自然而然地将比较两个有限集元素多少的方法用到这里。

这时教师利用几何画板画出上图,图中 $PR\perp MN$,拖动点 R,观察半圆上的点 P 与 R 的对应关系,通过这一活动,学生恍然大悟:这里的对应法则是线段 MN 上的点所组成的(无限)集合 A 到半圆上的点所组成的(无限)集合 B 的映射。这也回答了刚才的问题:不能用判定两个有限集元素多少的方法来判定两个无限集元素的多少。

2. 信息技术使讲授式教学与活动式教学相结合,形成互补。

例如在进行指数函数的教学中,教师可以为学生创设一个感悟知识的情境。

教师提出问题:世界人口在20世纪的变化情况如下表:

年份(x)	1930	1960	1974	1987	1999
人数(y亿)	20	30	40	50	60

(1)建立人口与时间变化的函数关系。

(2)分析人口与时间变化的函数关系式的特点,想想应如何对指数函数下定义。

对于以上问题,学生如果自己动手描点找人口与时间的关系,一般难以完成。教师利用计算机的数据统计分析功能,通过"描点观察→选择函数→计算出函数解析式→验证合理性"的过程来感悟指数函数的定义,使学生在实际问题背景下对指数函数有了更加深刻的认识。

在信息技术支持下的数学学习活动,通过学生自己"观察"、"思考"、"探究"、"归纳"等,教师提出恰当的、对学生数学思维有适度启发的问题,引导学生思考和探索,经历观察、实验、猜测、推理、交流、反思等理性思维的基本过程,切实改进学生的学习方式。

(二)在信息技术支持下的学生学习数学的方式发生深刻的变化

1. 信息技术使学生的学习活动保持高认知水平。

在信息技术支持下的学习活动中,探究和猜想成为数学学习的核心内容,学生可以验证自己的猜想,自己发现新命题,并在这个过程中获得逻辑证明的思路,从而丰富自己的数学经验,提高直觉能力和想象力,使数学学习活动保持高认知水平。若是在学习过程中遇到难点,学生通过信息技术的帮助,使得知识的形成过程真正是以学生为主体,通过探索、发现、归纳而得出结论的。这样的过程理解深刻,记忆牢固,体现了知识的形成过程,收到良好的成效。

2. 信息技术使理性思维更好地贯穿到学习活动中。

在进行"函数的应用举例"教学中,例题"身高与体重的关系"在人教社"信息技术整合本"及"现行本"教材中都有。传统教学由于手段的制约,只能用待定系数法取题中所给的12组数据中的第二组和倒数第二组来计算身高与体重的函数解析式,如果用其他两组数据会发生什么情况,是否可以用全部或多组数据进行求解,教师是不能给学生讲清楚的。在信息技术的支持下,解决这一例题的过程通过学生的探究就可以圆满完成。但在实际教学中,学生对身高与体重的函数解析式的合理性验证往往停留在一种很粗糙的状态,就是用眼睛观察身高与体重的对应值点与所求函数解析式图像的靠近程度,教师在这种情况下应该及时向学生提问:"函数解析式的合理性是否可以通过数据来说明?"这时教师用计算机分别选取学生认为的数据进行计算,然后进行误差分析,通过数据的比较来说明问题,则更具说服力。教师通过信息技术的运用,用数字理性地解决了数学模型的合理性验证问题,充分体现了信息技术支持下的高水平学习过程。

3. 信息技术把接受式学习和发现式学习结合起来,形成互补,从而改变学生被动接受的局面。

例如函数图像的变换过程,一定要落实到函数图像上点的坐标变化上。

提出问题:你能解决函数 $y=2^x$ 与 $y=2^{x+2}$ 的图像关系吗?

在解决这一问题的过程中,教学探究活动分为两个层次,体现出不同的思维层次与认知水平。

探究活动一:利用几何画板分别画出函数 $y=2^x$ 与 $y=2^{x+2}$ 的图像进行观察,效果不是很理想,主要原因是在图像靠近渐近线的部分,学生看不到有平移现象。

探究活动二:利用几何画板的点的坐标功能,找出两个图像中在同一水平线上的两点的横坐标的数据,进行对比后学生终于发现图像的变化规律。

这时教师又提出问题:为什么将 $y=2^x$ 图像上所有点的横坐标都减去2,纵坐标不变,得到的图像会是 $y=2^{x+2}$ 的图像呢?学生经过集体讨论后,图像平移的本质渐渐清晰,从而完成了对知识的构建。

五、需要进一步研究的问题

(一)信息技术在课堂上的使用无疑可以大大提高学生的探究和发现能力,但当前的考试仍然以笔试为主,信息技术在考试中的应用没有得到应有的体现,这就需要我们研究如何改革考试制度和考试方法,研究考试如何考查学生的探究和发现能力,为评估信息技术在课堂中的作用提供数据。

（二）数学学科的一个重要特点是它严格的推理和证明，而信息技术所能解决的实验和测量总存在误差，因而实验决不能代替逻辑证明，但是逻辑证明的方法可以由实验发现。数学实验只能提出一些猜想或假设，演绎能力的训练、逻辑推理能力的训练以及逻辑证明程序和方法的学习，还需通过实验以外的课堂教学进行。数学实验教学只是数学教学的一个重要方式，不要以实验教学代替演绎、推理、证明和练习的教学。

（三）信息技术为学生进行数学实验插上"翅膀"，信息技术整合本教材中提供的诸多数学实验，实质上体现了数学研究中具体与抽象的辩证关系，与其他学科如物理、化学、生物的实验一样，学生实验前需要预习，实验后要完成实验报告。建议教材中的数学实验也专门提供给学生一本数学实验手册，为学生完整地经历数学实验过程创造更为有利的条件。对于若干典型课例，我们在上课前把实验报告单发给学生，让学生以报告单上的问题为线索，自主地进行探究实验，并与同学交流，最后教师再归纳和总结，收到了较好的效果。

（四）现代教育技术中的网络技术是改进课堂教学设计的切入点。网络环境下教学资源的特点：信息资源是永远开放的；传播媒介是多向交流的；传递系统是多媒体的；知识是跨越时空限制的。这些特点决定了网络环境下的教学过程是：开放性与全球化；学习过程的交互性；学习内容选择的自主性和个性化；内容形式的多媒体化。这恰恰应合了人本主义和素质教育的倡导，这也说明，一旦网络环境下的课堂教学组织起来，必然带有松散性、不确定性、难以控制性，在不脱离学校模式、班级模式的课堂形式下，这种教学的确是前所未有的一种新尝试。我们准备在我校校园网进一步完善的环境下，开展"网络环境下的数学教学"试验。

总体来说，在总课题组的指导下，在学校领导的支持下，在课题组成员的团结合作下，经过一年多的努力，课题组取得了一定的成绩，为我校今后多媒体教学改革积累了一定的经验和理论，达到了预期的目标。同时，在课题研究过程中，我们发现我们在教学改革方面存在着许多不足和一些还要继续研究的方面，虽然课题研究到目前已告一段落，但我们的研究工作还会继续。